메타버스, 즐기는 자가 먼저다

한국메타버스연구원
공저 김 일 문형남 박시은 안유미 오용환
우정호 이상철 이영우 황윤수
감수 김진선

미디어북

메타버스,
즐기는 자가 먼저다

초 판 인 쇄 2021년 11월 04일
초 판 발 행 2021년 11월 12일

공 저 자 한국메타버스연구원
김 일 문형남 박시은 안유미 오용환
우정호 이상철 이영우 황윤수

발 행 인 정상훈
디 자 인 신아름
펴 낸 곳 미디어북

서울특별시 관악구 봉천로 472
코업레지던스 B1층 102호 고시계사

대 표 02-817-2400 팩 스 02-817-8998
考試界 · 고시계사 · 미디어북 02-817-0418~9
www.gosi-law.com
E-mail : goshigye@chollian.net

판 매 처 미디어북·고시계사
주 문 전 화 817-2400
주 문 팩 스 817-8998

정가 20,000원 ISBN 979-11-89888-22-0 03320

미디어북은 고시계사 자매회사입니다

메타버스,

즐길 '준비' 됐나요?

Preface

코로나19로 인해 가장 큰 난항을 거듭하고 있는 분야가 바로 교육계이다. 우리 아이들의 교육으로 인해 학부모는 물론 관련 교사, 교수들 또한 난감하기는 마찬가지이다. 코로나19가 터지고 나서 모든 교육은 온라인 화상 교육으로 줌(zoom)을 활용하게 됐다.

등교 자체가 전면 중단 됐을 때 줌을 활용한 화상교육의 등장은 학부모는 물론 교사들까지도 안도의 숨을 내쉬었다. 그러나 이제 코로나19가 발생한지 2년이 다 되어 가고 있는 상황에서 줌은 더 이상 대안으로 남을 수 없는 상황에 이르렀다.

학생들의 수업 참여도, 학업의 몰입도, 학습 성취도 등 학습의 효과적인 면에서 볼 때 줌은 우리의 기대를 만족시키지 못한 체 여러 가지 문제점들이 도출되고 있다. 이 시점에서 우리가 마주한 것이 바로 '메타버스(metaverse)'이다.

메타버스를 통한 수업은 수업 자체가 재미있고 엑티비티한 점으로 인해 학생들이 줌처럼 화면만 쳐다보고 있어서는 수업을 따라잡을 수가 없다. 스스로 나서서 직접 따라하고 만들어 보면서 모든 수업의 학습 성취도가 채워지기 때문이다.

그러다보니 메타버스를 활용한 수업은 줌을 활용한 교수 학습법에서는 찾아볼 수 없었던 학생들의 자기 주도적인 학습 참여도, 몰입도, 성취감 등을 안겨주면서 비대면 시대 학습 방법의 대안으로 떠오르고 있다. 한마디로 메타버스는 교육의 패러다임을 새롭게 바꿔 쓰고 있다. 이제 메타버스는 교육의 혁신, 혁명으로 불러도 모자라지 않을 것이다.

본문을 통해서도 알 수 있듯이 메타버스 플랫폼은 초·중·고 학생들은 물론 각 대학에서 서둘러 도입하며 다양한 행사와 수업에 활용함으로써 성공적인 결과를 거두었다. 메타버스의 파워를 실감한 학교에서는 한 단계 업그레이드 된 플랫폼을 찾게 됐다. 메타버스는 수업은 기본이고 여러 가지 아이디어 속에서 적재적소에 활용되면서 그 가치를 인정받고 있다. 뿐만 아니라 메타버스 관련 새로운 기기들의 개발도 서둘러 진행하고 있는 실정이다.

국내 메타버스 플랫폼에는 네이버Z의 제페토(ZEPETO), 이프랜드(ifland), 게더타운(Gather-town)이 가장 많이 활용되는 플랫폼이다. 각 플랫폼 마다 특별한 장점도 있고 나름의 단점도 있다. 사용 목적에 따라 적합한 플랫폼을 선택해 활용하면 무리가 없을 것이다.

이 책 「메타버스 즐기는 자가 먼저다」는 메타버스에 대해 '메타버스가 뭐야?'를 시작으로 'MZ 세대들이나 즐기는 것 아닌가?', '이 나이에 무슨 메타버스?'라는 선입견을 버린다면 줌을 활용한 비대면 교육의 단점을 한방에 해결해 줄 수 있는 교육도구로 충분하다.

그러기 위해서는 무엇보다 교사나 교수 등 관계자들이 솔선해서 메타버스에 대한 선입견을 지우고 서둘러 메타버스 교육 학습법을 배워야 할 것이다. 그것만이 코로나19로 인해 뒤처진 학습의 양과 질을 동시에 따라잡을 수 있을 것이다.

또한 메타버스는 우리나라만 열풍이 일고 있는 것이 아니라 이미 전 세계적으로 메타버스에 대한 기대가 크다. 진보된 기술도입을 통해 우리 아이들을 위한 교육 발전에 메타버스가 학업의 질적 측면에서도 크게 일조하기를 기대한다.

이에 한국메타버스연구원에서는 「메타버스 즐기는 자가 먼저다」를 발간하면서 메타버스를 어렵게 접근하지 말고 놀이처럼 즐기듯이 그렇게 접근하다보면 결국 메타버스를 즐기는 사람이 활용 목적을 성취할 것이라는 의미를 제목에 담아봤다.

전체적으로 10 채프터로 구성돼 있으며 교육계의 혁명 메타버스 교수 학습법 서둘러 도입하자, 교육에서 메타버스 활용, 메타버스와 건설 산업 트랜드 변화, 메타버스 리터러시에서 트랜스포메이션까지, 오프라인서 못한 행사 메타버스에서 성공하기, 메타버스 생산자와 소비자 그리고 새로운 직업, 메타버스를 활용한 창업의 기회, 게더타운 소개 및 공간 제작방법, 메타버스 교육활용, 제페토에서 전문 사진사처럼 촬영하기, 살아남을 메타버스와 사라질 메타버스로 구성했다.

이제 메타버스 교수 학습법 쳐다보지만 말고 팔 걷어 부치고 동참해보자. IT 강국인 우리가 이제 메타버스 강국이 될 수 있는 기회를 놓치지 않기를 바란다. 왜냐하면 메타버스는 우리의 미래, 교육의 미래이기 때문이다. 이제 메타버스 함께 즐길 준비가 됐는가?

끝으로 이 책의 감수를 맡아 수고하신 파이낸스투데이 전문위원, 이사이며 현재 한국메타버스연구원 행정부원장이신 김진선 교수님께 감사를 드리며 미디어북 임직원 여러분께도 감사의 말씀을 전한다.

2021년 11월

한국메타버스연구원 **최 재 용 원장**

공저자 소개

한국메타버스연구원 원장

최 재 용

10년 전부터 한국소셜미디어진흥원 원장으로 메타버스 라이프로깅 세계인 유튜브·블로그·페이스북 강의를 하며 300명의 강사를 양성했다. 또한 과학기술정보통신부 인가 사단법인 4차산업혁명연구원 산하 한국메타버스연구원을 이끌며 메타버스를 알리고 있다.

(mdkorea@naver.com)

김 일

전 부경대학교 경영학과 겸임교수, 동주대학교 간호학과 겸임교수, 나드림국제미션스쿨 교감을 거쳐 현재 스타포커스취재본부장, 여기스터디경영학과 운영교수, 한국독서협회회장, 생따연구소대표, 1인기업진로 코치, 1인기업창업 컨설턴트, 한국메타버스연구원 연구위원이며 지도교수로 활동하고 있다.

(ik66@naver.com)

문형남

숙명여자대학교 경영전문대학원 교수이며, IT와 ESG 전문가이다. (사)4차산업혁명실천연합 공동대표, (사)지속가능과학회 공동회장, 국가ESG연구원 원장, 한국AI교육협회 회장, (주) 웹발전연구소 대표, (사)대한경영학회 회장(2022)을 맡고 있다. 2021년 정보통신의 날에 근정포장을 수훈했다. (ebiztop@sm.ac.kr)

SNS 교육전문 그로우컴퍼니 대표로서 인스타그램, 블로그, 미리캔버스 콘텐츠 제작강사로 활발히 활동하고 있다. 동시에 한국메타버스 연구원 소속 책임연구원으로 메타버스 분야에서 다양하게 강의를 진행하고 있다.

(sieun_ssam@naver.com)

박시은

안유미

한국메타버스연구원 안유미 수석연구원으로 각 대학교, 관공서, 기업 등에서 메타버스 이해와 실습에 관한 강의와 컨설팅, 프로젝트 등을 진행하고 있다. EBS 강사로 활동했으며 진로, 대학입시, 취업, 면접, 자소서 컨설팅을 해 왔다. 4차 산업혁명과 미래 직업에 관해 연구하다가 메타버스 산업을 연구하는 한국메타버스연구원의 수석연구원으로 활동 중에 있다. (ruby0800@hanmail.net)

대통령직속 국가균형발전위원회 지역혁신가, 신지식인, KBS_N잡러스타트업크리에이터 PD, MBC 경남 '아침의 행진' 고정게스트, 한국디지털융합진흥원 부설 한국메타버스교육원장, 경남메타버스협회장으로서 지역사회와 함께 성장하고 있다.

(risk-doctor @hanmail.net)

오용환

공저자 소개

우정호

한국메타버스연구원 사무처장으로 메타버스 강의 운영 및 관리 업무를 맡고 있다. 다가올 메타버스 세상을 준비하기 위해 제페토, 게더타운 등의 플랫폼 교육과 컨설팅에 안주하지 않고 주도적으로 이끌어 나아갈 수 있도록 노력하고 있다. (falca@naver.com)

이상철

토목공학석사, 국제도시과학석사를 졸업 후 동북아물류대학원 박사과정에 재학 중이다. 개발사업 전문가, 건설사업관리 전문가, 해외건설협회 자문위원, 서울시립대학교 국제도시과학대학원 동문회 회장을 역임하고 있다. 현재 삼우씨엠건축사사무소 인프라팀 이사로 근무하며 국내·외 개발사업, KSP 정책자문, 국토교통부 ODA 사업 등을 기획 및 개발하고 있다. (le701026@naver.com)

이영우

동부산대학교 교수 역임하고 2012 마술올림픽 F.I.S.M 대한민국 국가대표 마술사이다. 부산 국제 마술대회 우승, 미국 국제마술대회 특별상 이탈리아 마술대회 특별상 등 다수 수상경력의 소유자이다. 8개국 30회 이상 초청공연, 삼성, 샤넬, 포스코 등 대기업과 정부기관, 청소년 단체에서 연 300회 이상 강의활동을 했으며 현재 한국 메타버스 연구원 연구원으로 활동 중이다. (niceoz@naver.com)

인하대학교 교육대학원을 졸업하고 감정놀이연구소 인천지사 대표, 인천 CYA 이사, 한국숲생태놀이문화협회 이사로 활동 중에 있다. 또한 이벤트 기획 및 전문 MC로서 메타버스와 오프라인을 병행하며 한국메타버스연구원 2기 인증강사이며 인천지회장으로 활동 중이다. (ihaha2022@daum.net)

황윤수

감수자 **김 진 선**

'i-MBC 하나더 TV 매거진' 발행인, 세종대학교 세종 CEO 문학포럼 지도교수를 거쳐 현재 한국메타버스연구원 행정부원장, 파이낸스투데이 전문위원/이사, (사)4차산업혁명연구원 공동대표, 한국소셜미디어전문가협회 감사, SNS스토리저널 대표로 전국을 대상으로 출판 및 뉴스크리에이터 과정을 진행하고 있다.

Contents

CHAPTER 04 '메타버스 리터러시'에서 '메타버스 트랜스포메이션'까지

CHAPTER

05 오프라인서 못한 행사 메타버스에서 성공하기

CHAPTER

06 메타버스 생산자와 소비자 그리고 새로운 직업

CHAPTER

07 메타버스를 활용한 창업의 기회

CHAPTER

08 게더타운 소개 및 공간 제작방법

CHAPTER

09 제페토에서 전문 사진사처럼 촬영하기

Chapter 1

교육계의 혁명 메타버스 교수 학습법 서둘러 도입하자

한국메타버스연구원

Chapter 01.
교육계의 혁명 메타버스 교수 학습법 서둘러 도입하자

Prologue

코로나19 팬데믹 사태는 대한민국뿐만 아니라 전 세계인들의 삶의 모습을 대면에서 비대면으로 전면교체 해 놓았다. 그 중에서도 가장 먼저 어려움을 겪기 시작한 분야가 바로 우리 아이들의 교육이다. 2년 가까이 지속되고 있는 코로나19 사태로 초반 우리 아이들은 등교를 포기해야 했고 건강에 대한 염려로 부모들은 연일 가슴을 쓸어내려야 했다. 학교에 등교를 하라는 지침이 발표돼도 혹은 등교를 중단하고 비대면 수업을 하겠다는 방침이 발표돼도 학부모나 교사들의 마음은 모두 편치가 않은 시간을 보내왔다.

지난 7월 우리 국민들의 코로나19 백신접종률은 60%에 도달했으며 영국이 세계 최초로 '위드(with) 코로나'를 선언한 이후 코로나19에 지친 세계 각국은 앞 다퉈 이 대열에 합류하고 있다. 우리나라 역시 이를 예의주시하고 있는 가운데 긴장감이 고조되고 있다.

지금도 코로나19는 우리 삶 가운데 만연해 있고 이제 '위드 코로나'에 관심이 모아지고 있다. 그동안 대면을 대신한 온라인 비대면 강의는 교육의 패러다임을 바꿔놓았을 뿐만 아니라 학생들의 학습방법, 교사들의 교수방법까지 흔들어 놓고 말았다.

줌(zoom)을 통한 온라인 학습이 코로나19 시대 속에서 수업의 대안으로 떠올랐을 때 일선 교사들은 줌 활용방법을 익히는데 여념이 없다. 학생들은 물론 초등학교 저학년들의 경우 학부모까지 동원돼 수업을 거들어야만 했다.

그렇게 코로나19가 끝날 때까지 줌의 영역권에서 벗어나지 못할 것만 같았던 비대면 학습 환경은 이제 또 다른 위기를 맞이하며 교육계에서는 줌을 대신할 수 있는 학습 대안을 찾고 있는 모습들이다. 그 대안으로 등장한 것이 바로 '메타버스(metaverse)'이다.

메타버스는 초월, 가상을 뜻하는 '메타(meta)'와 우주, 세계를 의미하는 '유니버스(universe)'와의 합성어, 즉 가상현실세계이다. 이 안에서 경제·사회·문화 활동 등이 가능하다. 자, 이제 필자와 함께 메타버스 세상으로 떠나가 보자. 그 곳에서 우리 아이들의 수업을 위해 어떤 능률적인 플랫폼이 기다리고 있는지, 교육계는 이것들을 어떻게 활용하면 좋을지 함께 살펴보고자 한다.

1. 위드 코리아, "엄마, 나 학교 가도 되요?"

이제는 '위드 코리아(단계적 일상회복)' 시대이다. 국내에서 신종 코로나19 첫 환자가 발생한 지 약 1년 9개월만이다. 교육부에서는 전 국민 백신접종률 70% 달성 시 대학의 대면 수업 확대를 권고했다. 아직 대대적 대면 수업으로 돌아서기 위해 시도 중에 있는 학교는 서울대학교를 제외하곤 찾아보기 힘든 상태이다.

그러나 비대면 수업의 문제점은 대학이나 초·중·고 학교가 다르지 않다. 수업의 편리함을 놓고 볼 때 단연 줌을 활용한 비대면 수업을 선호하지만 교육의 본질적인 목적과 효과, 수업의 질, 학업성취도를 고려해 볼 때 비대면이 대면을 결코 따라잡을 수 없기 때문이다. 따라서 교수들과 학생들 사이에서 비대면 수업에 대한 선호도가 갈리고 있는 추세이다.

즉 학생들은 비대면 수업으로 인해 아침 일찍부터 서둘러 대중교통을 이용해 등교를 하지 않아도 되는 편리성 그에 따른 경제성, 시간적 여유 등을 이유로 비대면 수업을 선호한다. 뿐만 아니라 대면수업으로 인한 감염 위험성 우려로 꺼려할 수밖에 없다. 장애가 있는 학생의 경우도 비대면 수업은 학교에 등교하지 않아도 충분히 수업을 받을 수 있기 때문에 선호하는 입장이다.

그러나 교수들과 학부모들의 입장은 다르다. 교육의 본질적인 목적과 수업의 질적 향상,

학업 성취도, 사회성 등을 볼 때 대면 수업을 선호하고 있다. 분명 대면수업을 통해 학생들이 얻는 것은 비록 교육뿐만이 아니기 때문이다. 대면 수업은 교수와 학우들 간에 자유로운 토론이 가능하고 이때 상호작용이 크기 때문이다. 학우들 간의 협력활동 역시 교육의 질적 차원에서 빼 놓을 수 없는 부분이다. 또한 학부모 입장에서는 비대면으로 인해 등교를 못한 상황에서 자녀들의 사회성이 떨어지고 있다는 고민은 커지고 있지만 우리 아이의 안전을 생각하면 등교도 반갑지만은 않다.

교육부에 따르면 전국 기준으로 볼 때 초중고의 등료율은 80%에 육박하고 있다고 한다. 이처럼 등교율은 올라가고 있지만 하루 1,000명 이상을 상회하는 들쭉날쭉한 확진자 수는 집단감염을 우려하지 않을 수 없는 상황이어서 비대면 수업도 없어서는 안 될 상황이다.

한편 비대면이라고 해서 무조건 온라인 수업이 좋은 것만도 아니다. 비대면 수업으로 인해 수업의 질이 떨어지고 초등학교 저학년의 경우 학부모들이 함께 하지 않으면 학습 격차도 현저하게 벌어지고 있다는 우려의 목소리가 높다. 한국교육과정평가원의 '2020년 국가수준 학업성취도 평가 분석' 결과를 보더라도 상위권 학생과 하위권 학생 모두 학습능력이 떨어진 것으로 나타났다.

상황이 이렇다보니 우리 아이들은 부모님께 이런 질문을 할 것이다. "엄마, 나 학교 가도 되요?"라고. 이에 학부모들은 어떤 대답을 해줘야 할지 고민이 아닐 수 없다.

2. 줌(zoom) 학습법 왜 바꿔야 하는가?

줌(zoom)을 통한 온라인 화상수업은 마치 비대면 교육의 해결책으로 등장했다. 줌이 코로나19 시대 비대면 교육의 돌파구로 등장했을 때 많은 사람들이 아이들의 등교에 따른 감염위험성으로 인해 환호하는 분위기였다.

비대면으로 인해 강사들은 하루아침에 설 자리가 없어졌다. 그 와중에 줌 수업은 강사들의 숨통을 터주는 창구가 돼 너도나도 앞 다퉈 줌 교육을 받기 시작했다. 아예 줌 교육 자체가 하나의 커리큘럼이 되어 강사들에게는 또 하나의 교육콘텐츠로 자리 잡았다.

교육계 역시 교사들은 줌 활용 교육을 서둘러 받기 시작했고 교육 전문가들 또한 코로나19로 인해 원격 화상수업의 활성화는 전 세계 교육 흐름을 20~50년까지 앞당겨 놨다고 평가했다. 그러나 줌을 통한 화상교육은 불과 몇 달 만에 공통의 단점들이 터져 나오기 시작했다.

줌을 통한 화상교육은 시간과 경제적 측면에서 부담을 줄여주는 것은 맞는 말이다. 줌의 소그룹 회의 기능은 참여자 간의 네트워킹이나 소통 면에서 대면과 비슷하게 작용한다. 정보도 미리 준비해 공유가 가능하고 녹화, 저장, 다운로드가 가능해 기록이나 보관도 할 수 있다. 이처럼 수업이 녹화된다는 사실은 장점도 있지만 녹화 본을 다시 볼 수 있다는 점 때문에 수업의 참여도나 집중도가 떨어질 수 있는 방해요인으로 작용한다.

[그림1] 줌(zoom)

또한 온라인 접속이라는 점 때문에 참여자들의 인터넷 환경에 따라 끊기기도 하고 튕겨져 나가기도 하는 단점이 있다. 돌발 상황으로 소리가 안 들리기도 하고 가장 문제가 되는 것은 참여자 들이 접속해 들어 왔으나 카메라 기능을 꺼 놓고 참여한다는 점이다.

교사들의 입장에서는 학생들이 분명 참가자 리스트에 떠 있으나 화면을 끄고 있는 상황에서는 수업의 참여여부와 수업을 잘 따라오고 있는지 학생들의 반응을 알 수 없기 때문에 이들을 완전히 배제하고 진행하기도 일일이 참견하며 진행하기도 수업의 진행 속도와 다른 학생들에게 피해를 주기 때문에 난감하다.

대면에서는 서로 대화를 주고받으면서 표정 속에서도 소통이 작용하는데 꺼진 화면으로는 아무 도움도 교사는 학생에게 줄 수가 없다. 화면을 켜고 있는 학생들에게도 어려움이 없지 않다. 대면에서는 고개를 돌리기도 하고 옆자리 짝꿍과 대화도 나눌 수 있지만 일단 화상수업이 시작되면 화면에서 시선을 뗄 수가 없다.

또 한 가지 가상배경을 변경할 수 있는 기능이 있지만 컴퓨터 사양에 따라 화면의 배경을 변경하기 어려운 경우도 있어 사생활이 그대로 노출된다는 점도 지적되고 있다. 그리고 학생이 수업에 참여할 때는 잡음이 없는 조용한 공간에서 참여해야 하므로 장시간 집중이 어려워 몰입도가 떨어진다는 지적이다.

교사가 한 학생과 대화를 나누고 있을 때 다른 학생들은 그냥 화면을 보고 있어야 하므로 참여율, 집중력, 몰입도가 날이 갈수록 떨어질 수밖에 없다. 또한 참여하는 학생 수가 많으면 한 화면에 다 얼굴을 담을 수 없어 화면이 옆으로 넘어가야 하는 상황이라 교사 입장에서 학생들을 다 케어하면서 수업을 주도하기가 쉽지 않은 단점이 있다.

따라서 교사들의 능숙한 호스트 역할이 원활한 수업 진행에 있어 가장 큰 비중을 차지하게 되므로 교사들은 또 다른 부담이 가중된 샘이다. 메신저 창에 수시로 올라오는 질문들 역시 진행을 방해하는 요인이기도 한다. 빨리 답변을 하지 않으면 수업속도를 따라오지 못하는 낙오자나 불만이 생길 수 있다. 그러다보니 교사나 학생이나 모두 '줌 피로증후군'에 시달리는 경험을 하게 될 수밖에 없다.

비대면으로 인해 줌만이 해결방법이라 생각했지만 이와 같은 단점들로 인해 줌을 대체할 만한 다른 무엇인가가 해결점으로 필요한 시점에 도달했다. 이것이 바로 가상현실세계 '메타버스'이다.

[그림2] 한국메타버스연구원의 첫 번째 책「이것이 메타버스다」

3. 메타버스의 등장

메타버스에는 여러 가지 플랫폼이 있다. 그 중에서 국내에서는 네이버Z의 제페토(ZEPETO), SK텔레콤의 이프랜드(ifland), 게더타운(gather-town) 이 세 가지 플랫폼들이 주로 활용되고 있다. 각 플랫폼에 대해서는 이 책의 다른 저자들의 내용으로 대신하고자 한다.

[그림3] 제페토에서 옆 사람과 기념촬영하기

메타버스가 교육에 활용되기 시작한 것은 불과 몇 개월 지나지 않았다. 그럼에도 무서운 속도로 교육을 시작으로 정치, 사회, 문화, 엔터테인먼트, 예체능, 지자체, 협회, 기관, 개인 등 다양한 분야에서 메타버스에 교육 열풍이 불어오고 있다. 그 이유가 무엇일까?

한 마디로 메타버스 플랫폼 중에는 그냥 쳐다보고 있어서 될 것이 하나도 없다. 즉 직접 참여하지 않으면 교육의 효과가 반감되며 아예 수업을 따라갈 수가 없기 때문에 적극적으로 참여해야만 한다. 거기에 가장 큰 장점은 직접 참여를 통해 엑티비티한 면이 오히려 즐거움을 가져다준다는 것이다. 교육이 즐겁다면 그것만큼 교육의 효과를 높일 수 있는 다른 방법이 있을까? 학생들이 스스로 즐거운 마음으로 수업에 참여하도록 할 다른 방법이 있을까 싶을 정도로 반응이 뜨겁다.

메타버스는 최근 들어 처음 등장한 것이 아니다. 4년 전까지만 해도 불투명했던 메타버스 시장이 코로나19로 인해 날개를 달았다. 이어 올해 정부는 메타버스 분야를 신산업으로 규정하고 민간 기업·정부 부처가 추진한 메타버스 프로젝트에 대한 연구와 지원을 아끼지 않고 있다.

올해 초반만 해도 메타버스는 주로 입학식, 졸업식, 축제 등 행사 등에 활용됐다. 그러나 하반기에 들어서면서 각 대학에서는 메타버스를 정규수업에 활용하고자 하는 바람이 불고 있다. 비대면 강의가 장기화되고 있는 상황에서 '메타버스 강의'와 '가상 캠퍼스'는 대학교육의 새로운 모델로 주목받고 있다. 입학을 해도 입학식도 치르지 못하고 학교 교정은 한 번도 밟아보지 못한 상태에서 방학을 맞이한 학생들. 이에 학교 측은 등교가 허용되지 않았던 학생들에게 학교에 대한 소속감, 정체성을 주입하면서 학교에 대한 긍정적인 마음을 심어주고자 하는 자구책으로도 메타버스를 도입하기 시작했다.

뿐만 아니라 한 강의실에 수백 명의 학생들의 앉아 수업을 듣던 일은 이제는 먼 옛날이야기 속으로 남아있어 다시 이와 같은 일이 현실로 돌아오기에는 쉽지 않을 듯싶다. 그러나 메타버스 가상현실 공간이라면 굳이 인원에 신경 쓸 이유가 없다. 어떤 메타버스 플랫폼을 사용하는 가에 따라 얼마든지 많은 인원의 수용도 가능하기 때문이다.

4. 메타버스, 교육의 패러다임을 바꿔 놓다

이 장에서는 메타버스를 교육의 도구로 도입한 성공적인 사례를 중심으로 필요성을 살펴보며 교육의 패러다임이 메타버스로 인해 어떻게 변화하고 있는지 알아보고자 한다. 메타버스는 이제 교육계에서 반짝 나타났다 사라지는 유행이 아닌 '패러다임의 변화이며 혁신'이다. 많은 대학들에서 메타버스를 단순히 학교행사에 활용하는 것에 그치지 않고 수업진행방식을 아예 메타버스 공간으로 옮겨서 진행하는 학교가 늘어나고 있다.

그 시작이 순천향대학교로 올 3월에 국내 최초로 메타버스 이프랜드에서 입학식을 진행했는데 신입생들은 아바타의 모습으로 참석해 가상공간에서 교수, 친구들과 첫인사를 나누고 신입생 선서를 해 장안의 화제를 모았다.

고등학생 대상 입시 설명회도 지난 5~6월 메타버스에서 열었고 8월에는 '2021 메타버스 소담소담 페스티벌'이라는 재학생 만남 프로그램을 메타버스에서 진행했다. 2학기에는 대형 교양강의 '피닉스 열린 강좌'를 SK텔레콤과 협업하면서 메타버스 플랫폼 '점프VR'을 통해 성공적인 마무리를 했다.

[그림4] 2022학년도 순천향대의 메타버스에서 진행한 신입생 모집 입시설명회 개최 모습
(사진 : 순천향대학교, 출처 : 아시아투데이)

숙명여대는 미국 스타트업 최고경영자 출신 기업가 초청강연을 미국의 스타트 업 '스페이셜웹'의 메타버스 서비스를 통해 구축했다. 바로 '숙명 버츄얼 오디토리움'이 그것으로 학생 200여 명이 신청해 해당 강의를 메타버스를 통해 수강하게 했다.

[그림5] 숙명여대의 스페이셜웹을 활용한 특강(사진 : 숙명여대, 출처 : 한경닷컴)

영산대도 패션디자인학과에서 메타버스를 활용했는데 김지형 패션디자인학과 교수는 수업에는 이프랜드가 적합하다고 판단하며 줌(zoom)을 사용한 화상 수업도 여전히 실용성이 높지만 메타버스 수업의 장점으로 학생 본인이 자신의 개성을 구현할 수 있다는 점과 활발한 질의응답 등을 꼽았다.

광운대는 교수들을 메타버스에서 수업할 교수를 모집하고 교과목 43개가 메타버스에서 진행됐다. 숭실대도 게더타운을 활용한 봄 축제를 개최했고 메타버스를 가상과 현실을 융합한 소통창구로 활용하기 시작했다.

서강대 메타버스전문대학원에서는 메타버스 산업 자체에 투입될 인재를 기르겠다는 포부를 갖고 3개 과목을 통해 공학석사와 박사를 취득할 수 있게 했다. 현대원 서강대 메타버스대학원장은 "석·박사 과정을 마친 전문 인력들이 산업과 학문의 격차를 줄이고 메타버스를 통해 미래 고부가가치 창출을 꾀할 수 있도록 현장밀착형 수업을 해나갈 것"이라고 밝혔다. 또한 메타버스로 발생한 간극을 줄이기 위해 교육이나 훈련이 필요한 시기가 올 것도 강조했다.

건국대학교는 3일간에 걸친 축제에서 '건국 유니버스'라는 가상공간의 학교 캠퍼스에서 축제를 진행했다. 건국대학교는 VR 게임기업 '플레이파크'와 협업해 축제인 '콘택트(KON-TACT)'를 메타버스 형식으로 진행해 화제가 됐다. 특히 이날 축제에서는 MZ 세대의 성향에 맞게 건국유니버스 노천극장에서 무대진행 및 방 탈출게임 등 다양한 콘텐츠로 코로나19 때문에 평소 만날 수 없었던 학우들과의 즐거운 만남의 장이 열렸다.

[그림6] 가상공간에서 열린 '건국 유니버스'(사진 : 플레이파크, 출처 : 매일일보)

동명대학교 시각디자인학과 교수들은 이번 학기 메타버스 플랫폼 '게더타운'에서 학생들과 만나 디자인을 가르친다. 코로나 장기화에 따라 길어지고 지루해지는 온라인 수업의 단점을 극복하고 학생들의 수업에 대한 몰입도를 높이기 위한 시도이다.

국립대인 전남대학교는 '메타버스 캠퍼스 기획위원회'를 만들어 가상캠퍼스 구축에 나섰으며 메타버스를 효과적으로 활용할 수 있는 자체 플랫폼 개발도 추진하고 있다. 동신대는 메타버스 플랫폼 '인게이지(ENGAGE)'를 활용해 2021학년도 2학기 5개 전공과목, 2개 교양교과목을 아바타의 모습으로 수업에 참여하고 있고 교수와의 소통도 아바타로 진행하고 있다.

배재대학교는 8월에 '함께해요 배재타운'이라는 메타버스 입시설명회를 개최하는 등 몇몇 대학에서 취준생과 기업을 연결해주기 위해 '사이버 채용박람회'를 개최했다. 고려대, 서강대, 서울대, 성균관대, 연세대, 한양대 등 6개 대학은 9월 1일부터 2주간 메타버스 플랫폼 '게더타운(Gather Town)'을 통해 국내 최초로 합동 '취업박람회'를 진행했다. 일주일간 5,000여 명이 사전 등록했으며 삼성그룹, LG그룹 등 80여개 기업들도 뜨거운 반응을 보였다.

[그림7] 성균관대학교 취업박람회 메타버스 플랫폼(사진 : 성균관대학교, 출처 : 유교신문)

게더타운을 통한 취업박람회라 예전처럼 학생들의 행사장을 누비며 기업들을 찾아다녀야 하는 수고를 게더타운 맵 안에서 키보드와 마우스 조작하나로 어디든 돌아다닐 수 있게 됐다. 돌아다니면서 기업의 정보를 얻고 참여 학생 간 채팅으로 소통하는 모습을 볼 수 있었다. 기업들로부터는 채용박람회 참여시 부담해야 하는 부스설치비, 시간절약 등 비용절감과 상담에 집중할 수 있었다는 평가가 도출됐다.

한편 대학뿐만 아니라 학력격차 해소 등 교육회복 추진을 위해 광주시교육청은 관내 초등학교 5학년, 중·고등학교 2학년 전체 학생 17만 2,049명에게 태블릿PC 보급을 시작했다. 시 교육청은 올해 말까지 해당 학년 전체 학생 수 대비 35% 이상 보급을 목표로 하고 있다.

도교육청은 이와 함께 디지털 사회에 필요한 인력양성을 위해 네이버와 업무협약을 맺고 미래교육통합 플랫폼 구축도 진행 중이다. LG(CNS), 전남대 교육문제연구소 등과도 업무협약을 체결하고 인공지능 기반 교육서비스 협력사업, 메타버스 가상현실기반 교육프로그램 개발을 추진 중이다.

장석웅 교육감은 "'위드 코로나' 시대를 맞아 전남교육 정책의 패러다임을 전면적으로 전환 하겠다"고 밝혀 교육 패러다임의 변화가 절실함을 느끼게 했다.

5. 메타버스 교육법 달라도 뭔가 달라

메타버스는 코로나19로 인해 날개를 달고 고공비행을 시작했다고 해도 과언이 아니다. 메타버스 가상현실 세계 속에서는 아무리 많은 사람들이 모여 있어도 사회적 거리두기, 방역 등을 걱정할 이유가 없다. 가상세계 속의 현실이기 때문이다.

메타버스가 이처럼 학생들을 중심으로 두드러진 효용가치를 보이고 있는 데는 바로 MZ세대들은 게임으로부터 시작했기 때문에 그들은 메타버스를 게임처럼 접근한다. 그만큼 진입장벽이 이들에게는 높지 않다는 의미이다. 뿐만 아니라 자신이 꿈에도 그리던 모습으로 아바타를 멋지게 꾸며 자신을 많은 사람들 앞에 드러내기를 원한다. 아마도 대면이라면 생각해볼 수도 없는 일일 것이다.

수업을 진행하는 교수 역시도 평소의 근엄한 모습을 벗어던지고 얼마든지 나이를 떠나 멋진 모습과 의상으로 꾸미고 학생들과 마주할 수 있다. 이름도 교수 실명이 아니라 아바타에게 부여하고 싶은 멋진 영화 속 주인공과 같은 이름을 부여해 학생들과 격의 없는 대화를 시도 할 수 있다. 실제로 이처럼 했을 때 학생들과의 거리가 좁혀지고 친근감을 줄 수 있어 좋은 반응을 얻을 수 있다. 이처럼 교수와 학생들이 거침없이 메타버스 가상현실 세상에 모여 수업도 하고 토론도 하고 때로는 비대면으로 꿈도 꿀 수 없는 파티도 즐기고 여행도 함께 떠날 수 있다.

말 그대로 꿈을 꾸는 듯 현실이고 현실인 듯 꿈같은 가상현실 세계인 것이다. 이런 점들로 인해 학생들의 접근성, 몰입감, 참여도를 최대치로 끌어올리고 있는 점이 가장 큰 장점이다. 이와 같은 참여도와 몰이감은 바로 학습의 효율성을 높이며 교육의 목적을 달성하게 한다. 학생 스스로가 자유롭게 플랫폼에 참여하고 소그룹을 통해 메타버스 생태계를 구축하고 함께 협력하며 성취감을 느낄 수 있다.

오프라인 교육의 현장에서 기대할 수 있는 배려, 협동심, 사회성 등이 메타버스 세상 속에서 그만큼의 똑 같은 효과를 볼 수는 없다. 다만 소그룹활동, 조별과제 등을 통해 학생들끼리 소통하면서 서로 협력하고 배려하면서 어느 정도 이와 같은 교육의 목적도 온라인 속에서 채워가고 있다.

숙명여대 관계자는 "온라인 강의에 많이 활용되는 '줌'은 오래 집중하기 어려워 집중도가 떨어진다는 연구결과가 있지만 메타버스에서 수업을 들은 학생 중 상당수는 직접 오프라인 수업에 참여하는 것 같은 느낌이 든다거나 쉽게 몰입할 수 있다는 반응을 보였다"라고 설명했다.

이임복 세컨드브레인연구소 대표는 저서 「메타버스, 이미 시작된 미래」에서 메타버스 교육의 효과로 이동과 공간의 제한점 해결, 전 세계적 교육의 가능성, 차별 없는 교육의 실현 등이 가능할 것으로 내다봤다. 이 말은 현실세계에서는 외모, 성격, 환경 등으로 인한 차별도 일어날 수 있는데 반해 가상현실 속에서는 각자의 아바타로 접속하기 때문에 외모나 환경에 구애받지 않을 수 있다고 설명했다.

6. 효과적인 교육을 위한 메타버스는?

이제 코로나19는 우리만의 이야기가 아니라 전 세계가 전쟁 아닌 전쟁을 치루고 있다. 뉴욕타임스의 칼럼니스트인 토머스 프리드먼의 "세계는 이제 코로나 이전(Before Corona, BC)과 코로나 이후(After Corona, AC)로 나뉠 것"이라는 말은 코로나19의 심각성을 그대로 말해주고 있다. 그 중에서도 교육이나 마케팅 등 일상생활과 밀접한 분야에서 메타버스 플랫폼의 활용뿐만 아니라 VR·AR의 보급 등으로 관련시장의 성장이 빠르게 진행될 것으로 예측된다. 이에 전문가들은 오는 2030년경에는 AR 안경이 마치 스마트폰 수준으로 보급될 것이라 전망하고 있다.

메타버스가 영향력을 끼칠 수 있는 분야 중에서도 교육계는 가장 민감하고 직접적인 분야이다. 대면교육에서 인성교육은 놓칠 수 없는 교육이며 어찌 보면 교육의 목적 중 가장 가치 있는 부분이다. 그 가운데 메타버스로의 교육 패러다임의 혁신은 코로나19로 인해 피할 수 없는 단계에 이르렀고 이를 코로나19가 앞당겼을 뿐이다. 세계는 이제 메타버스를 통한 가상현실세계에 집중하고 있고 나라별로 막대한 예산을 들여 연구와 투자가 이어지고 있다.

이제 몇 년 지나지 않으면 학생들은 학교 교정이 아닌 집에서 혹은 편하게 여기는 공간에서 HMD(Head Mounted Display)를 착용하고 친구들과 소통하고 교육도 받고 놀기도 할 것이다. 비대면 교육이 활성화 되면서 MZ 세대들을 중심으로 메타버스 교육 및 플랫폼 활용, VR·AR의 활용 등이 활발히 움직이고 있다. 이제 교육을 중심으로 일상생활 전반에 걸쳐 가상과 현실을 넘나드는 하이브리드 형식의 메타버서티(metaversity)로의 전환에 가속도가 붙기 시작했다.

[그림8] 소니의 헤드마운드디스플레이(HMD) 엑스페리아 뷰(Xperia View).(출처 : K·BENCH)

그 일예로 대학교를 중심으로 활발한 움직임을 보이고 있는 가운데 포항공대(포스텍)는 VR을 활용한 '물리학 실험실습'을 진행하면서 이를 위해 약 1억 4,000만 원을 투자해 올해 신입생 320명에게 VR 기기인 '오큘러스 퀘스트2(Quest2)'를 제공했다고 한다. 한양대학교는 2019년 1월에 VR 기술을 적용한 VR 교육콘텐츠 'VR 교육도서관'을 시연했다.

경희대학교는 지난 5월 의과대학에서 VR로 시범교육으로 '해부학' 강의를 실시했다. 이어 간호과학대학의 '아동간호학실습Ⅱ'와 공과대학의 'CAD/CAM' 등 3개 강의를 VR로 진행할 예정이라고 한다.

Epilogue

메타버스를 활용한 교육은 기존 줌 교육 등 온라인 화상수업에서 터져 나온 집중도 저하, 참여율 저조, 몰입도 감소, 학습효과 감소 등 비대면 교육에 대한 대안으로 급부상하고 있다. 메타버스 플랫폼을 수업에 끌어들이면서 학생들은 수업에 참여하는 자체가 재미이고 즐거움이 됐다. 당연히 참여율, 집중력이 향상됨은 물론 학생 스스로 참여를 통한 주도적으로 학습 콘텐츠를 선택하면서 긍정적인 교육 분위기가 자리 잡아가고 있다.

메타버스가 교육에 도입되면서 완전히 시간과 공간의 제약에서 벗어날 수 있으며 메타버스는 설령 코로나19가 종식 되더라도 이미 메타버스의 맛을 본 교육계와 학생들이 다시 코로나19 이전으로 돌아갈 이유가 없어진 것이다. 아니 메타버스는 더 다양한 시도와 연구를 통해 더 효율적이고 과학적이며 학생과 교수 간 학습의 효율을 높이고 재미있게 배움의 가상현실 공간으로 리드할 것이다.

전 세계가 메타버스에 주목하는 가운데 우리 국민 모두의 최대 관심사인 우리 자녀들의 교육에 메타버스는 이제 패러다임의 변화에 머물지 않고 교육의 혁신, 혁명을 불러올 것이라 기대된다. 이를 위해 아직도 메타버스에 부정적인 시각이 있다면 메타버스에 대한 선입견을 버리고 의식전환부터 이뤄져야 한다.

물론 대면에서만 얻을 수 있는 교육의 효과와 가치는 분명 존재한다. 메타버스라는 가상현실세계가 이를 완전히 대신할 수는 없지만 그에 부합하는 다른 가치를 창조하면서 서서히 우리 교육계와 삶을 변화시켜줄 것으로 기대한다.

해마다 입시시즌이 되면 교육계의 정책변화는 마치 유행처럼 번복을 거듭하면서 진행돼왔다. 교육은 한 나라의 미래를 책임질 100년지 대계이다. 그러나 현재와 같이 전 세계를 강타한 코로나19와 같은 전쟁 앞에서는 발 빠른 대처와 의식전환이 무엇보다 시급하다.

향후 메타버스는 우리 삶은 물론이고 교육계 전반을 뒤흔들어 놓을 것이다. 이를 모든 사회 구성원은 적극적인 관심을 갖고 변화에 대해 철저한 준비를 해야만 한다. 가장 시급한 것이 관련분야의 인재양성을 비롯한 교육 인프라 구축이다. 먼저 교사·교수·학생에게 메타버스에 대한 교육이 이뤄져야 하며 패러다임 변화에 대한 인식의 전환도 빠르게 자리 잡기를 기대한다.

이어 국가 차원에서는 VR, AR, HMD와 같은 필수장비와 기본적인 소프트웨어 등을 보다 많은 학교와 학생들이 선택하고 사용할 수 있도록 저가 혹은 무료보급에 노력을 기울여야 할 것이다.

우선 가장 쉽게는 이프랜드를 활용해서 줌 강의에 지친 학생들을 이프랜드 '별빛캠핑장'에 초대해서 댄스도 추고, 모닥불에 모여서 이야기를 나눠보자. 또한 게더타운에 가상 강의장을 개설하고 모둠 활동도 하며 진행하면 게임인 듯 수업인 듯 학생들의 몰입도가 높아질 것이다.

실제로 경성대학교, 동신대학교, 문경대학교 교수학습지원센터에서 게더타운을 활용한 교수학습법 특강을 수강한 교수들 중에는 학교로 돌아가 실천을 통해 학생들로부터 인기폭발인 교수들이 다수이다.

자, 이제 '메타버스 좋긴 한데'라며 팔짱 만 끼고 쳐다보고 있을 시간이 없다. 세상은 빠르게 변화하고 있고 아이들의 양질의 교육서비스는 코로나19라고 해서 미룰 수 없는 당면 과제이다.

메타버스의 다양한 플랫폼을 활용해 교육의 효과를 높이기 위해서는 가장 먼저 교육계에 종사하고 있는 관계자들부터 메타버스 교육을 받아야 한다. 이미 MZ 세대들은 이 세상 가운데서 놀고 있고 놀아본 경험치가 있기 때문에 쉽게 참여하고 따라할 수 있다. 오히려 교육계 종사자들이 먼저 의식을 바꾸고 메타버스 플랫폼 활용교육을 받는데 앞장서야 할 것이다.

[참고문헌]

- 이임복, 메타버스, 이미 시작된 미래, 천그루숲, 2021.
- 김상균, 신병호, 메타버스 새로운 기회, 베가북스, 2021.
- 김상균, 메타버스 - 디지털지구, 뜨는 것들의 세상, 2020.
- http://news.heraldcorp.com/view.php?ud=20210927000447
- https://www.sedaily.com/NewsView/22SVNB7JM7
- https://magazine.hankyung.com/money/article/202109107041c
- https://www.yna.co.kr/view/AKR20211025033600530?input=1195m
- http://news.unn.net/news/articleView.html?idxno=517312
- https://economist.co.kr/2021/09/08/it/general/20210908100700670.html
- http://www.codingworldnews.com/news/articleView.html?idxno=3889
- https://www.codingworldnews.com
- http://www.mdilbo.com/detail/G3XMjU/655187
- https://www.hankyung.com/society/article/2021070873871

Chapter 2

교육에서 메타버스 활용

안유미

Chapter 02.
교육에서 메타버스 활용

Prologue

전 세계가 메타버스에 관심을 기울이고 빠르게 패러다임의 전환이 일어나고 있다. 인터넷, 스마트 폰 이후 세 번째 디지털 혁명 메타버스 시대가 시작됐다. 글로벌 기업들이 앞 다퉈 새로운 가상공간을 제안하고 있다. 우리의 생활을 완전히 바꿔버린 코로나 팬데믹의 영향으로 이러한 현상은 더욱 가속될 것으로 보인다. 사회, 경제, 정치, 문화, 교육, 모든 분야에서 큰 변화가 생겼고 특히 교육계에서는 직접적으로 큰 영향을 받았다.

전 세계 16억의 학생들이 큰 혼란을 겪었으며 학교 교육뿐만 아니라 다양한 분야에서 교육의 도구로 메타버스 가상공간이 사용되고 있다. 의료부문에서 가상 수술실을 통해 폐암수술이 이뤄지기도 하고, 건설현장을 가상공간속에 재현하기도 한다. 관공서에서는 메타버스 공간에서 민원실이나 교육공간을 만들어 활용하기도 한다. ICT의 발전으로 디지털 툴의 활용과 함께 증강현실(AR), 가상현실(VR), 4D 등 다양한 기술들이 결합돼 메타버스 클래스 룸이 실현될 것이다.

시장조사 기관인 가트너(Gartner)는 클라우드 서비스, 소셜 학습 플랫폼, 빅 데이터, 인공지능기술 등의 발전이 교육 부문에서 큰 변화를 가져올 것으로 예측했다. ICT와 결합한 새로운 학습방식은 근본적으로 학생과 교사의 수업방식을 바꾸고 있으며, 온라인 공개수업을 뜻하는 무크(MOOC) 및 가상훈련, 학습 등은 대학교육과 직무교육에 큰 변화를 가져 올 것으로 기대된다.

예를 들어 구글 익스페디션(Expedition) 서비스를 통해 학생들에게 가보고 싶은 지역에 대해 조사한 후 우주, 해저, 피라미드, 궁전 등을 가상현실로 옮겨 수업에 활용할 수 있게 했다. SF 영화 속에서 보았던 가상현실을 활용한 교육이라는 것이 바로 눈앞에 와 있다. 실제로 다양한 연구가 이뤄지고 있으며 상상이 현실이 되는 시대가 도래 했다. 아주 급격하게 변화하고 빠른 패러다임의 전환이 일어나고 있다.

경제학에서는 수확 체감의 법칙이라는 것이 있다. 전통적으로 생산요소가 증가하면 어느 수준 까지는 생산물이 증가하지만 그 지점을 넘게 되면 생산량이 체감하는 것을 말한다. 예를 들자면 농작물을 재배할 때 영양분과 비료를 주면 농작물의 수확량이 많아지지만 포화상태가 되면 그때부터는 생산량이 감소한다는 이론이다. 이러한 일반적인 경제학의 이론이 과학기술의 발전에 있어서는 정반대의 현상을 보인다고 말할 수 있다. 즉 현재의 과학기술은 업그레이드되는 양과 속도에서 가속적으로 발전해 일반적인 성장이 아닌 기하급수적인 성장이 이뤄지는 것이다.

여기에서 기술적 특이점이 온다고 하는데 이것은 미래의 기술변화가 급격히 이뤄지면서 인간의 생활에 되돌릴 수 없을 정도의 변화가 온다는 것이다. 레이 커즈와일은 기술적 특이점이 2045년에 올 것이라고 예측했으나, 필자는 지금의 팬데믹 상황에서 밀물처럼 밀려오고 있다고 보고 있다. 이 팬데믹 상황이 마무리 되고 감염병에 집단면역이 온다고 해도 코로나 이전으로 돌아갈 수는 없을 것이다. 교육현장은 물론 건설, 유통, 국방, 안보, 의료, 행정, 예술 분야 등 거의 모든 분야에서 비대면의 최첨단을 추구하며 한발 앞서 나아가려 준비하고 있는 것이다.

이 시대에 우리에게 일어나는 변화들에 대해 알아보고 초현실, 초공간의 개념인 메타버스를 이해함으로써 교육에서는 어떻게 활용되고 있으며 미래의 비전은 어떻게 전개 될 것인지 살펴보았다.

1. 메타버스란 무엇인가?

'메타버스란 무엇인가?'에 대해 한마디로 답 한다면 초월우주라고 할 수 있다. '초월'을 뜻하는 단어 '메타(meta)'와 우주를 뜻하는 '유니버스(universe)'에서 두 단어를 합쳐 만든 단어로 공간을 초월한 우주라는 개념이다. 시간과 공간을 초월하는 가상현실이 눈앞에 펼쳐지는 신세계라고 할 수 있다. 이는 새롭게 등장한 단어가 아니고 이미 1992년 '스노우크래쉬'라는 소설에서 이미 등장했다. 스티븐 스필버그 감독의 영화 '레디 플레이어 원'이라는 영화가 2018년에 개봉했음에도 불구하고 최근에 다시 주목을 받으며 기록적인 조회수를 기록하는 것은 최근의 핫이슈로 메타버스라는 화두가 각계에서 뜨거운 관심을 갖고 있기 때문일 것이다.

필자 역시 EBS 강의를 통해 4차 산업혁명과 미래에 관한 강의를 하면서 4차 산업혁명이 가져온 눈부신 쾌거로 초연결, 초지능, 초융합의 개념과 메타버스를 강의했다. 정부도 한국판 뉴딜 2.0 정책을 발표하며 핵심과제로 메타버스 등 초연결 신산업을 육성하기로 새롭게 추가했다. 향후 글로벌 시장을 선도할 미래 신산업을 육성하기 위해 '개방형 메타버스 플랫폼'을 구축하고 메타버스 콘텐츠 제작, 핵심기술 개발을 종합지원할 계획이다(참조3).

글로벌 기업들이 이미 시작을 했으며 머지않아 대전환을 준비하고 있다. 우리나라의 대기업들도 움직이고 있다. SK의 이프랜드, 네이버 Z의 제페토 등이 현재 우리나라의 메타버스 선도 플랫폼이지만 다른 기업들도 다양한 제휴와 공동개발 등을 하고 있다.

1) Before Metaverse

4차 산업혁명과 미래를 예측하며 얼마나 눈부신 기술의 발전이 있었는지 앞으로 우리에게 펼쳐질 새로운 변화들에 관해 이야기 해볼 기회가 많이 있었다. 몇 년 전 3D 프린팅이 도입 됐을 때 평면으로 출력되는 프린팅만 보다가 입체적인 물건이 인쇄돼 나오는 것을 보고 놀랐던 기억이 있다. 3D 프린팅으로 자동차도 만들고, 집도 짓고, 케이크도 만든다는 사실에 우리는 모두 신기하고 재미있어 했다. 지금은 생명공학과 결합해 인체조직, 장기 등을 인쇄해서 신체에 이식까지 가능하게 됐다. 살아있는 세포를 배양해서 인쇄를 하는 것이다.

1980년대에 국내에서 방영됐던 미국드라마 '전격제트작전'이라는 프로그램이 있었다. 인공지능 자동차 '키트'를 타고 주인공이 눈부신 활약을 하는 내용이었다. 주인공이 차고 있는 스마트시계로 키트를 부르면 자율주행으로 키트가 와서 주인공을 태운다. 목표지점의 맵을 보고 가장 빠른 길을 안내해주고, 악당을 추격하면서 그의 음성분석, 얼굴과 프로필까지 띄워 보여준다. 음성제어는 말할 것도 없고 4차 산업혁명의 주요 내용으로 꼽히는 모든 내용들이 총체적으로 등장한다. 스마트 폰도 없던 시절에 번쩍거리는 LED 등으로 최첨단임을 과시하던 키트는 자동차 마니아들에게는 드림카(dream car)라고 불리며 동경의 대상이었다. 심지어 그 키트가 자동차라기보다는 로봇에 가깝다고 이해하는 사람도 있었다고 한다. 주인공과 음성대화를 하며 상호작용을 한다든가, 자율주행은 더 이상 놀랍지 않은 옵션이 됐다.

드론의 등장과 퍼포먼스에 열광했다. 드론 택시가 한강에서 시범운행 됐고 올림픽 개막식에서 보여준 드론의 화려한 공연은 기술과 예술의 감동적인 작품이었다. 인공지능이 생활 속에 들어와 많은 변화를 낳았다. 로봇이 최첨단으로 발전을 하고 있다지만 그 무게와 동력 그리고 움직임은 아직 한계가 있어서 조금 더 가야 하리라 전망하던 것이 지난 2020년 연말에 펼쳐진 보스턴 다이내믹스의 로봇 댄스는 실제 인간의 몸놀림을 완벽 재현 했다는 호평을 받았다.

[그림1] BOSTON DYNAMICS/DO YOU LOVE ME?(출처 : 보스턴 다이나믹스. 유튜브캡쳐)

정보통신 기술이 발달해 학교에 오지 않고 원격수업이 이뤄질 것이라고 예상했고, 회사도 재택근무가 일반화 되는 시대가 도래 하리라고 미래를 상상했다. 다양한 교육회의에서도 ICT 기술을 운운하며 인공지능, 로봇, 빅 데이터 등을 활용한 생활의 변화를 예측했다. 그러나 코비드19 팬데믹이 온 지구를 휩쓸면서 우리의 생활도 급격한 변화를 맞게 됐다.

미쳐 준비 되지 않은 상태에서 갑자기 비대면 상황이 밀어 닥친 것이다. 학교, 회사, 공공기관, 모든 부문에서 비대면이 요구되고 철저하게 비대면으로 관리되기 시작했다. 모든 초·중·고교와 대학, 연구소 등이 일제히 비대면 교육으로 전환 됐다.

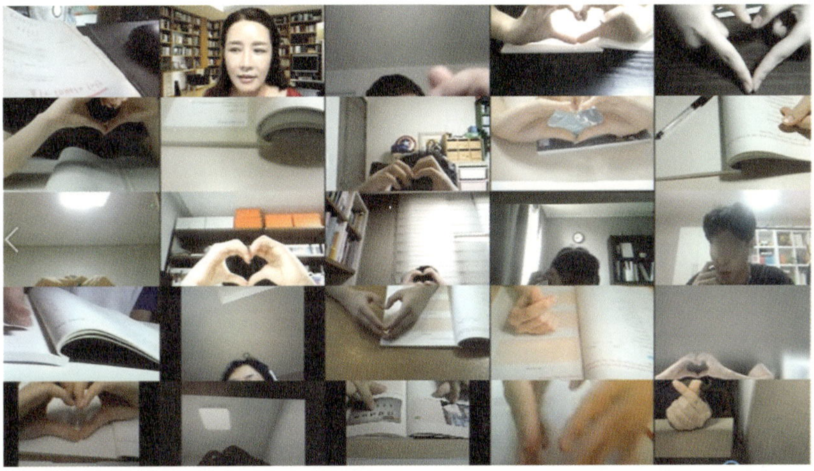

[그림2] 비대면 수업 ZOOM활용(출처 : EBS캠프)

학생들은 물론이고 교사, 학부모들도 준비가 안 돼 있던 상황에서 갑자기 밀려드는 비대면의 거대한 물결이 우리 사회를 급격히 바꿔놓게 됐다. 192개국의 약 16억 명의 학생, 즉 세계 학생 인구의 91%가 교육적 혼란을 경험했다. 회사의 경우도 마찬가지이다. 이전의 원격화상 회의는 지방, 외국 등 물리적인 거리가 먼 경우 또는 이동거리를 없애고 온라인으로 만나서 회의를 하려는 경우에 주로 사용됐다.

그러나 직접 만나서 상담하고 조율해야 하는 과정까지 모두 비대면으로 진행해야 하는 곤혹스러운 상황이 됐다. 이러한 상황 속에서 비대면 미팅의 종류와 형태에 관해 여러 가지 개선방향이 제시됐다. 업무효과를 높이기 위해 효율적인 미팅을 지향하게 됐고 소통과 협업의 다양한 도구를 찾게 됐다. 보다 나은 비대면 소통방법을 찾고 효율적인 비대면 교육방법을 위해 교육현장에서는 다양한 디지털 도구가 요구되고 있다.

기존의 줌(zoom), 구글 미트(meet), 웹 엑스(webex) 등이 주로 사용되고 있으나 교수자가 일방적으로 전달하는 내용, 교수자의 화면공유, 자료 등이 주로 이용되고 학습자가 자발적으로 이동하거나 상호작용 같은 것은 거의 없거나 미비한 실정이다. 수강자의 화면 피로도가 증가하고 집중도가 떨어진다는 지적이 많이 제기되고 있다. 다른 사람들의 시선이 의식되고 집 뒤에 있는 배경들도 다 노출되니 신경 쓰이기도 하고 화면이 버벅 거리거나 느려지면 당황하기도 한다. Global Education Network에서 Tabitha Moses는 학생들이 줌 수업에 카메라를 켜지 않는 5가지 이유에 대해 다음과 같이 보고했다.

첫째, 불안과 스트레스 증가
둘째, 줌 피로도
셋째, 경쟁의무
넷째, 프라이버시에 대한 권리
다섯째, 경제적 이유(태블릿이나 노트북, 휴대폰, 와이파이에까지 경제적 부담)

[그림3] 줌 사용에서의 피로도(출처 : WORLD.EDU Tabitha Moses)

줌 사용에 대한 정보 중에 사실과 거짓을 구분하기 힘든 경우도 있다. 예를 들어 음소거 상태일 때 미팅 호스트가 사용자의 오디오를 들을 수 있다거나, 비디오를 고정하면 알림이 간다거나, 참가자의 집중여부를 호스트에게 알려준다거나 하는 내용의 소문들이 있는데 사실이 아닌데도 이로 인한 스트레스나 피로감이 있기도 하다.

대면보다 비대면이 훨씬 많은 집중력을 요구한다. 표정, 목소리 톤과 음색, 몸짓 언어 같은 비언어적 단서를 이해하기 위해 더 노력해야 하기 때문에 에너지도 그만큼 많이 소비된다. 프랑스 인시아드에서 직장 내 지속할 수 있는 학습과 발전을 연구하는 지안피에로 페트리글리리 부교수는 몸으로 하는 일에 마음이 영향을 받지 않는다고 생각할 때도 마음은 육체활동과 함께하고 있다며 상반된 감정을 유발하는 이 불일치로 인해서 지치게 된다고 말했다(출처 : BBC 뉴스코리아).

대면 상황에서는 침묵이 자연스러운 리듬을 만들어 내지만 비대면 미팅 중 침묵의 순간이 오면 기술적인 문제가 생긴 건 아닌지 걱정을 하게 되는 것 또한 사람들을 불편하게 만드는 요인으로 피로와 부담이 되기도 한다. 코로나 팬데믹이 종식되더라도 비대면은 사라지지 않고 유지되며 더욱 발전된 형태로 전개될 것이다. 비대면 스트레스의 과학적 근거도 논의 되고 이에 대한 해결책으로 대안이 제시되고 있다.

코로나 감염병으로 인한 저성장 비대면 시대에 "땡큐 코로나"를 외치며 급호기를 맞은 직군이 있다. 비대면 일수록 호황을 누릴 수밖에 없는 배달업계가 그러했고, 비대면 장보기 인터넷 쇼핑몰이 그러했다. 학교와 직장의 비대면 상황에서 비대면 수업과 미팅을 위한 기기가 성시를 맞았다. 이렇듯 급성장한 비대면 열풍은 메타버스에서 최 정점이 될 것이다.

2) After Metaverse

20세기의 도구로는 21세기를 건설 할 수 없다. 메타버스 인프라는 반도체로 대표되는 하드웨어와 다양한 플랫폼 그리고 막대한 클라우드 컴퓨팅 시스템이 필수이다. 이들은 모두 초고속 데이터를 전제로 한다.

이러한 기술의 발전 속도는 비약적으로 기하급수적인 형태를 띠는데 구글의 래리페이지는 "기술적 한계를 탐험하는 일에서 우리에게는 경쟁상대가 거의 없다"라고 역설하며 혁신과 창의성 교육을 통해 위험을 감수하고 도전하게 한다. 글로벌 빅테크 기업은 뒤쳐지는 자는 잡아먹힌다는 통념을 각인시키며 신속함의 원칙으로 개발에 앞장서고 있다.

실리콘 밸리의 경우뿐만 아니라 전 세계의 혁신기업들은 기존의 사고방식과는 근본적으로 다르게 움직이고 있다. 급변하는 디지털 기술이 가져온 메타버스 혁명은 우리의 생각과 삶의 여러 가지 부문을 바꾸고 있다. 이런 사회변화의 주역으로 디지털 시대를 리드하는 빅테크 기업을 일컫는 말로 'MAGA', 또는 'FAANG'이 있다. MAGA는 마이크로소프트, 애플, 구글, 아마존의 이니셜로 미국의 대표 기업이다. FAANG은 페이스북, 넷플릭스가 첨가된 것을 뜻한다. 어느 쪽에 비중을 두는 지에 따라 다르게 불리지만 이들은 모두 스마트 시대의 리더 기업임에는 틀림없다.

인터넷, 스마트폰에 이어 세 번째 커다란 혁명 메타버스의 물결을 MAGA와 FAANG 그리고 국내외 여러 기업에서는 어떻게 개척하고 있는지 알아보았다.

(1) 인공지능 버츄얼 휴먼 인플루언서(Virtual Human Influencer)

2014년에 개봉된 영화 '그녀(Her)'에서 주인공은 인공지능 운영체제 사만다를 만나게 되고 외롭고 공허하던 삶에 조금씩 상처를 회복하며 행복을 느끼기 시작한다. 마침내 인공지능인 가상의 사만다를 사랑하게 되며 겪는 이야기를 그린 영화이다. 영화 속 인공지능 사만다는 스스로 말하고 진화한다. 당시에는 공상과학영화라 실감이 나지 않았고 먼 미래라고 생각했었는데 이미 우리 곁에 사만다와 비슷한 '아리'와 '시리'가 등장했다.

버츄얼 휴먼(Virtual Human)이라 불리는 세계적인 스타가 있다. 2016년에 처음 등장한 릴 미켈라는 미국의 스타트 업 브러드(Brud)에서 만들었는데 상업성뿐만 아니라 타임지에서 영향력 있는 25인에 선정되기도 했다. 열아홉 살의 브라질계 미국인으로 LA에 살고 있는 패션 인플루언서 '릴 미켈라(Lil Miquela)'. 인스타그램 팔로워 310만 명을 보유하고 있고, 스냅챗 포함 SNS에 통합 500만 명이 넘는 팔로워를 갖고 있다.

발매 음원은 스포티파이에서 8위를 차지했다. 지난해에만 1,170만 달러(약 130억 원)를 벌어들인 것으로 집계됐다. 뷰티 월드를 뒤흔들며 업계 판도를 뒤엎고 있는 미켈라는 샤넬, 프라다 등 명품 브랜드의 모델과 뮤지션으로 활동하며 최근엔 팝스타 레이디 가가, 비욘세,

저스틴 비버, 아리아나 그란데 등이 소속된 할리우드 3대 에이전시 CAA(Creative Artists Agency)와 계약을 했다.

[그림4] 릴 미켈라(Lil Miquela, 출처 : Vogue.co.kr 캡쳐)

우리나라의 버츄얼 휴먼 중 하나가 싸이더스 스튜디오 엑스가 만든 국내 최초 가상 인플루언서 '로지' 성은 '오'. 그녀의 이름은 '오로지'이다. 신한라이프 광고에서 매력적인 춤을 추는 가상인간이다. Z 세대가 좋아하는 셀럽들의 자료를 모으고 분석해서 이들이 가장 좋아하는 얼굴로 제작한 것이다. 나이 22세, 키 171cm, 몸무게 52kg으로 패션잡지, 화보 등의 모델로도 활동 중이다. 로지는 인스타그램에 2020년 8월 첫 게시물을 시작으로 여행, 패션, 뷰티 등 다양한 사진들을 게시하며 일반인처럼 활동하다가, 지난해 12월에야 가상인간이라고 커밍아웃했다. 당시 로지가 가상인간이라고 밝히기 전까지는 아무도 몰랐다. 현재 10만 2,000명의 팔로워를 갖고 있다.

[그림5] 로지(출처 : 조선일보)

사진은 서울 강남구 싸이더스 스튜디오 엑스에서 가상 인간 로지와 제작진이 포즈를 취하고 있는 장면이다. 왼쪽부터 백승엽 대표, 차아영 CD, 로지, 김진수 이사, 이유리나 감독, 이민혜 작가. 이 사진을 촬영한 후 3D 합성을 통해 로지를 구현했다(2021.8.3. 고운호 기자).

또 한명 유명한 버츄얼 휴먼은 LG전자 홍보모델로 활동 중인 '김래아'이다. 나이는 23세, 직업은 싱어송 라이터 겸 DJ이고 미래에서 온 아이라는 뜻의 래아(來兒)이다. 5월 15일 개설한 인스타그램 팔로워는 1만 3,000명이다. 패션 매거진과 버츄얼 인터뷰를 하기도 하고, 2021CES(국제 전자제품 박람회) 온라인 콘퍼런스에서 LG의 홈코노미에 관해 3분간 PT를 훌륭히 했다. 인싸보다 잘 나가는 인싸로 활동 중이다.

[그림6] 김래아 LG전자가 AI 기술을 활용해 구현한 가상 인간 '래아'

(사진 : LG전자, 출처 : 머니투데이)

이렇듯 버츄얼 휴먼은 인간보다 더 '인간적'이고 스스로 독립적인 개체로 인간과 자연스럽게 어울리는 시대가 온 것이다.

(2) 자율주행자동차와 메타버스

자율주행자동차에 등장한 메타버스가 있다. 자율주행자동차가 상용화되면 우리생활이 극적으로 바뀌게 된다. 모든 사람이 굳이 자기 자동차를 소유할 필요가 없어지고, 차고와 주차장이 필요 없어지면서 새로운 지형을 돌려줄 것이다. 이러한 자율주행에도 메타버스의 기술이 등장한다.

자율주행 알고리즘을 연구하고, 실제 도로에서 여러 돌발 상황을 가상환경에서 시뮬레이션 한다. 자율주행 데이터를 수집하고 분석해서 다양한 분야에 적용하고 빅 데이터 프로세싱과 인공지능을 바탕으로 임베디드 슈퍼컴퓨팅 플랫폼을 사용한다. 이미 우리 주변에는 시범운행 중인 무인자동차를 볼 수 있다.

현실세상을 그대로 재현한 거울세계 지도와 라이더 센서가 달려있어서 다른 목표물과의 거리를 측정하고, 자동차는 알아서 가속하거나 감속한다. 스스로 차선을 바꾸기도 하고 신호등을 감지하며 횡단보도 앞, 행인, 자전거를 탄 사람 등 앞에서는 멈춘다. 교통의 흐름을 방해하지 않고 속도조절을 잘 한다. 이렇게 자율주행 자동차가 상용화되면 자동차는 우리가 필요할 때 태워주고 알아서 주차장으로 가게 될 것이다.

[그림7] 자율주행자동차(출처 : valientemott.com/blog)

(3) 디지털 지도

구글 지도는 스마트폰의 성장과 함께 가장 중요한 소프트웨어로 떠올랐다. 모바일 기기는 지속적으로 위치서비스를 제공하며 교통서비스 회사 우버와 숙박어플 에어비앤비는 디지털지도를 이용한 위치서비스가 기반이다. 우리의 배민 역시 현실세계를 거울처럼 복사한 디지털 지도 위에 현실에 필요한 정보를 유용하게 입힌 메타버스인 것이다.

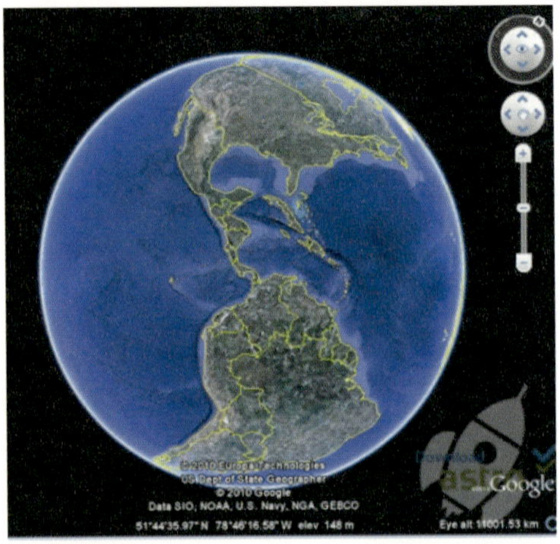

[그림8] 구글 어스(출처 : google_earth)

(4) 마이크로소프트의 방대한 클라우드

시가총액 2조 원을 돌파한 마이크로소프트의 수익은 클라우드가 다 해 낸 것이라고 해도 과언이 아니다. 최근 세계 클라우드 시장에서 마이크로소프트의 애저(Azur)가 점유율을 20%까지 높이며 선두 업체 아마존웹서비스(AWS)와 경쟁하며 약진하고 있다.

MS 본사의 최근 3분기 실적 발표에 따르면 애저는 전년 동기와 비교해 50% 가량 성장했다. 즉, 한국에서는 50% 이상의 고성장을 달성했다는 얘기다. 그동안 우리나라 클라우드 시장은 대기업이 퍼블릭 클라우드를 꺼려했으나 최근 자사의 클라우드 서버를 줄이고 퍼블릭서버로 전향하는 사례가 많이 늘어나고 있다.

퍼블릭 클라우드는 업체가 제공하는 클라우드 서비스를 일반 기업이나 개인 등 대중에게 공유하는 방식이다. 클라우드를 제공하는 업체들의 서비스를 제약 없이 누구나 이용할 수 있어서 많은 기업이 퍼블릭 클라우드로 전환하고 있는 추세다.

SK텔레콤이 지능형 영상보안 플랫폼 '티뷰', 두산중공업은 MS의 디지털 트윈 솔루션을 활용해 차세대 풍력발전 솔루션 사업을 추진 중이다. 또 매일유업은 디지털 전환을 위해 전사적으로 애저를 도입했다. 서울아산병원도 애저 머신러닝을 활용해 의료데이터 분석 솔루션을 구축했다(출처 : zdnet.co.kr).

산업특화 클라우드 중에서 특히 헬스 케어 분야는 한국MS에서 가장 주력하고 있는데 실제 대형병원에서 애저를 채택하는 사례도 나오고 있다. 전자의무기록(EMR) 관련 규제가 다소 완화되면서 더욱 용이하게 활용될 것이다. 마이크로소프트는 클라우드를 기반으로 한 게임 산업 확장에도 박차를 가하고 있다.

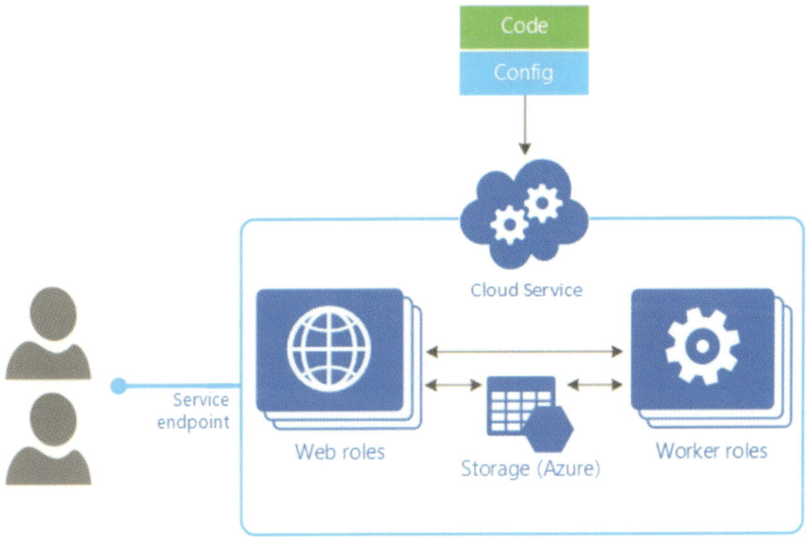

[그림9] 마이크로소프트 클라우드(출처 : docs.microsoft.com)

마이크로소프트가 내놓은 AR 기기 '홀로렌즈 2'는 전작보다 해상도가 2배 좋아지고 시야각이 1.5배 넓어지는 등 성능이 크게 개선됐다. 원격 업무회의, 수술보조 등 B2B(기업과 기업 간 거래)용으로 개발됐는데 록히드마틴, 메르세데스벤츠 등 대기업이 잇따라 도입했다. Unity용 MR(Mixed Reality) TK(Tool Kit)는 플랫폼 간 입력 시스템, 기본 구성 요소 및 공간 상호작용을 위한 공통 빌딩 블록을 제공한다(출처 : https://docs.microsoft.com/).

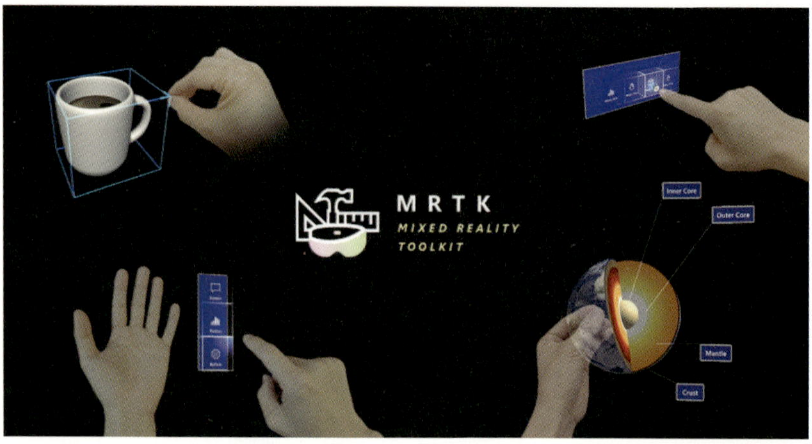

[그림10] MRTK(Mixed Reality Toolkit, 출처 : https://docs.microsoft.com)

(5) VR 오큘러스2

페이스북은 방대한 정보 소셜미디어의 라이프로깅을 넘어서 VR 오큘러스2를 개발했다. 마크 저커버그는 "가상현실 헤드셋의 주류에 진입했다"고 했는데, VR HMD 기기뿐만 아니라 그들의 VR 플랫폼에 콘텐츠를 탑재시켜 더 많은 비즈니스 기회를 추구하고 있다. 2021년 10월 13일(현지시각) 마크 저커버그는 페이스북에 레티나 해상도의 VR 기기를 발표했다. '레티나 디스플레이'는 애플이 처음 사용한 용어로, 망막(Retina)으로 픽셀을 구분할 수 없는 정도의 고해상도임을 뜻하는 말이다.

[그림11] VR HMD(출처 : 마크저커버그 페이스북)

(6) 애플의 AR 글라스

애플이 AR 글라스 전용 칩과 함께 6G 무선 네트워크 지원, 아이폰과 연동 등 다양한 기술적 방법을 탑재한 4K급 고해상도 디스플레이를 장착한 AR 글라스를 내년에 생산할 계획이다(참조 https://9to5mac.com).

(7) 넷플릭스와 포트나이트

넷플릭스의 대표 리드 헤이스팅스는 "넷플릭스의 최대 경쟁자는 디즈니가 아니고 포트나이트다"라고 말했다. 포트나이트는 게임을 넘어 메타버스의 새로운 플랫폼이 된 것이다. 넷플릭스의 전세계 가입자는 2억 명이 넘고 재미있는 영상은 모조리 사들여 즐거움을 제공했다.

넷플릭스의 성장에 있어서 메타버스는 소비자에게 일 방향 소비만을 유도하는 것이 아니라 소비자가 다시 생산자가 되는 생태계를 지향 한다는 점을 주목할 필요가 있다. 넷플릭스 역시 유저의 상호작용이란 점을 착안하고 또 다른 방향의 발전이 거듭되리라 생각한다.

포트나이트의 CEO 팀 스위니는 "메타버스는 인터넷의 다음 버전"이라고 하며 "사람들은 메타버스로 일을 하러 가거나 쇼핑을 하면서 시간을 보내게 될 것이다"라고 말했다.

[그림12] 구글02/30(출처 : ttpmes.co.kr)

2. Why Metaverse?

생활양식과 산업현장이 언택트 화를 넘어 3차원 가상공간인 메타버스화로 빠르게 변화하고 있다. 가상·증강현실 기술의 발달로 메타버스는 '차세대 인터넷' 시대를 주도할 새로운 패러다임으로 떠오르면서 사회·경제적 활동이 게임, 엔터테인먼트, 음악, 콘텐츠 산업 등을 중심으로 확산 중이다. 특히 교육 분야에서도 확산되고 있으며 아바타를 활용해 가상공간에서 실시간 음성대화와 3차원 오브젝트, 360도 영상 등을 활용하는 실감형 수업이 몰입도를 높여 비대면·원격교육의 한계를 극복하고 있다(참조4).

기존의 비대면 회의나, 온라인 수업등과 메타버스 회의 혹은 메타버스 교육 환경은 어떻게 다르며 그 학습 효과는 어떠한 지에 관해 알아보고자 한다.

1) 메타버시안(Metaversian)

(1) 메타버스의 주역 MZ 세대

디지털 네이티브라고 부르는 MZ 세대가 메타버스의 중심에 있다. 미디어를 읽고 쓰는 능력이라고 말하는 디지털 리터러시에 능숙한 세대이다. 학업, 직장, 취미생활, 프라이빗 라이프 까지 메타버스에서 자유롭게 누린다.

TV와 컴퓨터보다는 스마트폰, 유튜브, 넷플릭스를 더 친숙하게 받아들인다. 이 때문에 이들에겐 유튜브가 가장 좋은 검색엔진이자 정보의 창고다. NAS 미디어 2021 NPR에 따르면 코로나 펜데믹으로 외부 활동이 제한되면서 인터넷 사용이 급증한 것으로 나타났다. 인터넷에 접속하지 않은 Off-line 시간은 집에서, On-line 시간은 게임이나 오락 등 엔터테인먼트라는 결과를 보여준다.

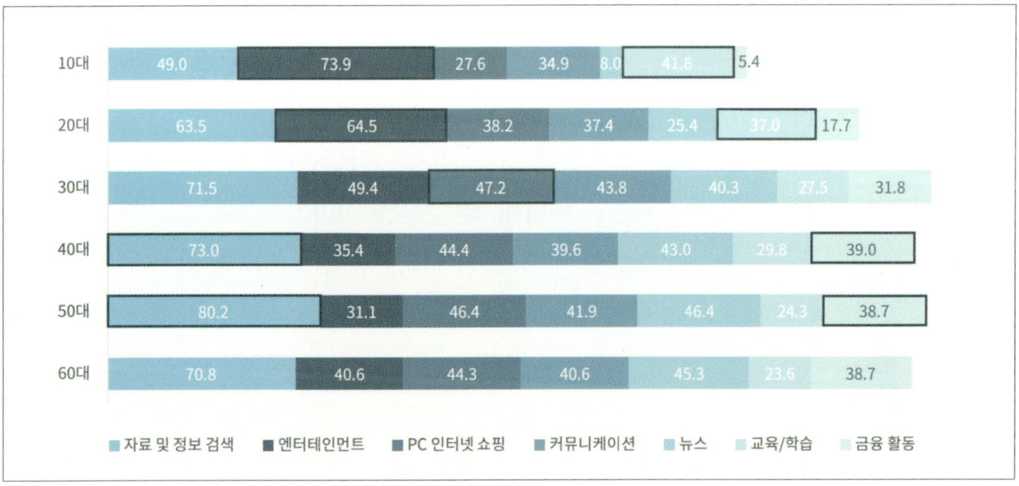

[그림13] 인터넷 이용자 조사(출처 : NAS미디어. 2021NPR)

NASMEDIA 2021 인터넷 조사에 따르면 인터넷 주 사용목적이 자료 및 정보검색과 엔터테인먼트가 가장 높게 나타났다. 10대와 20대는 엔터테인먼트와 교육, 30대는 쇼핑, 40~50대는 자료 및 정보검색과 금융활동 목적이 높게 나타났다(nasmedia. 2021npr).

(2) 메타버스의 또 다른 유저 중장년층

구매력 있는 40·50세대는 메타버스 소외 계층인 것인가? 아니다. 오히려 경제적으로 어느 정도 안정된 세대인 40~50대 이상의 장년층이 앞으로 더욱 메타버스에 열광하게 될 이유는 몇 가지가 있다. 이들을 일컫는 '실버 서퍼(Silver Surfer)'라는 신조어도 있듯이 이들은 온라인게임을 경험한 세대로 메타버스에 대한 부담감이 상대적으로 적다고 느껴지는 계층이다(참조 https://dictionary.cambridge.org/).

① young again

젊은 시절의 아름다웠던 외모, 체력 등을 그리워하며 그 시절로 다시 돌아가 보고 싶은 욕구가 있는 세대이다. 장년층은 퇴직하거나 일에서 어느 정도 자유로워지고 시간적인 여유도 있는 편이다. 이 시기의 사람들은 100세 시대 속에서 제2의 인생 설계를 준비하기도 하는데 그들은 메타버스 세상 속에서는 연령제한이나 정년퇴직이 없이 젊고 활기찬 아바타로 생활하며 인생 이모작을 설계할 수 있다.

② counselor

디지털 리터러시로 무장한 MZ 세대가 메타버스의 빌더라면 현실 세계에서의 다양한 경험과 축적된 노하우를 가진 중장년층은 메타버스의 카운슬러라고 할 수 있다. 자신이 쌓은 경험과 노하우로 도움을 주거나 상담자의 역할이 가능할 것이고 이로 인한 수익창출을 기대할 수도 있다.

③ 시간적 여유

은퇴이후 상대적으로 시간의 여유가 많다. 시간적 여유가 생기고 그동안 해보고 싶었던 영역이나 관심분야, 취미, 여가 등의 관심사에 자유롭게 참여할 수 있게 된다. 평소 관심 있었으나 해보지 못했던 분야에 주도적으로 참여하고 즐길 수도 있다.

④ 비즈니스 기회

퇴직이후를 준비하며 N 잡러로 활동하던 사람들도 직장을 그만 두게 되면서 선택과 집중을 하게 된다. 자신의 상황과 능력에 맞는 것을 취사선택해 또 다른 비즈니스를 이어가고 싶어 한다. 물리적인 공간으로의 출퇴근이 아닌 새로운 가상공간으로의 출퇴근을 하며 퇴직 후의 또 다른 비즈니스 기회를 추구한다. 경제력을 갖춘 장년층을 위한 메타버스 산업이 더욱 많아 질 것이다.

(3) 마케팅 & 커머스

대기업이 취업박람회를 게더타운에서 진행했고 대학의 입시설명회, 현대자동차가 신차 발표회를 가졌다. 탑승해 볼 수 있으며 가상공간에서 주문도 할 수 있다. 이미 기업들이 마케팅과 광고의 장으로 메타버스 공간에 진출하고 있다는 것을 보여준다. 사려는 사람과 팔려는 사람이 가상공간에서 모여 거래를 한다.

기존의 쇼핑몰을 가상공간으로 들여와서 실시간 구매가 일어나는 것이 개발되고 있다. 기존의 라이브 커머스에서 소비자는 일 방향 전달로 상품설명을 듣고 질문하는 정도였다면 앞으로의 메타버스 커머스는 만져보고, 냄새 맡아 보고, 입어보기도 하는 것이 가능해 질 것이다. 아직 진입단계이므로 많은 연구와 시도가 필요하지만 메타버스 커머스는 글로벌 쇼핑몰의 또 다른 공룡으로 등장할 것이다. 선점하는 것이 기회이다. 아마존은 세계 막대한 쇼퍼들과 함께 메타버스 세계를 선점하는 공룡이 될 것이다.

(4) 친목, 사교모임

한동안 나의 아바타를 만들어 방을 꾸미고 도토리를 주고받던 시절이 있었다. 친구의 월드에 방문해서 포스팅을 보고 방명록에 안부를 묻고 댓글을 쓰던 플랫폼이 한동안 묻혀있었다. 최근 이 플랫폼에 관한 기사들이 주목을 받았다. 수많은 가입자의 데이터를 갖고 다시 부활하려는 움직임을 보이고 있다.

요즘의 유저들은 취미, 관심사, 성향에 따라 많은 모임에 가입하고 활동한다. 비대면으로 활동의 제한을 받으면서 오프라인은 거의 집에서 머문다는 조사 결과를 보더라도 집에서 온라인으로 여가와 취미를 즐기는 것이다. 대면 접촉이 제한을 받으니 생기는 당연한 결과이기도 하지만 가상공간에서 목적과 성향에 맞는 친구를 팔로우하고 즐기고 싶은 랜드를 누비는 것이 일상 속에 펼쳐지고 있다.

(5) 문화 예술 공간

공연, 연극, 음악회, 전시회 등이 공간을 초월해서 가상의 극장, 미술관에서 이뤄지고 있다. 클래식 음악공연을 하고 우리나라 예술의 전당에서 전시되는 작품을 지구의 반대편에서도 감상할 수 있다. 입체적으로 작품관람이 가능하게 되며 온라인으로 작품전시를 보는 것과 다른 3차원의 감상이 가능해진다. 뉴욕의 박물관에 가지 않아도 가상박물관에서 전시를 볼 수 있는 것이다. 제페토의 가상 미술관에서는 작품을 감상하고 이용자들이 그림 속 비밀공간에 들어가는 전시가 기획되기도 했다.

블랙핑크의 뮤직비디오 발표회에는 4,300만 명이 몰렸다. 포트나이트에서 트레비 스캇의 공연은 공간의 제약이 없으니 1,200만 명이 동시 관람했다. 트레비 스캇의 오프라인 공연수익은 18억 원 정도인데 가상공간에서의 공연은 무려 228억 원을 벌어들였다. 블랙핑크는 90분 공연에 116억 원의 수익을 내고, 방탄소년단은 두 번의 공연으로 약 727억 원의 수익을 낸 것으로 알려졌다.

2) 부캐 VS 페르소나

평생직업이라는 가치관에 변화가 생기고 N 잡러가 등장하면서 다양한 부 캐릭터를 갖게 됐다. 부업이든 취미이든 다양한 캐릭터를 생성하고 서로 다른 경험과 가치를 존중한다. 생활 속에서 부 캐릭터의 전환은 어렵지 않게 볼 수 있다. 본업 캐릭터, 부업 캐릭터, 취미 캐릭터, 게임 속 캐릭터 등 현실의 자신을 표현하는 캐릭터와 함께 가상의 캐릭터도 생산해낸다. 부캐는 자신을 어떻게 표현하고 싶은가에 따라 두 가지로 나눠볼 수 있다.

첫째, 나와 똑같은 나를 만들어 나와 동일시한다.

내 모습과 특징을 표현해 현실의 나를 대신하는 캐릭터를 타인에게 보여준다. 실제의 나를 보여주는 대신 현실의 나를 노출하지 않고 가상의 캐릭터를 보여줌으로써 프라이버시 노출에 대한 부담을 덜 수 있다.

둘째, 현실의 나와 다른 이상형의 나를 만든다(플렉스, 대리만족).

현실에서는 할 수 없었던 스타일, 해 보고 싶었으나 잘 하지 못하는 노래, 댄스, 운동 등을 나의 아바타가 해내는 것을 보며 대리만족을 느낀다. 필자 역시 메타버스 공간 속 나의 캐릭터가 아름다운 얼굴과 몸매로 블랙핑크의 춤과 노래를 완벽하게 소화하는 모습에 성취감과 희열을 느끼며 대리만족을 했다. 그 이후 나의 닉네임은 '메타플루언서 블랙핑쿠'가 됐다.

[그림14] 필자의 제페토 아바타 모습

영화 '레디 플레이어 원'의 여주인공 역시 실제로는 얼굴에 큰 모반이 있어서 콤플렉스를 느끼고 있었으나 가상의 오아시스에서는 아름다운 외모로 자신감 있는 게임 여전사의 아바타를 갖는다. 게임 플랫폼은 이제 생활공간이 되고 문화공간으로 진화했다. 그 속의 나와 닮은 혹은 나와 다른 부캐가 활동하는 부캐 전성시대가 된 것이다. 부캐가 광고모델이 되기도 한다. 주용완 강릉원주대 교수는 부캐에 대해 현실의 제약을 넘어 자신이 원하는 정체성을 갖고 무슨 일이든 할 수 있는 100% 자유도라고 분석했다. 이것이 멀티페르소나에 열광하는 요인 중 하나이기도 하다.

3) 새로운 비즈니스 기회 - 소비자가 생산자로

첫째, 현재 메타버스의 형태는 게임과 소셜미디어의 형태가 대표적이다. 여기에서 수익구조는 콘텐츠, 아이템 판매와 광고가 대부분이다. 그러나 이 콘텐츠 안에 다른 미디어를 연결해 중계 수수료를 받는 다든지, 마케팅 수수료, 입점 수수료 등을 고려해 볼 수 있다.

메타버스를 지향하는 게임 및 소셜서비스들의 주요 비즈니스 모델은 콘텐츠 제작 및 판매, 미디어 중개 수수료, 마케팅 수수료, 구독료 등을 들 수 있다(출처 : ettrend.etri.re.kr).

그동안의 게임유저들은 콘텐츠를 사고 즐기는 형태가 대부분이었으나 크리에이터로서 공간을 직접 제작한다든지, 아이템을 제작해서 판매하는 등으로 수익을 올릴 수도 있다. 제페토 빌드잇을 이용해 맵을 제작해 그 공간에서 사람들을 모아 강연이나 모임 등을 주최할 수도 있다. 맵이 필요한 기관이나 사람에게 맵을 제작해 판매, 대여 등도 할 수 있다. 크리에이터 렌지 숍은 2억 명의 유저를 대상으로 한 아이템 숍에서 쾌거를 올린 대표주자로 회자된다.

[그림15] 제페토 공간만들기

[그림16] 제페토 아이템

둘째, Upland와 같이 지도와 연결된 가상 부동산을 사고팔고 거래할 수 있는 분산 형 애플리케이션(dApp)이 있다. 예를 들어 업랜드의 뉴욕시를 방문해 엠파이어 스테이트 빌딩이나 뉴욕 증권거래소를 소유한 사람을 확인할 수 있다.

셋째, 메타버스가 선택한 통화인 대체 불가능한 토큰(또는 NFT), 역사에서 가장 비싼 NFT 거래는 크리스티(Christie's) 경매에서 Beeple의 디지털 아트 작품을 NFT를 통해 6,900만 달러 이상에 경매했다. 이 대체불가능토큰이라는 용어조차 생소한 NFT는 아직 지구상의 많은 사람들이 존재조차 모르는 개념일 것이다.

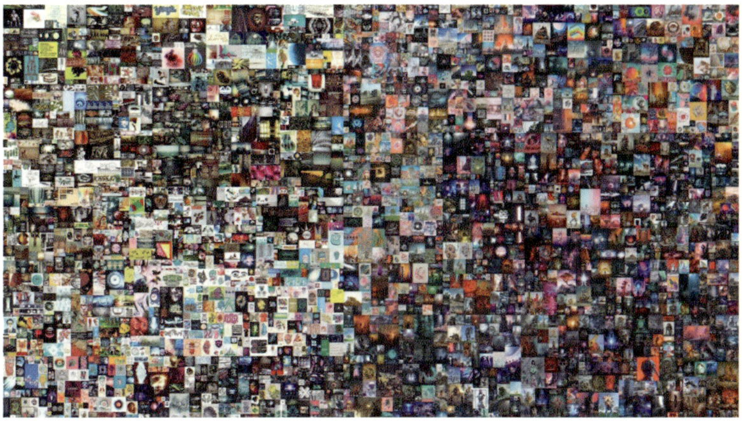

[그림17] Beeple의 콜라쥬. 디지털 아티스트 마이크 윈켈만의 작품(출처 : theverge.com)

넷째, 메타버스 관련 주변기기의 급부상을 들 수 있겠다. 스마트 글래스 시장에 뛰어 드는 기업이 늘고 있다. 페이스북의 VR 기기인 오큘러스 수요는 계속 늘어나고 있으며 마이크로 소프트의 AR 기기인 홀로렌즈도 산업현장에서 꾸준히 증가하고 있다. 채팅 앱인 스냅챗을 운영하는 스냅에서도 스마트글래스 스펙타클을 출시했다. 중국의 NREAL도 제작판매를 하고 있고 애플, 샤오미도 준비 중이다. 이 같은 기기들은 앞으로 더욱 발전된 기술과 가격을 낮춘 경쟁력으로 대중화 될 것으로 전망한다.

4) 즐거움과 재미 - 가치관, 개인의 행복과 즐거움 추구

메타버스의 파워유저로서 MZ 세대가 갖는 특징 중 하나인 즐거움과 개인의 행복추구는 가상 공간에서도 이들이 추구하는 가치와 상통한다. 그러나 MZ 세대뿐만이 아니라 인간 본연의 놀이를 추구하는 호모루덴스(Homo Ludens)의 개념으로 볼 때 인간은 놀이와 재미를 추구한다고 할 수 있다. 놀이가 문화의 한 요소가 아니라 문화 그 자체가 놀이의 성격을 갖고 있다는 것이다. 이렇듯 즐거움을 본성적으로 추구하는 인간에게 즐거움과 유익한 경험을 제공하는 메타버스는 상상 그 이상을 넘는 재미를 주기에 충분하다.

3. 교육에서의 메타버스

1) 기존의 비대면 교육

기존의 비대면 교육은 주로 줌이나, 구글 미트 등이 주로 사용됐으며 그 외의 다양한 화상채팅 플랫폼에서 비대면 교육이 이뤄지고 있다. 실시간 비대면 교육이 많아지면서 참여하는 교수자와 학습자간 상호작용은 마이크를 켜서 대화하거나 미디어 보드 등을 활용하는 정도였다. 이 말은 다시 말하면 비대면 환경에서의 교육은 일방적인 전달의 형태가 대부분이었고, 상호 작용은 마이크를 통한 음성채팅과 채팅창의 텍스트 채팅이며, 참가자가 자발적으로 이동하거나 상호작용이 제한적이다. 수업시간 동안의 화면은 발표자가 제시하는 공유화면의 교육 자료들과 참가자들의 얼굴 패널이 갤러리처럼 늘어선 형태이다.

2) 교육에서 메타버스 도입 사례

(1) 학교교육 사례

메타버스 환경에서의 교육은 학습자가 능동적으로 위치를 이동하며 강의장을 돌아다닐 수 있고 이때 강의실 내부의 다양한 미디어들을 주도적이고 개별적으로 활용할 수 있도록 고안 돼 있다. 또한 그룹미팅이나 조별 협업 등을 위해 자리를 이동하면 가까이 있는 팀원들의 비디오가 활성화되고 마이크가 켜져서 서로 소통할 수 있게 된다. 현재 대학, 교육 분야에서 메타버스 도입사례로는 순천향대학교를 제 1순위로 꼽을 수 있다.

[그림18] 순천향대학교 사례

(출처 : 한국대학신문 - 409개 대학을 연결하는 '힘', http://news.unn.net)

순천향대학교는 지난 2021학년도 신입생 입학식을 시작으로 소담소담(소통·상담) 페스티벌, 신입생 모집 입시설명회 등을 메타버스에서 개최했다. 뿐만 아니라 증강현실, 가상현실을 활용한 전공실습 강의, 3way 방식의 O2O 하이브리드 강의 중계 시스템을 구축해 메타버스 도입의 선봉에 선 대학으로 자리매김하고 있다.

메타버스를 교양 및 전공강의, 학생 커뮤니케이션과 동아리활동 등을 위한 핵심 플랫폼으로 활용하고 있다. 2021년 2학기부터 정규 교양강좌인 '피닉스 열린 강좌'를 메타버스 플랫폼을 활용해 운영하고 있다. '피닉스 열린 강좌'는 각계각층의 저명인사를 초청해, 아바타 형태로 모여서 토론하고 대화하는 방식의 교양강좌(2학점)이다.

[그림19] 순천향대학교 열린강좌(제공 : 순천향대학교, 천지일보)

이 대학은 15주 수업 중 4주 수업을 메타버스 가상공간을 활용해 수업을 진행하고 있다. 디지털 네이티브라고 일컬어지는 MZ 세대 학생들에게는 메타버스 가상공간을 활용한 흥미롭고 호응도 높은 강좌이다.

우운택 KAIST 문화기술대학원 원장은 현재 메타버스의 발전 수준에서는 전통적 강의를 완전히 대체하기 어렵다고 보지만 메타버스의 개방성이라는 특징을 볼 때 플립드러닝이나 상호작용이 중요한 프로젝트형 수업에 적합할 수 있다고 주장했다(참조5).

[그림20] 인게이지 vr(출처 : etnews)

세종대 만화애니메이션학과와 한국직업능력교육원이 메타버스의 일종인 가상 교육공간을 활용한 수업을 시작했다. 신구대학은 교양과정 학점수업으로 가상공간 콘텐츠 수업을 진행한다. 신구대학과 명지전문대, 우송대도 일부 학과에서 가상공간 활용 수업이 이뤄졌다. 올해 초에는 광주 광산문화예술회관이 광주지역 중학교 1학년 및 고등학교 1학년생 대상으로 원격 뮤지컬 교육을 가상공간에서 실시했다(참조6).

또한 유은혜 교육부총리가 메타버스의 교육적 활용사례를 적극적으로 발굴, 교육효과를 극대화 하는 방안을 주문했다. "메타버스의 교육적 활용은 학생들에게 더 풍부한 교육경험을 제공하기 위한 새로운 도전의 영역이 될 것"이라고 말하고 있다. "일부 전문가들은 메타버스의 부작용을 지적하기도 하지만 지금부터 메타버스를 교육적으로 잘 활용할 수 있는 사례를 적극적으로 발굴하고 대비한다면 교육적 효과는 극대화할 수 있을 것"이라고 강조했다.

증강현실을 통한 의료실습, 가상으로 만들어진 전시관에서의 미술수업, 아바타를 이용한 역사적 인물체험 등을 대표적 사례로 꼽은 뒤 이들은 단지 수업을 흥미롭게 만드는 수준을 넘어서서 학생들의 배움을 심화하고 경험을 확장할 수 있도록 도움을 줄 수 있을 것이라고 했다(참조5).

① 국립 안동대학교 게더타운 활용

[그림21] 안유미 수석연구원 게더타운

(출처 : https://gather.town/invite?token=8gmZQdzyv6tPVg0bW50u6mLNy7wgpEx-)

② 기 업

학교 교육뿐만 아니라 산업전반에서 이뤄지고 있는데 그중 기업이 신입사원 교육에 활용하기도 하고 건설, 안전교육 분야에서 활발하게 도입되고 있다.

[그림22] GC녹십자 신입사원 입문교육(사진 : 녹십자, 출처 : 머니투데이)

• 평택시청의 청사 실제사진을 활용한 게더타운 평택시청

[그림23] 평택시청 게더타운(제작 : 안유미 수석연구원)

• 부산환경공단 게더타운

[그림24] 부산환경공단 게더타운(제작 : 안유미 수석연구원)

③ 산업 안전교육

서울시 소방재난본부는 '코로나시대, 안전은 시민 곁으로 한 걸음 더'라는 슬로건과 함께 15일~17일까지 3일간 '2021 메타버스 서울안전한마당'을 개최했다. 2007년부터 매년 개최됐는데, 사회적 거리두기로 인해 지난해에 이어 올해도 온라인을 통해 메타버스 플랫폼인 로블록스에서 열렸다.

[그림25] '로블록스(Roblox)'에 구현된 서울안전한마당 행사장
(2021.09.08. 사진 : 서울시 제공, photo@newsis.com)

④ 건 설

건설업과 관련된 위험작업 특별교육, 필수안전수칙, 사고 유형별 영상 등을 제작해 안전사고에 대한 경각심을 일깨워주는 안전교육이 있다. 앞으로 다양한 콘텐츠를 VR 기술을 활용·개발해 각 콘텐츠별로 다양한 시점의 영상구성과 간단한 VR 체험요소를 구성해 교육생들에게 높은 수준의 교육효과를 기대한다.

[그림26] 안전교육(출처: datanet)

(2) 메타버스 교육 공간의 학습자

학습에 대한 흥미나 참여도가 낮은 편인 학생들은 게임형식으로 접근할 수 있는 메타버스 공간에 만들어진 학교에서 보다 흥미롭게 수업에 참여할 수 있다. 학교 캠퍼스를 그대로 구현 할 수도 있고, 실제의 캠퍼스에는 없는 흥미요소를 부여할 수도 있다.

줌으로 인한 피로도가 높아지고 그에 대한 대안으로 다양한 메타버스 플랫폼이 이용되고 있으며, 비대면이지만 실제로 만난 것처럼 활용을 할 수 있는 부분들이 접목돼 협업, 팀워크 등에 효율적인 참가가 가능하다. 메타버스 관련 기업들이 선보이고 있는 다양한 솔루션과 콘텐츠들이 아직 보완할 사항이 많고 더욱 발전할 것으로 전망하지만 다양한 인터랙션 콘텐츠, 과학탐구 및 창의 융합 교육을 위한 솔루션 등이 있는 콘텐츠들이 많은 주목을 받고 있다.

또한 비대면 수업에서 유아교육 콘텐츠는 놀이처럼 수업이 가능한 콘텐츠가 더욱 요구되고 있는데 그런 면에서 볼 때 유아는 수업이라는 경직된 형태보다 놀이처럼 습득할 수 있는 시스템에서 더욱 학습효과가 높을 것이다.

기존이 원격수업이라고 하면 EBS 강의영상과 같은 콘텐츠나 '줌' 등 실시간 영상수업 정도로 인식되고 있지만, 다양한 방식으로 상호작용을 할 수 있는 수업으로 발전해 가고 있다. 콘텐츠 중심이나 실시간 수업이나 모두 기존방식의 일방적 지식전달 같은 원격수업을 생각하기 때문에 원격수업이 지루하고 학습효과가 적다는 지적이 나온다.

온오프라인에서 다양한 온라인 콘텐츠를 활용한 교육을 인정받아 한국판 뉴딜에 선정된 박찬규 서울문백초등학교 교사는 e학습터 화면공유 기능을 활용해 학생들이 자신의 느낌을 담은 그림이나 만들기 등을 공유했다. 학생들에게 다이아보드를 대여해주고 집에서 스스로 해보는 과제를 내고 크롬북으로 찍어서 공유하는 식이었다.

[그림27] 박찬규 문백초등학교 교사(사진 : 문화체육관광부, 출처 : 대한민국정책브리핑)

효과적인 의사소통은 즉각적인 피드백 능력, 활용하는 단서 및 채널의 수, 개인화 정도, 자연어를 사용한 의사소통 능력의 네 가지 요소에 의해 결정된다. 미국의 조직 이론가인 Richard Daft와 Robert Lengel은 효과적인 의사소통의 목적은 불확실성(데이터가 부족한 경우)이나 모호성(모범적인 데이터가 있는 경우)을 해결하는 것이라고 가정했다. 즉 전달하려는 정보가 복잡할수록 대면으로 전달하는 것이 가장 좋겠지만 비대면의 상황에서 의사소통은 메타버스 공간에서 다양한 미디어를 활용하면서 더욱 효과적으로 전달 될 수 있다. 실제로 일반 화상회의보다 VR을 이용한 가상현실 회의의 주의집중도가 더 높게 나타났다

(3) 메타버스 교육 공간의 교수자

① 효과적으로 가르치기

교수자가 일방적으로 지식을 전달하지 않는다. 학습자가 주도적으로 질문을 하며 답을 얻는다. 다양한 미디어를 활용하고 이러한 경험이 더욱 집중과 몰입을 유도해 교육적으로 훨씬 높은 학습효과를 기대할 수 있다.

Huang과 Liaw, Lai는 VR을 통해 의학교육을 실시하는 연구를 시행한 바 있다. 특히 의학교육에 있어 VR 학습자 적합성을 중심으로 167명의 대학생을 대상의 일반적인 책상 위 화면과 3D VR 프로젝터 시스템의 비교연구를 실시한 결과, VR이 몰입과 연상에서 긍정적 영향을 나타내어 교육시스템으로 유용함을 밝혀냈다(참조8).

학습효과를 높이기 위해 가상융합과 인공지능 기술을 접목해 상호작용하는 기술은 앞으로 더욱 연구되고 발전될 것이다.

② 쉽게 가르치기

다양한 미디어 활용하는 방법이 학습에 좋은 영향을 미친다고 제시했으나, 막상 어려운 기계적 조작이나 복잡한 프로세스를 거치지 않고 간단하게 학습효과를 기대할 수 있다면 가장 최선의 교육법이라 생각한다. 다운로드나 플러그인 설치해야 하거나 액티브X를 설치하라는 팝업이 여러 번 뜬다면 교육을 시작하기도 전에 피로감과 스트레스가 상승할 것이다. 인터넷이 안정적으로 연결돼 있는 한 노트북, 스마트폰, 태블릿, VR 기기와 같은 거의 모든 기기의 브라우저에서 간단히 실행되는 플랫폼을 선호하게 된다.

③ 비용부담 줄이기

온라인 학습 환경을 조성하는데 많은 비용이 소요된다면 아무도 하려 들지 않을 것이다. 예를 들어 예술대학의 졸업 작품 발표회를 오프라인 무대에서 갖게 된다면 무대 비용에서부터 설치, 관리하는데 많은 비용이 발생할 것인데 메타버스 가상 예술극장이라면 쉽게 해결된다.

외국어 공부를 위한 어학연수를 외국으로 떠나지 않아도 가능하게 되며, 서울의 내 방에서 하버드 국제스쿨의 클래스를 들을 수도 있다. 경제적 비용뿐만 아니라 시간비용, 노력비용도 절감할 수 있다.

④ 몰입교육

강의에 집중도를 높이고, 개인화된 콘텐츠를 저장·관리할 수 있게 된다. 경영학 강의에서는 사업계획서를 제작발표하고 투자자에게 브리핑도 한다. 포항공대에서는 신입생들에게 AR, VR 이미지를 보여줄 수 있는 HMD(Head Mounted Display)를 나눠줬다. 물리학 수업에 적용됐으며 가상현실로 수업에 참여하고 발표, 보고서 제출을 했다.

가상현실 강의는 그 효과가 더 높게 나타난다. 클래스룸 환경이 상호작용을 기록하고, 미디어에 수강생 개개인의 수업기록과 학습 산출물을 클라우드에 실시간 저장해서 피드백이 이뤄 질 수 있는 메타버스 스마트 클래스룸이 곧 실현될 것이다.

(4) 상호작용

콘텐츠 저장, 가상 교실의 사용자 정의 및 아바타를 통한 존재 시뮬레이션으로 몰입감이 있고 사실적인 학습 경험을 할 수 있게 된다.

(5) 기존 비대면 강의와는 다른 장점(게더타운 사례)

① 게더타운 가상공간은 입장하면 아바타를 자유로 움직이며 이동 할 수 있다. 아바타를 움직여서 그룹 소모임을 할 수도 있고 실제의 강의실 공간처럼 꾸며진 공간에서 자유롭게 움직이며 소통할 수 있다.

② 기존의 줌 수업은 교사(교수)가 소모임을 지정하거나 할당해야 하는데 게더타운은 자율적으로 그룹 모임장소로 움직일 수 있고 다양한 협업, 팀별 작업이 가능하다.

③ 게더타운은 가까이 가면 상대방의 비디오와 마이크가 활성화 돼서 가까이 있는 사람과 영상채팅을 할 수 있으며 이때 멀리 있는 사람에게는 들리지 않게 된다.

④ 특정 참가자와 1대 1 채팅도 가능하고 가까이 있는 그룹에게 1대 N채팅도 가능하다.

[그림28] 게더타운 문경대학교 강의실(제작 : 안유미 수석연구원)

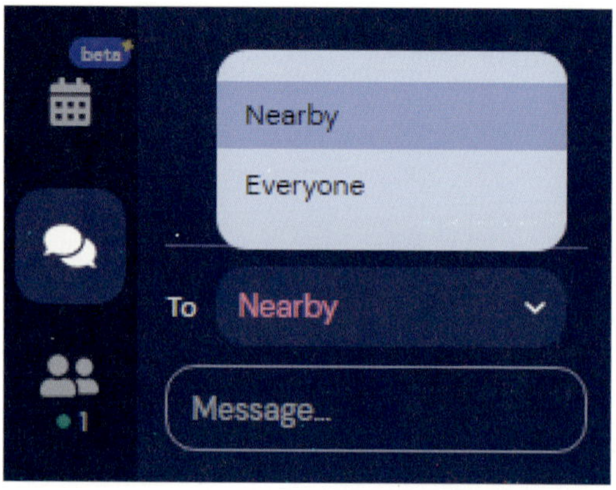

[그림29] 게더타운 메시지 보내기(제작 : 안유미 수석연구원)

⑤ 가상 강의실 지도 위를 자유롭게 다닐 수 있으며 특정인을 팔로우 해 방향키 조작 없이 그 사람과 함께 다닐 수 있다. 이는 위치 찾기 기능으로도 사용될 수 있다.

⑥ 게더타운 내에 다양한 미디어를 사용 할 수 있는데 비디오, TV, 화이트보드, 빔 프로젝터, 포스터 등 다양하게 콘텐츠를 링크시켜 사용할 수 있다.

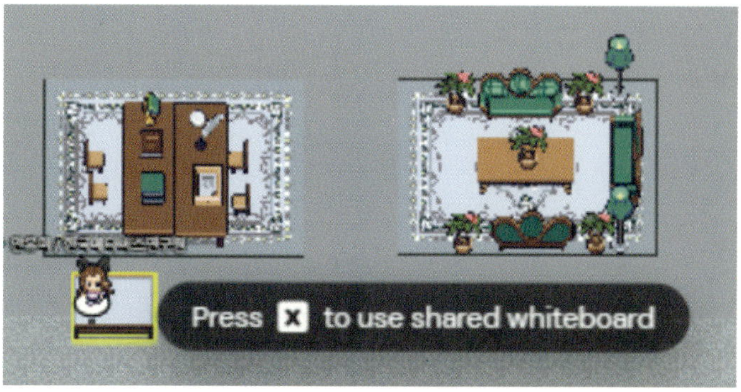

[그림30] 게더타운 미디어 활용(제자 : 안유미 수석연구원)

⑦ 게임하듯 재미있고 흥미로운 수업으로 몰입과 집중을 할 수 있다는 것이 장점이다.

⑧ 마이크(스포트라이트 기능)로 강의실 전체에게 들리도록 전달할 수 있다. 스포트라이트 기능은 스포트라이트 존을 두어서 그곳에 가면 누구나 전체에게 들리도록 할 수도 있고 개인에게 스포트라이트를 줄 수도 있다. 동시에 여러 명에게 줄 수도 있다.

⑨ 게더타운 스페이스 내에 다양한 모임들을 만들 수 있는데 오피스, 교육 외에도 개인적인 모임, 사회친목, 가족모임 등 다양한 템플릿이 있어서 어렵게 맵을 제작하지 않아도 간단히 사물을 배치하는 것만으로도 쉽게 나만의 공간을 만들 수 있다.

⑩ 스페이스 안에 강의실 이외에도 휴게실. 카페, 야외정원 등을 연결해 놓으면 새로운 장소로 이동해 모임도 가능하다.

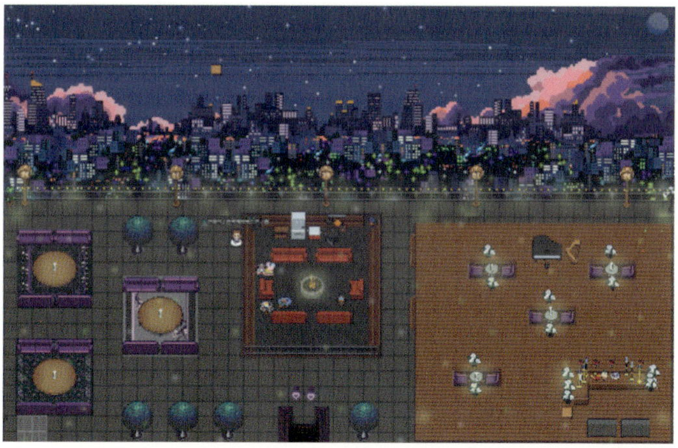

[그림31] 게더타운 루프탑(제작 : 안유미 수석연구원)

4. 메타버스 활용한 교육적 효과(새로운 가르침의 문)

1) 전략의 재구성

(1) 자발적 경험과 참여

메타버스는 학생 이용자들에게 가상공간에서 상호작용과 참여를 유도할 수 있다. 단순히 보고 듣는 것에서 나아가 자발적 경험을 통해 학습 몰입도를 높일 수 있는 것이 장점이다(참조11). 기존의 고정화면에서 벗어나 아바타를 자유롭게 움직임으로써 능동적으로 움직이고 자기주도적인 참여가 가능하다. 기존에는 소그룹 활동을 하기 위해서는 호스트가 소회의실을 만들고 참여자를 지정해 구성했는데 게더타운에서는 소그룹으로 모이라는 한마디의 제안으로 바로 아바타를 움직여서 참여할 수 있다. 이렇듯 자발적으로 참여한 경우 학습효과가 훨씬 높다는 결과도 있다.

2) 콘텐츠 제작 가능

교육현장에서 교육의 목적에 맞는 다양한 강의실 환경을 제작할 수 있고 유저의 필요에 맞도록 커스터마이징할 수 있다. 다양한 미디어를 곳곳에 배치해 수강생이 자유롭게 상호작용하도록 할 수 있다.

3) 교육 활용

기존의 메타버스 플랫폼이 거의 게임 플랫폼으로 시작된 경우가 많다. 이는 그 게임 플랫폼이 유저가 만들어 나가는 대로 진행되는 형태의 오픈형이었기 때문에 가능한 것이다. 이 소통용 메타버스를 교육용으로 발전시키는데 많은 노력이 필요하다. 게임플랫폼이 갖고 있는 장점과 함께 자칫 흥미위주로 산만해 질수도 있다는 점은 간과해서는 안 될 것이며, 이러한 통제는 교육 시 어떻게 활용되는지도 동시에 연구돼야 한다.

문재인 대통령과 김정숙 여사는 지난해 5월 5일 어린이날을 맞아 게임 마인크래프트의 캐릭터로 변신, 어린이들을 가상공간 청와대로 초대하는 영상을 공개했다.

[그림32] 문재인 대통령과 김정숙 여사 어린이날 가상공간 청와대로 초대
(제공 : 청와대, 유튜브 화면 캡쳐)

4) HMD의 개선과 가격인하

고성능 하드웨어의 부담스러운 가격에 쉽게 도전하지 못했던 유저들을 위해 '오큘러스'가 가격을 낮춘 보급형 HMD를 출시했다. VR, AR 기술은 게임은 물론 의료, 교육, 여행, 관람 등 다양한 분야에서 활용된다. AR 추리게임이나 박물관, 미술관과 연동하는 VR 콘텐츠 그리고 실제 산업현장에서 교육용으로 사용되는 VR 시뮬레이터까지 그 종류도 다양하다.

5) 교육용 메타버스 플랫폼에 대한 지속적인 R&D

무역협회는 오는 2025년 세계 에듀테크 시장 규모는 지난 2018년 1,530억 달러 수준보다 약 두 배 증가해 3,420억 달러로 성장할 것으로 예상했다(출처 : zdnet.co.kr). 비대면 교육서비스, AI 교사 등의 보급이 활성화되면서 메타버스 기반 교육개발을 선언한 기업들도 속속 등장하고 있다.

국내 교육기업인 교원에듀, 천재교육, 웅진씽크빅을 비롯해 에듀테크 스타트 업 마블러스 등이 일례다. 알림장 앱 '아이엠스쿨'과 교사를 위한 앱 '아이엠티처' 등을 국내외에서 서비스하고 있는 NHN이 메타버스 플랫폼을 인수하면서 메타버스를 활용한 글로벌 교육·학습 플랫폼 기획에 뛰어들었다.

이외에도 많은 기업들이 에듀테크 분야에 심혈을 기울이며 AI, 빅 데이터, 5G, AR, VR 등 첨단 ICT로 에듀테크 시장에 진입하고 있다(출처 : 정보통신신문 http://www.koit.co.kr).

6) 대면 교육에서 줄 수 없는 경험 제공

기존에는 해보지 않았던, 할 수 없었던 경험을 메타버스 가상공간에서 할 수 있게 됐다. 인터넷 이후 최대 혁명이라 부르는 메타버스 혁명이 교육에 가장 큰 변화를 갖고 올 것이다. 향후 3~5년 후에 메타버스 클래스가 없는 고등교육기관은 오늘날 웹이 없는 기관과 같을 것이다.

메타버스는 사람이 실제와 같은 체험을 할 수 있는 가상현실보다 더 진화한 개념으로 아바타를 이용해 단지 게임이나 가상현실을 즐기는 데 그치지 않고 실제현실과 같은 사회·문화적 활동을 할 수 있다는 점에서 특징적이다. 한국일보에 따르면 2019년도 대비 지난해 가상현실, 증강현실 시장은 2배가량 증가했다고 한다(출처 : 국민대학교 신문방송사).

메타버스에서 교육이 새로운 경험과 확장의 예로 '로블록스'라는 게임플랫폼을 활용한 영어 회화 교육이 있다. '어쌔신크리드'라는 게임 플랫폼에서 역사교육이 이뤄지기도 한다(그림32, 33). 이렇게 가상현실 공간에서 풍부한 시각적, 청각적 효과로 몰입도 높은 수업이 가능하다.

[그림33] discoverytour(출처 : ubsoft.com)

[그림34] discoverytour(출처 : ubsoft.com)

지금까지 우리는 모두 수십 개의 플랫폼을 사용하는 것을 연구하고 기술적인 진보를 경험하고 있다. 하이테크 에듀로 좋은 교육이 될 수 있고 또 그래야 하는 것으로 믿고 있다. 코로나 팬데믹 스트레스가 가라앉았을 때 교육의 인간적 측면에 다시 집중해서 '뉴 노멀'에 집중해야한다.

최첨단의 가상현실로 학문연구가 하이엔드 테크로 갈수록 뉴 노멀에 집중해야 한다. 2003년에 하버드대학 비즈니스스쿨의 클레이튼 교수는 "원격 테크놀로지를 도입한 시공간을 초월한 교육이 있을 것"이라는 주장을 했다. 코로나19 확산으로 인해 그 주장이 재조명 되고 있다. 메타버스 가상 클래스룸에서는 디지털 시뮬레이션 기술을 사용해 학생들에게 실용적이고 실제적인 기술을 교육하는데 미래에 직면 할 수 있을 만한 것과 비슷한 경험을 하게 해줌으로써 학생의 역할과 문제해결을 도와줄 수 있다.

디지털 시뮬레이션이 제공하는 기회를 최대한 활용하려면 대학이 명확한 전략을 수립하는 것이 중요하다. 코스 개발자는 다음을 수행해야 한다. 미래기술을 보고 새로운 것을 적극 수용하며 시뮬레이션을 통해 실제로 판단과 작업이 따를 수 있도록 해야 한다(참조10).

(1) VR, AR의 9가지 활용사례(출처 : Campustechnology)

① 개 념

샌디에이고 주립대학교의 교육기술 서비스 부서는 가상 몰입형 교육 및 학습(VITaL) 이니셔티브를 했다. 수십 명의 교수진이 AR, VR, 혼합현실 및 360도 비디오 도구의 사용을 테스트했다. 새로운 학습 환경에 학생들을 몰입시키기 위한 장비로 VR이 '완벽한 적합성'이라고 정의했다.

② 과거 경험의 재창조

③ 무대예술

세트 디자인 앱을 사용하면 장치 설치작업이 시작되기 전에 무대세트를 시각화할 수 있다.

[그림35] 세트 디자인 앱 활용 사진(출처 : Matthew Green-Hamann/Husson University)

④ 역사를 가상 재구성

2005년부터 덴버 대학교(CO) 인류학과의 학생과 교수진은 덴버에서 남쪽으로 약 4시간 거리에 있는 제2차 세계대전 일본계 미국인 수용소인 Amache를 연구·해석 및 보존하기 위해 일반 대중과 협력해 왔다. 팀은 드론 이미지 캡처를 사용해 캠프의 3D 재구성했다.

⑤ 우주유영

[그림36] 천문학 수업(출처 : campus technology)

⑥ 미래를 상상

⑦ 임상 진료실습

⑧ 철도체험

Penn State Altoona의 철도교통공학 프로그램 – 의학생들은 운전실에서 기차, 철도, 야드, 터미널, 신호 및 영상에 대한 360도 비디오를 수집한다.

[그림37] 철도체험(출처 : campustechnology)

⑨ 의사결정의 임팩트 체험

미래의 리더에게 의사소통과 팀워크의 힘을 이해하도록 VR 체험으로 의사결정 실습을 한다.

(2) 역기능 극복

메타버스 세계는 아바타가 등장하는 가상현실로 익명성이 보장된다. 프라이버시가 보호된다는 장점이 있는 반면 익명성을 타고 범죄행각이 벌어져도 제대로 제제하기가 쉽지 않은 실정이다. 아동 청소년층이 많이 사용하고 있는 만큼 이들에 대한 보호와 제도적인 법 조치 등이 마련돼야 할 것이다. 아동청소년 상대 성범죄가 발생했다는 뉴스보도가 있었다. 미리 방지할 수 있도록 학생들에게 지도가 이뤄져야 한다.

불법행위가 있었을 경우 세계 여러나라에서 접속하므로 소재파악도 쉽지 않고, 찾아냈다 하더라도 처벌이나 관리가 쉽지 않은 것도 사실이다. 관련법규를 세세하고 촘촘히 제정해 항상 사이트 이용 전에 유저에게 공고해 인지하도록 하는 것도 필요하겠다.

안전문제는 정신적·신체적 안전에 관한 것이 있겠고 가상세계에 과 몰입하는 현상을 미연에 방지할 수 있는 지속적인 교육과 관리가 필요하다. 또한 게임중독처럼 메타버스도 가상공간의 게임기반이 많기 때문에 과 몰입하지 않도록 주의해야 한다. 또한 아이템이나 의상구입 등 비용에 관해도 과소비 되지 않도록 지속적인 교육도 필요하다.

5. 메타버스 비전

1) 삶과 꿈이 공존하는 곳

산업의 모든 분야와 교육 분야에서 메타버스가 빠르게 확산되고 있다. 이것은 한때 잠깐 휩쓸고 지나가는 것이 아니라 앞으로 우리가 나아가야 할 미래인 것이다. 코로나19로 비대면 교육은 교육격차 등 인류가 경험하는 학습손실로 인해 당장 학습 성취도 감소에서부터 장기적으로 사회·경제적 불평등까지 다양한 영향을 받고 있었다.

하지만 초기 비대면 교육의 불편과 부작용으로부터 점차 새로운 대안을 찾아 새로운 패러다임이 펼쳐지고 있다. 단순한 온라인 수업이 아닌 미래교육을 준비하는 것이다. 비대면 교육의 불편과 단점이 극복되고 장점이 두각을 나타내기 시작했다. 여기에 메타버스라는 초공간, 초연결, 초집중의 형태가 우리교육의 창의로운 변혁이 될 것이다.

2) 미래는 꿈꾸는 자의 것

미래는 꿈꾸는 자의 것이다. 꿈꾸며 앞으로 나아갈수록 뒤에 남는 사람이 있기 마련이다. 과학 기술이 발전할수록 디지털 격차가 심해질 수밖에 없다. 특히 고가의 디지털 기기들이 필요한 상황이 많다보니 경제적인 사정으로 뒤처지고 낙오되는 학생이 없도록 세심한 배려가 필요하다.

학교 교육에서 급격한 발전이 있을 것으로 전망하는데 그럴수록 낙오가 발생할 수 있다는 점은 간과해서는 안 될 것이다. 정부가 적극적으로 개발을 독려하고 참여하고 있어서 우리나라의 메타버스 산업은 최첨단으로 세계일류가 될 것이라 생각한다. 5G에 이어 6G가 곧 나온다고 하니 전 세계에서 우리나라만큼 인터넷이 갖춰져 있는 나라들이 많지 않다.

그런 면에서 우리나라가 메타버스 선진국이 되리라 기대해 본다. 아직 메타버스는 기술상 멀었다고 보는 시각도 있으나 코로나 팬데믹으로 가속화된 비대면이 메타버스의 영역으로 빠르게 이전하는 원동력이 되고 있다. 필자는 디지털 트랜스포메이션의 기류에 한발 먼저 와서 메타버스 메타플루언서로 자리매김 하고 영향력 있는 리더가 될 것이다. 상상하는 대로 현실이 되는 세상에서 미래는 꿈꾸는 자의 것이기 때문이다.

3) 가야할 미래 Metaverse Thinking

(1) X R

메타버스는 인터넷 연결, AR, VR 및 블록체인의 발전으로 인해 발생하는 물리적 생활과 디지털 생활의 융합이다. 그것은 'Tron'과 'Ready Player One'이 상상했던 모든 공상과학 판타지의 정점에 불과하지만 지금 일어나기 시작했다(참조12).

5G 시대의 핵심 콘텐츠로 불리는 VR(가상현실), AR(증강현실), MR(혼합현실)과 미래에 등장할 신기술까지 포괄하는 확장현실(eXtended Reality)을 XR이라한다. XR 얼라이언스에는 창립멤버인 4개국 이동통신사와 퀄컴 외에도 세계 최고 수준의 5G 콘텐츠 제작업체(Studio)인 캐나다의 '펠릭스 앤 폴 스튜디오'와 프랑스의 '아틀라스 V'도 파트너사로 참여했다.

올해 3월에는 각각 미국·프랑스·대만의 최대 이동통신사 버라이즌(Verizon Communications)·오렌지(Orange)·청화텔레콤(Chunghwa Telecom, CHT)이 합류해 총 7개국 10개 사업자가 XR 산업 육성을 위해 협력하고 있다.

XR 얼라이언스는 이 같은 세계적 5G 콘텐츠 제작사들과 회원사들이 함께 고품질 5G 콘텐츠에 들어가는 막대한 투자금을 분산시켜 비용적 효율을 높이고 기술의 완성도를 더할 계획이다. 궁극적으로는 진입장벽을 낮추고 양질의 콘텐츠로 수익성을 개선하는 선순환 환경으로 이어간다는 복안이다.

Space Explorers: The ISS Experience는 3D 360 VR 최초로 실제 우주에서 촬영한 VR 콘텐츠다. 첫 번째 에피소드에서는 우주 비행사들이 국제 우주정거장(ISS)에 도착해 겪는 적응기와 우주 정거장 생활에서 그들이 느끼는 기쁨, 경이로움 등을 담아냈다. 지난 3월에 '에피소드2'를 전 세계 동시 공개했다(참조 https://newsis.com/view/?id=NISX20210329_0001387563&cID=13001&pID=13000).

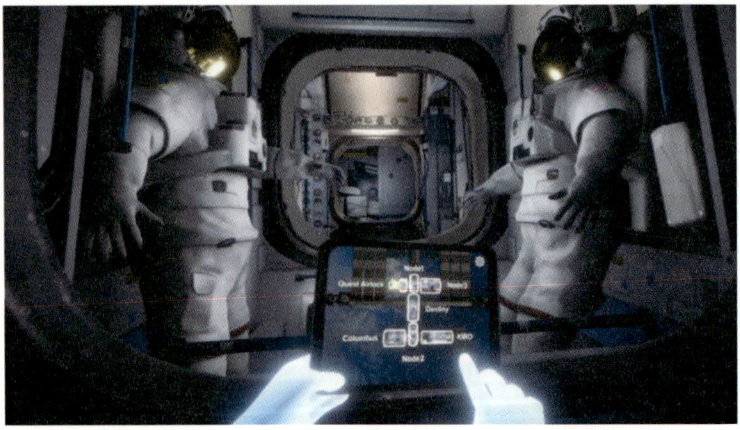

[그림38] VR을 사용해 Mission ISS에서 국제 우주정거장을 탐험(출처: OCULUS VR, LLC.)

(2) 디지털 트윈 캠퍼스(Digital Twin Campus)

서울대학교 시흥 캠퍼스와 똑같이 가상공간에 구현한 디지털 트윈 캠퍼스에서는 가상 시뮬레이션을 통한 다양한 수업이 구현 될 것이다. 아직 콘텐츠가 많이 부족하고 더 개발돼야 하는 것이 과제이다.

[그림39] 서울대 시흥캠퍼스 디지털 트윈(출처 : mago3d 유튜브 캡쳐)

해부학 수업에는 인간의 신체 속으로 들어가 심장을 들여다 볼 수도 있고 혈액이 흐르는 것을 볼 수도 있다. 우주선을 타고 우주를 유영하며 별자리를 관찰할 수도 있고 물리실험, 화학실험을 자유롭게 할 수 있다. 스미소니언 자연사 박물관에 접속해서 매머드 화석을 관찰하고 하버드대학의 강좌를 내 방에서 HMD를 쓰고 수업할 수 있다.

문제에 대한 실용적이고 창의적인 해결법을 찾기 위해 '디자인 씽킹(Design Thinking)'이라는 해결법이 있다. 유명한 기업에서 디자인 씽킹을 업무에 활용하고 있다고 하는데 삼성전자, 애플, 마이크로소프트 등에서도 혁신적인 방법으로 사용하고 있다. 디자인 씽킹은 또한 전문적인 디자인 관행보다 문제를 숙고하고 문제를 더 폭넓게 해결할 수 있기 위해 이용할 수 있는 접근법이며 산업과 사회적 문제에 적용되어 왔다.

디자인 씽킹은 사용자의 니즈를 파악하고 이를 해결하기 위한 방법을 찾기 위해 공감적 태도(Mind set)로 복합적인 문제해결책에 접근하는 것이다. 이제 이러한 디자인 씽킹에서 한걸음 더 나아가 사용자 중심의 메타버스 씽킹을 제안한다. 창의적 상상력이 수준 높은 지능과 융합하고 가상세계의 교육내용에 몰입해 현실의 교육이 메타버스 적으로 상호작용 할 수 있도록 접근하는 프로세스를 메타버스 씽킹(Metaverse Thinking)이라고 정의했다. 메타버스 씽킹의 주요 '4I'는 다음과 같다.

상상(Imagination), 몰입(Immersion), 지능(Intelligence), 상호작용(Interaction)이다. 이 네 가지가 서로 유기적으로 연계가 잘 되는 좋은 메타버스 플랫폼은 앞으로 더욱 많이 개발될 것이다. 교육현장에서 많은 수요가 예상되며 사회, 문화, 공연예술, 의료, 국방, 건설 등 각 분야의 새로운 지평을 열어줄 메타버스 시대로의 전환기에 서 있다. 우리의 작은 즐거움이 미래를 바꾼다는 스티븐 존슨의 말처럼 창의적인 놀이를 마음껏 시도할 때 혁신적인 미래가 올 것이다. 사람들이 가장 신나게 노는 곳에서 미래가 탄생하는 것이다.

Epilogue

4차 산업혁명이라는 단어가 처음에는 인더스트리(Industry 4.0)라는 개념으로 인식되는 경향이 많이 있었다. 2016년 다보스 포럼에서 '제4차 산업혁명에 대한 이해(Mastering the 4th Industrial Revolution)'라는 주제로 깊이 있게 논의 되면서, 4차 산업혁명 이라는 용어가 보편적으로 쓰이게 됐다. 4차 산업혁명의 대표적인 기술로는 초연결, 초지능, 초실감, 블록체인, 무인이동체, 3D 프린팅 기술 등을 들 수 있겠다.

이 외에도 로봇공학, 나노기술, 유전공학, 합성생물학 등 첨단 공학이 많이 있으나 요즘 가장 많이 거론되는 메타버스에 관해서는 관심과 개발열정이 많은 반면 아직 진입단계이기 때문에 플랫폼과 인프라가 미비한 실정이다. 세계 각국의 글로벌 기업뿐만 아니라 우리나라의 대기업도 토종 메타버스 플랫폼 개발에 박차를 가하고 있다.

그간의 산업혁명이 인류의 생활을 바꿔 놓았듯이 메타버스 역시 혁명처럼 우리의 생활 속에서 끊임없이 진화하며 상상 속에만 있던 세상을 가까운 미래로 당겨오고 있다. 사람과 사람, 사람과 기기, 기기와 기기가 연결되는 것만으로도 놀라운 변화 속에 생활의 편리를 경험할 수 있는데 여기에 현실과 가상을 넘나들며 상호작용하는 메타버스야 말로 대전환을 가져오는 것이다.

메타버스는 선택이 아닌 이미 가야할 미래로 제시가 돼 있는 것이다. 메타버스는 사회, 경제, 문화, 교육, 건설, 의료, 국방 등 모든 분야의 새로운 플랫폼이 될 것이며, 온 지구인의 데이터가 모여 활용되고 가공되고 작용하는 곳이다. 게임이 더 이상 게임만으로 존재하지 않고 또 다른 비즈니스의 블루오션이 되고, 많은 분야에 게이미피케이션(Gamification)으로 확장된다. 이러한 생태계 속에서 가상화폐와 NFT는 이미 요동치고 있다.

메타버스라는 용어를 들어본 적은 있으나 무엇인지 정확히는 모른다는 사람들이 대부분이고, 게임이라고 치부하는 사람들도 있다. NFT를 들어본 적도 없는 사람들이 지구상 90% 이상인데 한쪽에서는 비플의 디지털 이미지가 6,900만 달러에 거래되고 있다. 초연결 세상을 지나고 초증강현실의 사회가 도래한 것이다. 가상인간이 인플루언서로 500만 명의 팔로워를 갖고 천억 원씩 벌어들이는 세상에서 버츄얼 휴먼을 부러워하는 휴먼이 등장했다.

인기가수를 만드는 연예기획사가 예전에 사이버가수를 만드는데 3억 원이 들었다는 발표를 보았다. 그 기사를 보고 당시에 3억 원으로 그냥 가수하나 키우라는 말들을 하곤 했는데 이제 버츄얼 가수와 버츄얼 유튜버가 인기를 누리며 종횡무진하고 있다. 심지어 필자도 그 버츄얼 휴먼을 실제인간이라고 착각이 들기도 하고 감정이 이입되기도 하는 것을 가끔 느낀다.

현실과 가상이 상호작용 속에서 혼재하고 이러한 것들은 앞으로 많은 이슈를 양산할 것이다. 데스크탑도 없어질 것이라 예측하기도 하며, VR HMD를 착용하고 허공에서 자판을 두드리는 모습을 보게 될 것이다. 빅테크 기업이 선점을 위해 앞을 다퉈 개발하고 신제품 출시계획이 보도되고 있다.

우리가 가져야 할 미래전략은 무엇인가? 실리콘밸리의 디자인 씽킹이 있었다면, 이제 메타버스 빅뱅의 시대에 메타버스 씽킹에 대해 생각해 보길 바란다. 오랜 기간 강의를 하던 사람으로서 교육에 있어서 메타버스는 어떻게 사용되고 있는지에 관한 연구를 시작으로 대학, 관공서, 기업, 지자체 등에서 메타버스 활용에 관한 강의와 컨설팅을 하고 있다.

꿈은 희망을 버리지 않는 사람에게 주어진다는 아리스토텔레스의 명언을 되새기며 필자는 희망을 갖고 미래에 한발 먼저 가 있을 것이다. 연구하고 노력하는 메타플루언서로서 교육에 있어서 메타버스의 효과적인 활용을 제시하고 도움이 필요한 분들에게 많은 나눔을 제공할 것이다.

메타버스 그 상상 이상의 세계에 거침없이 도전하길 바란다.

[참고문헌]

1. 대한민국 제 4차 산업혁명. 심진보, 최병철, 노유나, 하영욱 공저. 콘텐츠하다. 2017.
2. 제4차 산업혁명. 하원규, 최남희 공저. 콘텐츠하다. 2015.
3. 대한민국 정책브리핑(www.korea.kr)
4. 대한민국 정책브리핑(www.korea.kr)
5. UNN 한국대학신문
   출처 : 디지털투데이(DigitalToday)(http://www.digitaltoday.co.kr)
6. etnews
7. oxford reference, media richness
8. Journal of Korea Game Society 2018 Apr: 18(2): 69-76
   가상현실교육게임의 장기기억효과/이대영, 이승제, 정의준/건국대학교 문화콘텐츠학과
9. https://gather.town/invite?token=8gmZQdzyv6tPVg0bW50u6mLNy7wgpEx-
10. Stephanie West. Arden University/ timeshighereducation.com
11. m.etnews
12. FORBES 캐시 해클Cathy Hackl)
13. 에듀프레스(edupress)(http://www.edupress.kr)
14. The Digital Twin Culinary Arts Kitchen on the VictoryXR Campus
15. 동아시아 사이언즈(2020.1.17.)
16. 머니투데이 부캐놀이터 된 메타버스
17. ajunews.com
18. the oecd 2019.digital government
19. marketsandmarkets(2020.7)

20. 메타버스- 게더타운 활용이익. 노진경(2021.10.12) /brunch.co.kr
21. 메타버스 비긴즈. 이승환 지음. 굿모닝 미디어
22. 메타버스 새로운 기회. 김상균 신병호 지음. 베가북스
23. 이것이메타버스다. 최재용 김재영 김형호 유진 이현숙 천동암 한경숙 한영임 공저. 미디어북
24. https://medium.com/@pdelsignore/education-in-the-metaverse-5a2b579f6cf3
25. https://www.timeshighereducation.com/campus/educational-metaverse-coming
26. https://www.keris.or.kr/eng/na/ntt/selectNttInfo.do?mi=1186&nttSn=37684
27. http://www.koreaherald.com/view.php?ud=20210812000678
28. http://bweducation.businessworld.in/article/Metaverse-The-New-Door-Of-Teaching-/16-09-2021-404855
29. https://www.igi-global.com/chapter/online-education-in-metaverse/119771
30. https://scienceon.kisti.re.kr/srch/selectPORSrchArticle.do?cn=ART001241281&SITE=CLICK
31. https://scienceon.kisti.re.kr/mobile/srch/selectPORSrchArticle.do?cn=JAKO202119759273785
32. https://www.dbpia.co.kr/Journal/articleDetail?nodeId=NODE10572357
33. https://www.krm.or.kr/krmts/search/detailview/research.html?dbGubun=SD&m201_id=10020738
34. http://dl.nanet.go.kr/law/SearchDetailView.do?cn=KDMT1200817373
35. https://www.hankookilbo.com/News/Read/A2021082617090003663

Chapter 3

메타버스와 건설 산업 트렌드 변화

이상철

Chapter 03.
메타버스와 건설 산업 트렌드 변화

Prologue

2021년 7월 3일 세계무역개발회의에서 대한민국은 개도국에서 선진국으로 도약했다. UNCTAD가 1964년 설립된 이래 개도국에서 선진국 그룹으로 지위를 변경한 것은 한국이 처음이다.

과거 우리나라는 역사에 묻혀 지냈지만 2021년에는 세계역사의 파트너로 활동하고 있으며 미래에는 세계역사의 리더로 자리매김할 것으로 보인다. 선진국 그룹으로의 지위 변경은 대한민국의 국민으로 산다는 것에 매우 큰 자긍심을 갖게 하기에 충분했다.

한 나라의 발전을 놓고 볼 때 건설 산업을 빼놓고 얘기할 수 없을 정도로 건설 분야는 중요한 부분을 차지한다. 우리나라 건설 산업은 시대별로 큰 발전을 했다. 6.25전쟁 후 전국이 초토화 된 이래 1980년대 한강의 기적을 이뤘고 2010년까지 전국의 사회 간접자본 확충을 통해 건설 산업의 고도화가 진행됐다. 2015년 이후에는 스마트기술을 접목해 BIM(Building Information Modeling), 드론 mapping, GIS를 이용한 시설물의 data화 등을 건설 산업에 접목해 지속적으로 발전시키고 있다.

그렇다면 우리 건설 산업은 어떻게 발전해 왔고, 현재 어떻게 진행되고 있으며, 미래 그리고 메타버스와 연합한 세상에서는 어떻게 발전돼야 할지 알아보고자 한다.

1. 건설엔지니어링의 변화

필자는 1994년 1월 서영엔지니어링 도로부에 엔지니어로 입사했다. 제일 먼저 참여했던 프로젝트가 서초~양재 경부고속도로 확장 설계에 참여했다. 제일 먼저 내가 무엇을 했을까? 나는 방안지와 트레이싱 지에 고속도로 횡 단면도를 샤프를 이용해 그렸다. 그리고 그 도면을 압구정동 인쇄소에 가지고 가서 트레이싱 지에 로트링 펜을 이용해 제도를 했다. 암모니아 냄새를 맡으며 현장에서 볼 수 있는 청사진도면과 수량산출서 및 내역서 등의 설계 성과품을 만드는 작업을 했다. 일부 OA 프로그램을 활용해 구조계산에 활용 했지만 설계는 90%가 수작업으로 수행했다.

1995년에 우리나라에 MS 오피스, AUTO CAD가 들어오고 회사 차원에서 모든 직원들이 MS 오피스와 AUTO CAD의 교육을 약 3주간 받고 현업에 투입되기 시작했다. 설계도면 화 작업의 혁명이 일어난 것이다. 설계도면을 제도하기 위해 제도사 분들과 인쇄소에서 밤을 새우던 과정이 차츰 사라지게 됐다. AUTO CAD와 플로터라는 소프트웨어가 제도사 분들의 자리를 대신하게 됐다. 또한 메케한 암모니아 냄새를 맡으며 청사진 성과품을 만들던 과정도 아련한 기억 속으로 지나갔다. 모든 설계 성과품이 MS 오피스, AUTO CAD 등의 소프트웨어를 활용해 설계 성과품이 작성되고 발주처에 제출했다.

2000년도에 들어와 건설엔지니어링 분야의 설계 프로그램 개발이 많이 이뤄졌다. 도로 프로그램인 RP와 RD, 구조와 토질분야에 많이 사용되는 마이다스 등의 프로그램이 개발되면서 이 분야의 고도화가 시작됐다. 이는 2021년 현재에도 건설 설계분야에 많이 사용되고 또한 국내뿐만 아닌 해외로도 수출되고 있다.

2000년 중반 우리나라 건설시장에 많은 변화가 불어왔다. T/K와 민간투자사업이 시작된 것이다. 이제 정부 발주방식의 사업들이 T/K 사업의 발주로 변화하면서 많은 건설사들이 T/K 시장에 참여하게 됐고 엔지니어링 회사들도 이 시장에 발맞춰 많은 프로젝트를 진행했다. 이 시기의 특징은 T/K 프로젝트 참여시공사 간 경쟁을 하다 보니 많은 해외사례와 선진기술들을 접하게 됐고 프로젝트에 적용하므로 기술발전이 이뤄졌다.

그리고 민간투자사업의 활성화이다. 영종도 제2연육교(BTO), 제2영동고속도로(BTO), 수도권순환고속도로(BTO), 서울춘천고속도로(BTO), 제2수도권 순환고속도로(BTO), 경인고속도로(BTO), 서부간선도로(BTO), 전라선(BTL), 우이신설(BTO), 분당선(BTO), 신림선(BTO), 병영시설, 학교시설, 각 지역의 환경시설(하수처리시설, 쓰레기 처리시설, 쓰레기 소각장 등) 등 사회 전반의 인프라 시설을 민간투자사업으로 확충했다. 이 사업 또한 참여 기업들의 치열한 경쟁을 통해 사업 우선 협상 대상자가 결정 돼 협상 후 협약을 통해 관리운영 책임자가 운영하며 우리 국민들에게 생활의 편리함을 제공하게 됐다.

2000년도 후반부터 우리에게는 3D라는 가상현실 기법이 건설 산업에도 적용됐다. 전 국토를 항공사진 촬영을 해 지형공간정보를 디지털 형태로 구현한 수치지도가 제작됐고 이 수지치도는 설계기법을 획기적으로 바꿔놓았다. GIS와 BIM을 활용해 각종 시설물의 건설을 위한 보조 수단으로 활용하기 시작했다.

입체적인 설계는 건설 산업에서 많은 변화를 갖고 왔으며 국가차원에서도 500억 원 이상의 프로젝트는 BIM 설계로 진행하고 있다. 또한 국토부도 토목·건축 등 건설 산업 전반에 '2025년 전면 BIM 설계'를 목표로 BIM 정책 및 연구개발 등을 적극추진 중이다. BIM 활성화의 일환으로 BIM 관련 기본원칙과 공통기준을 마련하고, BIM도입에 앞선 '건축' 분야에 대한 활성화 로드맵을 우선적으로 제시했다.

2021년 현재 COVID19의 영향으로 총성 없는 전쟁을 각 국마다 치루고 있다. 미국의 경우 제2차 세계대전의 사망자보다 COVID19로 사망한 사람이 더 많다는 뉴스를 접하기도 했다. 우리의 일상생활은 제약을 많이 받았고 대면 활동이 아닌 비대면 활동으로의 전환이 급속히 이뤄졌다. 그 과정에서 우리에게 태풍처럼 다가온 것이 '메타버스(확장가상현실)'이라 할 수 있다.

메타버스(확장가상현실)는 굉장히 광범위하며 우리 일상에 깊숙이 자리 잡고 있다. 건설 산업의 트렌드도 정보통신 기술의 발전에 맞춰 변화하고 있다. 그럼 미래의 건설 산업은 어떻게 발전할까? 그리고 우리의 건설 산업도 메타버스 트렌드에 발 맞춰야 하지 않을까?

미래에는 메타버스라는 공간에서 우리가 생활할 수 있을까? 그렇다면 우리는 무엇을 준비해야 할까? 5G의 상용화 그리고 많은 플랫폼의 개발, 그 플랫폼 안에서의 활동이 경제활동과의 연계로 인한 시장형성 등 참으로 많은 변화가 우리에게 곧 다가올 것으로 생각한다.

그러나 아직 많은 건설 인들은 피부로 느끼지 못하는 듯하다. 주변의 매스컴이나 신문에는 늘 메타버스 또는 스마트 기술이 지면을 채우고 있는데 우리는 어떻게 준비하고 있는지 지금부터 필자는 메타버스와 건설 산업이 어떻게 융화되고 변화돼야 할지 정리 해보고자 한다.

2. 메타버스의 소개

1) 메타버스란?

메타버스(metaverse) 또는 확장가상세계는 가상, 초월 의미인 '메타(meta)'와 세계, 우주의 의미인 '유니버스(universe)'를 합성한 신조어이다. 아직까지 메타버스라는 개념의 뚜렷한 정의는 확립되지 않았다. 일반적으로는 '현실세계와 같은 사회적·경제적·문화적 활동이 통용되는 3차원 가상공간' 정도의 의미로 사용되고 있다. 학자나 기관마다 나름의 정의를 내리고 있어 넓은 의미로 통용되고 있다.

대한민국의 경우 손강민 등은 메타버스를 '모든 사람들이 아바타를 이용하여 사회, 경제, 문화적 활동을 하게 되는 가상의 세계'라고 정의했으며, 류철균 등은 메타버스를 '생활형 가상세계', '실생활과 같이 사회, 경제적 기회가 주어지는 가상현실공간'이라 정의했다.

미국전기전자학회(Institute of Electrical and Electronics Engineers)의 표준에 따르면 메타버스는 '지각되는 가상세계와 연결된 영구적인 3차원 가상공간들로 구성된 진보된 인터넷'이라는 의미를 지닌다. 비영리 기술연구단체인 ASF(Acceleration Studies Foundation)는 메타버스를 '가상적으로 향상된 물리적 현실과 물리적으로 영구적인 가상공간의 융합'이라고 정의했다(위키백과 참고).

2) 메타버스의 유형

비영리 기술연구단체 ASF(Acceleration Studies Foundation)는 메타버스를 '증강과 시뮬레이션', '내적인 것과 외적인 것'이라는 두 축을 갖고 다음 그림과 같이 네 가지 범주로 분류했다.

(1) 증강현실(Augmented Reality)

'증강현실(Augmented Reality)'은 현실공간에 2D 또는 3D로 표현한 가상의 겹쳐 보이는 물체를 통해 상호작용하는 환경을 의미한다. 사람들에게서 가상세계에 대한 거부감을 줄이고 몰입감을 높이는 특징을 지닌다. 사용자가 단말기 카메라로 현재는 흔적만 남은 유적을 촬영하면 디지털로 과거의 건물이 구축돼 사용자 단말기에 중첩해 보이는 것이 증강현실의 일예이다.

(2) 일상기록(Lifelogging)

일상기록 또는 '라이프로깅(Lifelogging)'은 사물과 사람에 대한 일상적인 경험과 정보를 캡처하고 저장하고 묘사하는 기술이다. 사용자는 일상생활에서 일어나는 모든 순간을 텍스트, 영상, 사운드 등으로 캡처하고 그 내용을 서버에 저장해 이를 정리하고, 다른 사용자들과 공유가 가능하다. 센서가 부착된 스포츠 웨어를 네트워크 연결이 가능한 MP3 플레이어와 연동해 사용해서 달린 거리, 소비 칼로리, 선곡 음악 등의 정보를 저장하고 공유하는 등의 행위가 일상기록 예시이다.

(3) 거울세계(Mirror Worlds)

'거울세계(Mirror Worlds)'는 실제 세계를 가능한 한 사실적으로, 있는 그대로 반영하되 '정보적으로 확장된' 가상세계를 말한다. 대표적인 예로 '구글 어스(Google Earth)'를 들 수 있다. 구글 어스는 세계 전역의 위성사진을 모조리 수집해 일정 주기로 사진을 업데이트하면서 시시각각 변화하는 현실세계의 모습을 그대로 반영하고 있다. 기술의 발전이 계속될수록 현실이 반영된 거울세계는 점점 현실세계에 근접해갈 것이며, 이는 향후 가상현실의 커다란 몰입적 요소가 된다. 이같은 거울세계 사용자는 가상세계를 열람함으로써 현실세계에 대한 정보를 얻게 된다.

(4) 가상세계(Virtual Worlds)

'가상세계(Virtual World)'는 현실과 유사하거나 혹은 완전히 다른 대안적 세계를 디지털 데이터로 구축한 것이다. 가상 세계에서 사용자들은 아바타를 통해 현실세계의 경제적, 사회적인 활동과 유사한 활동을 한다는 특징이 있다. 가상세계는 우리에게 가장 친숙한 형태의 메타버스로써 리니지와 같은 온라인 롤플레잉 게임에서부터 린든 랩에서 개발된 세컨드 라이프와 같은 생활형 가상세계에 이르기까지 3차원 컴퓨터 그래픽 환경에서 구현되는 커뮤니티를 총칭하는 개념이다.

[그림1] 메타버스의 분류(출처 : 한국금융 2021.07.)

3. 스마트 건설기술

'스마트 건설기술'이란 공사기간 단축, 인력투입 절감, 현장 안전 제고 등을 목적으로 전통적인 건설기술에 ICT 등 첨단 스마트 기술을 적용한다. 이로써 건설공사의 생산성, 안전성, 품질 등을 향상시키고 건설공사 전 단계의 디지털화, 자동화, 공장제작 등을 통한 건설산업의 발전을 목적으로 개발된 공법, 장비, 시스템 등을 말한다.

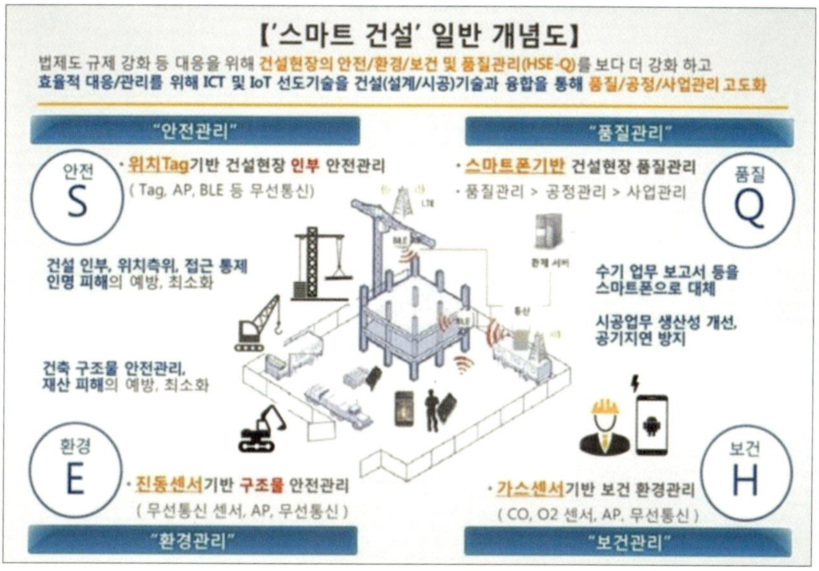

[그림2] 대우건설의 스마트 건설 일반개념도(출처 : 조세일보 2016.03.)

[그림2]에서 본 주요 용어의 정의와 같이 건설 산업의 스마트 기술은 지금까지 현실의 건설 산업이 미래의 메타버스의 세계에서 어떤 방향으로 발전해 나아가야할지 많은 연구와 투자 및 개발이 필요하다. 또한 고도화된 디지털 트윈의 시장은 컨설팅회사 메켄지에 따르면 디지털 트윈은 2025년까지 3조 9,000억 달러(약 4,397조 원) 규모의 경제적 가치를 창출할 것으로 예측되고 있다.

필자는 메타버스와 관련한 스마트 건설기술을 소개하고 미래 건설 산업의 트렌드는 어떻게 발전해야 할지 정리해 보고자 한다.

1) 건설 단계별 스마트 건설기술 예시

그렇다면 스마트 건설기술 종류는 무엇이며 메타버스와 융합 가능한 부분은 무엇인지 알아보자. 우선 건설공사는 계획조사단계, 설계단계, 시공단계, 유지관리단계, 안전관리단계의 다섯 가지 단계로 구분할 수 있다.

[그림3] 건설공사의 단계 예시

(1) 계획조사 단계

① 조 사

조사는 지반정보를 디지털(3차원 지형지질)화 하기 위함이다. 카메라, 레이저스캔, 비파괴 조사장비, 센서 등을 통해 지형정보를 조사한다.

② 측 량

측량에는 드론, 무인항공기 등을 통한 측량기술(3차원 디지털 지형정보, 다기능 장비장착 드론)이 필요하다. 드론을 기반으로 한 지형·지반 정보 모델링 기술이다.

(2) 설계단계

설계는 3차원 설계(BIM 설계, 시설물의 3D모델 : 디지털 트윈)로 BIM 설계를 위해 시설물별 특성을 반영한 BIM 작성을 표준으로 한다. AI를 기반 한 BIM 설계를 자동화하며 라이브러리를 활용해 속성정보를 포함한 3D모델을 구축한다. 제약조건 및 발주자의 요구사항 등을 반영한 최적화된 설계안을 자동 도출한다.

(3) 시공단계

① 자동화 시공(건설자동화 및 제어기술)

이를 위해 건설장비의 자동화, 시공정밀 제어기술(토공, 굴삭기 등 건설기계에 탑제 한

센서·제어기·GPS 등을 통한 위치·자세·작업범위 정보)이 필요하다. 공장제작은 현장조립(Modular or Prefabrication)기술이 사용되며 조립 및 시공 시 부재 위치를 정밀제어하고 접합부를 자동시공 한다. 로봇 등을 활용한 조립시공 기술은 드론·로봇 등 취득정보와 연계한 공정절차를 확인한다.

② 운영관제기술

운영관제기술은 건설현장 내 건설기계의 실시간 통합관리, 운영, 사업목적, 제약조건 등을 고려한 공사관리를 위한 기술이다. 센서 및 IoT를 통해 현장의 실시간 공사정보를 확보하고 AI를 활용해 최적 공사계획 수립 및 건설기계 통합운영 절차, 시공 간섭 요인 확인 등을 한다.

③ 건설공정

스마트 공정 및 품질관리를 위한 것으로 3차원 및 AI를 활용한 공사공정이다. 여기에는 드론 및 로봇 등을 활용해 공정관리를 한다.

(4) 유지관리 단계(IoT 센서, AI 기반 시설물 모니터링 관리기술)

① IoT 센서 기반 시설물 모니터링 기술

이 기술은 특정 상황이 발생했을 때 수집된 정보를 전송한다. 무선 IoT 센서의 전력소모를 줄이는 상황 감지형 정보수집이다. 대규모 구조물의 신속·정밀한 정보 수집을 위한 대용량 통신 N/W이다.

② 드론·로보틱스를 기반 한 시설물 상태 진단 기술

다종·다수 드론의 군집관제, 카메라와 물리적 실험 장비를 장착한 다기능 드론(접촉+비접촉 정보수집)을 통해 시설물을 진단한다. 드론-로봇의 결합체가 시설물을 자율적으로 탐색하고 진단한다. 디지털 연속 촬영에 의한 터널 안전진단에 활용된다.

③ 시설물 정보 빅 데이터 통합 및 표준화 기술

시설관리자 판단에 의한 비정형 및 정형 데이터를 표준화한다. 산재돼 있는 건설관련 데이터를 통합해 빅 데이터로 활용한다.

④ AI 기반 유지관리 최적 의사결정 기술

빅데이터를 바탕으로 AI가 유지관리 최적의 의사결정을 지원한다. 시설물의 3D모델(디지털트윈)을 구축해 유지관리에 활용된다.

(5) 안전관리(ICT, 드론·로보틱스 기반기술)

① 안전전사고 예방기술

취약 공종과 근로자 위험요인에 대한 정보기술이다. 스마트 착용장비(Smart Wearable), 센서 등으로 취득한 정보를 통해 장비, 작업자, 자재 등의 상태와 위치 등을 분석한다.

2) 건설 분야에 활용되는 스마트기술

건설 분야에 활용되는 스마트 기술들은 어떤 것이 있을까? 스마트 건설기술 활성화 지침에서 제시한 12가지의 기술들을 소개하고자 한다.

(1) BIM(Building Information Modeling)

BIM의 일반적인 의미는 3차원 정보모델을 기반으로 시설물의 생애주기에 걸쳐 발생하는 모든 정보를 통합해 활용이 가능하도록 시설물의 형상, 속성 등을 정보로 표현한 디지털 모델이다. 건설 분야의 활용 범위로는 BIM 모델을 이용한 구조해석수행, S/W BIM 기반의 시공 시뮬레이션 및 공정/공사비 관리, S/W 등 다양한 방면으로 활용할 수 있다.

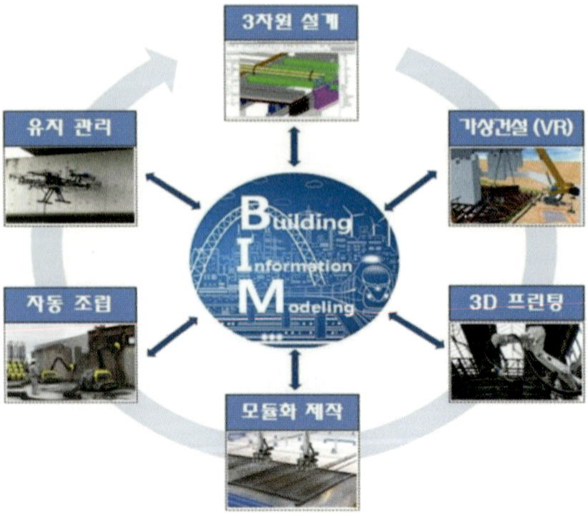

[그림4] BIM 개념도(출처 : 머니투데이 2018.10.)

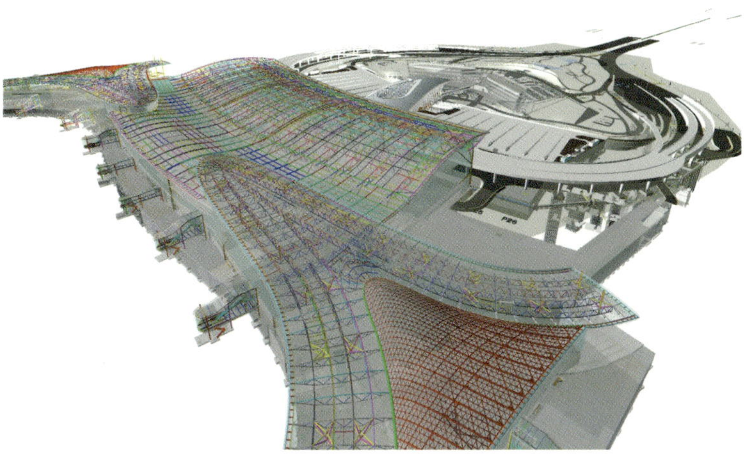

[그림5] BIM 적용사례(인천국제공항 여객터미널)(출처 : 삼우CM건축사사무소 홈페이지)

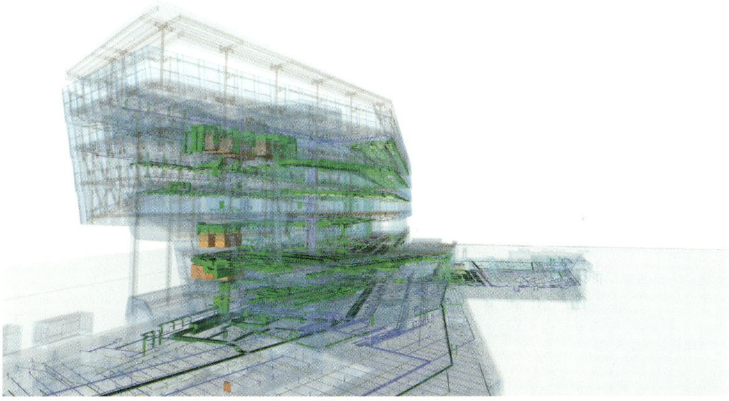

[그림6] BIM 적용사례(세종 청사)(출처 : 삼우CM건축사사무소 홈페이지)

(2) 드론(Drone)

지상에서 원격조정기나 사전 프로그램 된 경로로 비행하거나, 인공지능이 탑재돼 비행하거나, 자율비행 하는 '무인비행장치'이다. 건설 분야의 활용 범위로는 드론에 카메라, 라이다 등 각종 장비를 탑재해 건설현장의 지형 및 장비 위치 등을 빠르고 정확하게 수집하는 기술로 활용한다.

[그림7] 드론 활용 도시 관리 개념도(출처 : LG CNS 홈페이지)

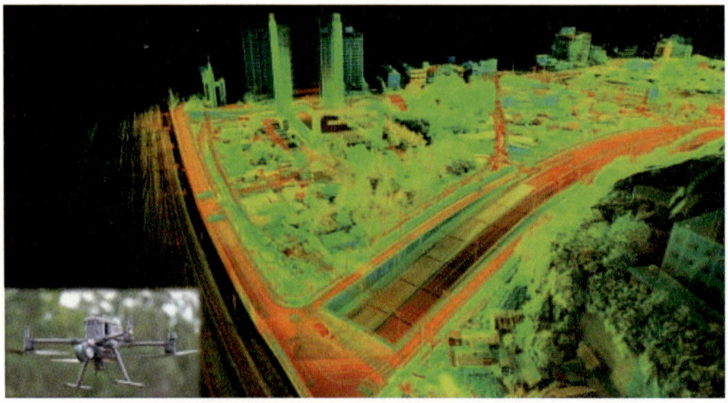

[그림8] 드론활용 스케닝 사례(출처 : 한경경제 2020.11.)

(3) VR(Virtual Reality) & AR(Augmented Reality) & MR(Mixed Reality)

가상현실(VR, Virtual Reality)은 컴퓨터로 만든 가상공간을 사용자가 체험하게 하는 기술이고, 증강현실(AR, Augmented Reality)은 현실세계에 가상의 콘텐츠를 겹쳐 디지털 체험을 가능케 하는 기술이며, 혼합현실(MR, Mixed Reality)은 현실의 배경을 부가적인 요소로 사용하고 현실과 가상의 정보를 융합해 기존보다 진화된 모습의 가상세계를 구현하는 기술이다. 확장현실(eXtended Reality)은 XR이라고 하며 증강현실, 가상현실, 혼합현실 기술을 모두 아우르는 용어이다.

건설 분야의 활용 범위로는 건설현장의 위험을 인지할 수 있도록 VR, AR을 통한 건설사고의 위험을 시각화한 안전교육 프로그램에 활용이 가능하다. 시공 전후 건설현장을 VR을 통해 현실감 있는 정보제공이 가능하다. BIM 데이터를 바탕으로 공간데이터와 실제 공간 매핑 기술을 활용해 화재 시뮬레이션 시술 등에 활용한다.

[그림9] VR 안전교육(출처 : 안전보건공단 홈페이지)

[그림10] AR을 활용한 공사관리 사례(출처 : 현대건설)

(4) 빅 데이터(Big Data) & 인공지능(Artificial Intelligence)

디지털 환경에서 생성되는 다양한 데이터 및 생성주기가 짧은 대규모의 데이터를 의미한다. 컴퓨터가 사고, 학습, 자기계발 등 인간 특유의 지능적인 행동을 모방할 수 있게 하는 컴퓨터 과학이다. 건설 분야 활용방법으로는 건설현장에서 수집 가능한 다양한 정보를 축적해 축적된 정보를 AI 분석을 통해 다른 분석현장의 위험도 및 시공기간 등을 예측할 수 있는 기술로 활용할 수 있다.

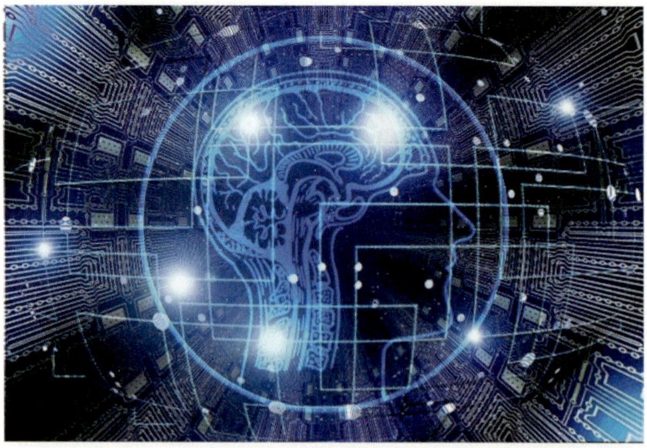

[그림11] 빅 데이터 인공지능 개요도(출처 : 디멘시아뉴스 2020.10.)

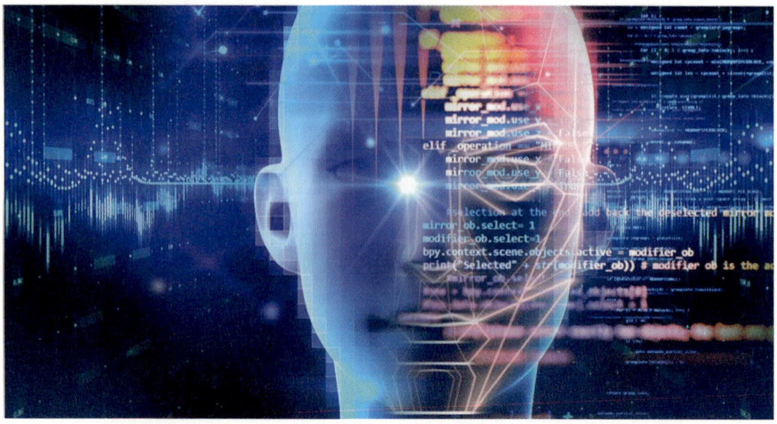

[그림12] 빅 데이터 인공지능 개요도(출처 :https://www.pcschool.com.tw/blog/it/what-is-ai)

(5) 3D 스캐닝(3D Scanning)

3차원 스캐너를 이용해 대상물의 형상정보를 취득하거나 디지털 정보로 전환하는 모든 과정을 지칭한다. 건설 분야 활용방법으로는 레이저 스캐너를 이용해 건설현장을 보다 정확하게 측량하고 측량한 정보를 디지털 화 해 Digital Map을 구축하거나 구조물 형상을 3D로 계측 및 관리할 수 있다.

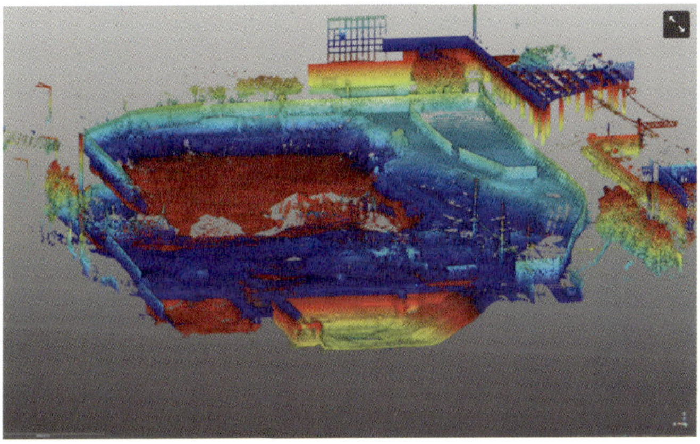

[그림13] 건설현장의 레이저 스캐닝 적용사례(출처 : 롯데건설)

[그림14] 건설현장의 레이저 스캐닝 적용사례(출처 : 롯데건설)

(6) 사물 인터넷(Internet of Things)

사물에 센서가 부착돼 실시간으로 데이터를 인터넷 등으로 주고받는 기술이나 환경을 의미한다. 건설 분야 활용방법으로는 건설장비, 의류, 드론 등에 센서를 삽입해 건설현장에서 장비-근로자의 충돌위험에 대한 정보제공 및 건설장비의 최적 이동경로를 제공하는데 활용한다.

[그림15] 사물인터넷 개요도(출처 : 디지털비온드-PIXDAY)

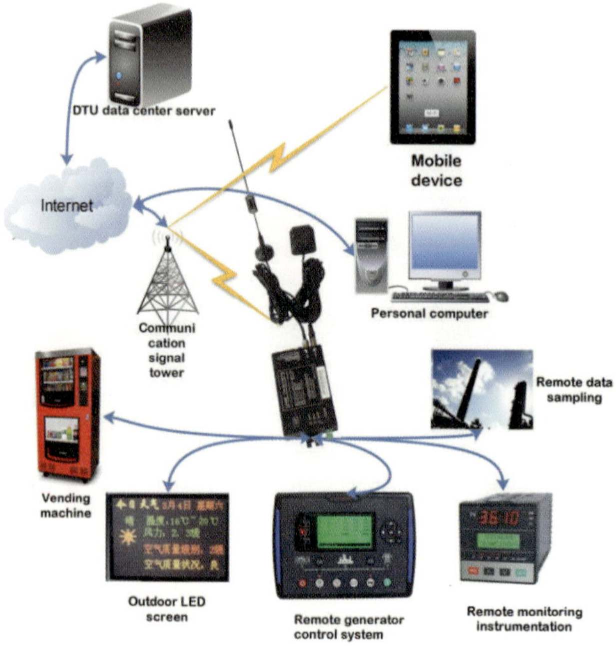

[그림16] 사물인터넷 개요도(출처 : http://www.genset-dieselgenerator.com)

(7) 디지털 트윈(Digital Twin)

컴퓨터에 현실 속 사물의 쌍둥이를 가상으로 만들고 현실에서 발생할 수 있는 상황을 컴퓨터로 시뮬레이션 함으로써 결과를 예측하는 기술이다. 건설 분야 활용방법으로는 건설현장을(On site) 직접 방문하지 않고 컴퓨터로 시공현황을 3D로 시각화 해(Off site) 현실감 있는 정보를 제공하는데 활용한다.

[그림17] 디지털 트윈 개요도(출처 : IT조선 2020.12.)

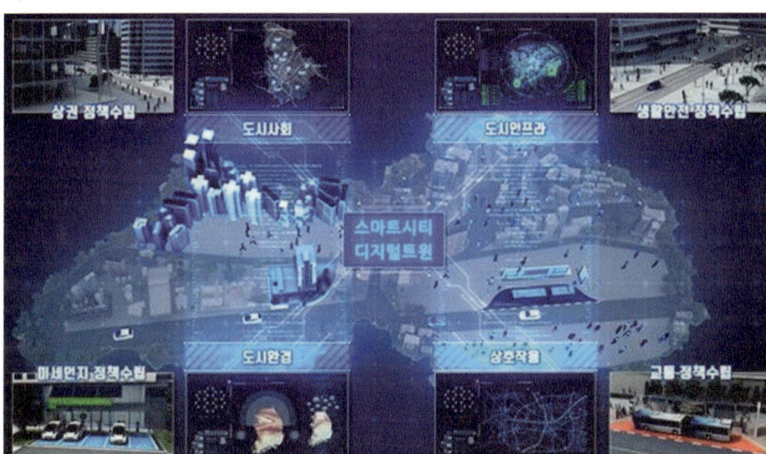

[그림18] 디지털트윈 활용 사례(출처 : IT조선 2018.09.)

(8) 프리팹(Prefabrication)

미리 공장에서 부품을 가공조립 해놓고 현장에서 설치만을 행하는 건설공법이다. 건설 분야 활용방법으로는 건설 부재를 프리팹을 통해 생산해 현장작업을 최소화하고 공사기간을 단축하는 기술로 활용한다. 한국도로공사에서 시범운영 중이다.

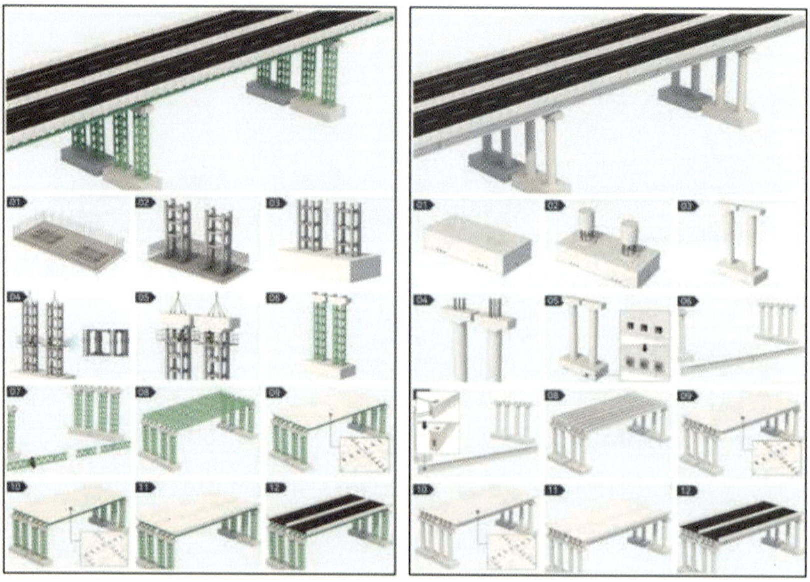

[그림19] 교량건설 프리팹 개요도(출처 : 스마트글로벌 인사이트 2021.09.)

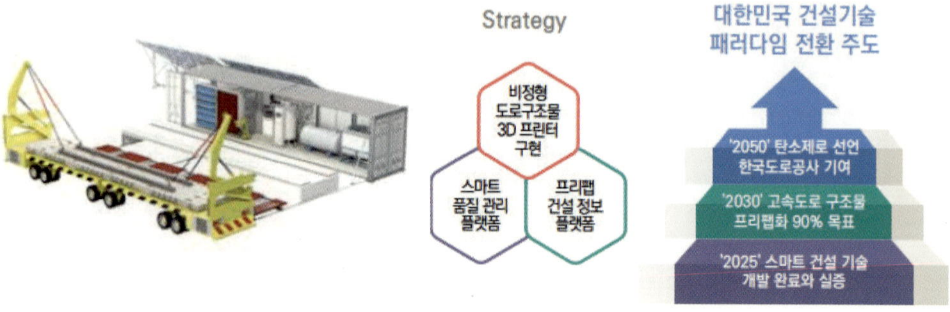

[그림20] 프리팹 개요도(출처 : 스마트글로벌 인사이트 2021.09.)

(9) 모바일 기술(Mobile)

빅 데이터 분석으로 추출된 맞춤 정보를 다양한 모바일 기기(스마트 폰, 태블릿 PC 등)를 통해 서비스 제공이 가능하다. 건설 분야 활용방법으로는 건설현장의 다양한 정보를 수집·분석해 위험요소에 관한 정보를 근로자에게 실시간으로 제공해 현장의 안전성을 향상하는데 활용한다.

[그림21] 모바일기술 개요도(출처 : 테크월드 뉴스 2021.04.)

[그림22] 모바일기술 건설현장 사례(출처 : 삼성물산 건설부문 블로그)

(10) 로보틱스(Robotics)

로봇+테크닉스의 합성어로 로봇에 관한 설계, 구조, 제어, 지능, 운용 등에 대한 기술을 연구하는 공학의 한 분야이다. 건설 분야 활용방법으로는 사고위험이 높은 환경에서 로봇을 통한 원격시공으로 안전 확보 및 공사기간 단축이 가능한 기술로 활용한다.

[그림23] V하이브 드론 시설물 자산관리(출처 : V하이브)

[그림24] 독셀의 로봇 활용 사례(출처 : 독셀)

(11) 디지털 맵(Digital map)

종이지도를 컴퓨터에서 이용 할 수 있도록 디지털 정보로 표현한 것으로 지리정보 시스템 및 인터넷 통신기술과 결합해 위치정보를 제공한다. 건설 분야 활용방법으로는 정밀한 전자지도 구축을 통해 측량오류를 최소화해 재시공 및 작업지연을 방지할 수 있는 기술로 활용하며 지도에 정보를 입력해 디지털트윈 구현 시 공간자료로 활용한다.

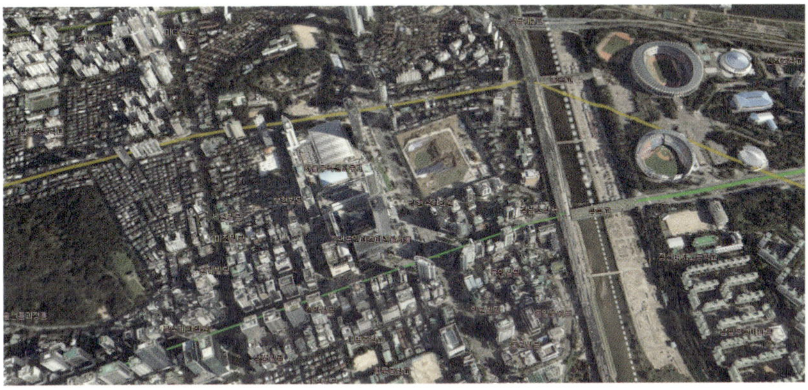

[그림25] 서울시 스마트 지도 사례(출처 : 서울특별시)

[그림26] 서울시 스마트 지도 사례(출처 : 서울특별시)

(12) 자율주행

승객의 조작 없이 자동차 스스로 운행이 가능한 자동차를 의미하며 차세대 자동차 산업으로 기대한다. 건설 분야 활용방법으로는 건설장비의 지능형 자율작업이 가능하게 함으로써 작업의 생산성 향상 및 작업시간 절감이 가능한 기술로 활용한다.

[그림27] 자율주행 사례(출처 : plm.automation.siemens.com)

[그림28] 자율주행 사례(출처 : http://global-autonews.com)

4. 세계 건설 산업의 디지털 화를 주도하고 있는 기술 소개

위의 12가지 스마트 기술 중 스마트 건설 글로벌 인사이트(2021년 09)에서는 세계 건설 산업의 디지털 화를 주도하고 있는 4가지 기술을 정리해 소개했다. 필자는 메타버스와 연관이 있는 2가지 기술을 소개하고자 한다.

1) 인공지능(AI)

건설현장의 위험 예측 및 공정오류 식별에 있어서 이스라엘의 빌도츠(Buildots) 사는 AI 기반의 프로젝트 관리 플랫폼을 제공한다. 건설현장 관리자가 360° 카메라가 장착된 헬멧을 쓰고 현장을 돌아다니면, AI가 이미지를 처리해서 당초 설계정보(BIM)와 현재 진행 중인 작업간의 불일치를 식별해 낸다. 이 기술은 유럽의 여러 대형건설 프로젝트에 사용되고 있다.

[그림29] AI 기반 건설현장 관리 사례(출처 : https://buildots)

Smartvid.io는 수많은 건설현장의 사진을 통해 딥러닝 기술로 교육받은 AI 엔진 Vinnie를 개발했다. 건설현장에서 작업자의 개인보호구 미착용 등 안전수칙 위반사항을 모니터링할 뿐만 아니라 위험성이 높은 작업을 분석해 주의가 필요한 위치를 예측해 예방지침을 제공한다.

[그림30] AI 기반 건설현장 관리 사례(출처 : https://www.Smartvid.io)

2) 디지털 트윈(Digital Twin)

디지털 트윈(Digital Twin)은 자산관리를 위한 더 나은 의사결정을 지원한다. 디지털 트윈은 2025년까지 3조 9,000억 달러(약 4,397조원) 규모의 경제적 가치를 창출할 것으로 예측되고 있다.

오토데스크사는 건설 프로젝트의 데이터 가상화를 지원하는 BIM 기반의 디지털 트윈 플랫폼 'Tandem'을 공개했다. 건설프로젝트는 설계부터 시공까지 생애주기 전반에 걸쳐 막대한 양의 데이터가 생성된다. 시설물 수명의 80%가 운영 시 결정된다는 점을 고려하면 시공 후 발주처에게 건설정보를 전달하는 것은 매우 중요한 일이다. 이에 Tamdem은 다양한 형식으로 발생하는 데이터를 통합, 모든 데이터를 아우르는 디지털 트윈을 구축할 수 있다.

[그림31] 디지털 트윈 사례(출처 : https://intandem.autodesk.com)

5. 메타버스 시대 건설기술연구원은 무엇을 준비 중인가?

위의 다양한 스마트 기술을 토대로 다가오는 메타버스 시대에 무엇을 어떻게 준비해야 하는지 많은 숙제가 우리 앞에 놓여 있다. 건설기술연구원의 서명배연구원은 다가오는 메타버스 시대에 건설기술연구원은 무엇을 준비해야 하는지 아래와 같이 정리 했다.

1) 메타버스 시대의 건설기술의 변화

구 분	현재 기술수준	미 래	비 고
사용자 타입	single user(1인칭 체험 중심)	Multi user(협업중심)	
시설물대상	단일 구조물(건물, 터널, 철도 등)	다수시설물 or 블록/도시단위	
적용 단계	프로세스 내 특정업무대상 (소방설계, 경관심의, 유지관리 성능평가 등)	사용자 업무별 맞춤형 고도화	
개념 확장	BIM to VR/AR	City to DR(Digital Reality)	
가상현실 확대	VR, AR 중심	XR, 메타버스 중심	
현장적용 확대	프로토 타입	현장 적용을 통한 실용화	

2) 메타버스 XR 기술 건설 분야 도입을 위해 반드시 고려해야 할 요소

① BIM-XR 연동을 위한 데이터 표준화 및 건설 분야 최적의 시나리오 개발
② 클라우드 기반 데이터 형상관리 플랫폼 → 기존 플랫폼 활용(or IT기업 협업)
③ 실시간 시뮬레이션을 위한 고성능 컴퓨터 파워 → 슈퍼컴퓨터 활용
④ 시각, 청각, 촉각이 지원되는 고품질/고몰입 환경
⑤ 고속 네트워크 기반 다수 원격 협업지원 → 고속통신망 활용

3) 고품질의 개방형 XR 플랫폼 기술 개발 필요

비대면 상황에서 사회적 공존감을 향상시킬 수 있는 상호작용과 협업 가능한 고품질의 개방형 XR 플랫폼 기술 개발이 필요하다.

(1) 개방형 플랫폼

- 다기종/다자간/다분야 몰입형 협업을 지원하는 확장성 높은 개방형 플랫폼 기술
- 다양한 실행환경 지원(다종 기기 및 OS 지원)
- 다중 동시 수용 가능한 홀(HALL) 스케일 XR 공간
- XR 콘텐츠의 저작 또는 활용을 위한 지원
- 다중 동시 협업 인터렉션 지원

(2) 고품질의 몰입감

- 다기종 간 몰입형 3차원 협업을 위한 시각, 청각, 촉각 상호작용 기술
- 고성능 몰입형 기기 간의 상호작용 기술개발
- 고품질 몰입감을 위한 I/O 기술 개발
- 다기종 간의 상호작용 기술 개발

(3) 사회적 공존감

- 사회적 공존감 향상을 위한 XR 기술개발
- 개발된 기술을 적용한 XR 서비스의 다양한 실증
- 사회적 공존감 향상시술 평가

(4) 메타버스와 미래 건설 산업의 방향성

- 메타버스는 경제활동이 수반되는 가시적으로 확장된 소셜미디어 성격이 강함
- 지금의 메타버스는 코로나19로 인한 현실 대체 성격이 강함(콘퍼런스, 미팅, 이벤트 등이 주목)
- 건설 분야는 현재 가상, 증강, 디지털 세계 중심의 협업 시뮬레이션 기술적용이 최적
- 향후 건설 분야에 메타버스 환경에서 경제활동 및 커뮤니케이션을 도입하기 위한 방안 고민 필요
- 전 세계는 메타버스 플랫폼 경쟁 중으로 건설 분야의 특화된 플랫폼 방향성 고민 필요
- 민간과의 경쟁이 아닌 협업 구조에서 건설기술연구원 및 공공의 역할을 찾는 과정이 중요

Epilogue

필자가 건설기술인으로써 지내온 30여년의 기간 동안 건설 산업 분야의 기술은 매우 발전해 왔으며 우리에게 다가온 메타버스 시대에 우리 건설 산업은 어떻게 발전해야 할지 2021년 현재 건설현장에 적용되고 있는 디지털 기술들을 살펴보며 다음과 같이 내용을 정리하게 됐다.

건설 산업에 종사하는 모든 사람들의 인식의 변화가 필요하다. 메타버스라는 공간을 인지하고 지금까지는 현실의 결과물을 만들기 위해 활용한 스마트 기술들을 메타버스 공간에서도 활용할 수 있다는 미래지향적인 마인드의 변화가 필요하다.

메타버스 공간에서의 고도화 즉 디지털 트윈에서의 공간 활용의 다양성을 인지하고 현실공간과 디지털 공간과의 융복합 관계를 정립해 나아가야 할 것이다. 디지털 트윈의 근간을 이루는 GIS-BIM을 적극 활용해 프로젝트로 끝나는 것이 아닌 도시를 형성하고 그 도시공간을 다양하게 활용하는 창의적인 메타버스 활용방법(디지털 트윈의 고도화)에 투자가 필요하다.

메타버스 시대는 벌써 우리의 생활 안으로 들어와 있다. 메타버스를 즐길 줄 아는 기성세대가 MZ 세대와의 소통이 가능하고 메타버스와 융합하는 건설 인이 미래의 건설 산업을 이끌어 갈 것이라고 필자는 제시하고 싶다.

■ 참고자료

- 스마트 건설 글로벌 인사이트 August 2021 Vol. 1
- 2021년 k-건설 콘페스트 2021.10.05. Untact 실감형 Open XR 플랫폼 기반 건설협업 서비스 기술 및 향후 전망 건설기술연구원 서명배 연구위원
- 스마트 건설기술 활성화 지침(안) 국토교통부 고시 2021.09
- 「이것이 메타버스다」, 미디어북, 2021.09.14.
- http://www.fntimes.com/html/view.php?ud=20210720161709646539a63f164_18
- http://www.joseilbo.com/news/htmls/2016/03/20160323290075.html
- https://news.mt.co.kr/mtview.php?no=2018103114295379808
- https://www.pcschool.com.tw/blog/it/what-is-ai
- 드론 활용 도시 관리 개념도(출처 : LG CNS 홈페이지)
- 드론활용 스케닝 사례(출처 : 한경경제 2020.11)
- VR 안전교육(출처 : 안전보건공단 홈페이지)
- AR을 활용한 공사관리 사례(출처 : 현대건설)
- 빅 데이터 인공지능 개요도(출처 : 디멘시아뉴스 2020. 10.)
- 빅 데이터 인공지능 개요도(출처 :https://www.pcschool.com.tw/blog/it/what-is-ai)
- 건설현장의 레이저 스캐닝 적용사례(출처 : 롯데건설)
- 사물인터넷 개요도(출처 : 디지털비온드-PIXDAY)
- 사물인터넷 개요도(출처 : http://www.genset-dieselgenerator.com)
- 디지털 트윈 개요도(출처 : IT조선 2020. 12.)
- 디지털트윈 활용 사례(출처 : IT조선 2018. 09.)
- 교량건설 프리팹 개요도(출처 : 스마트글로벌 인사이트 2021. 09.)
- 프리팹 개요도(출처 : 스마트글로벌 인사이트 2021. 09.)
- V하이브 드론 시설물 자산관리(출처 : V하이브)
- 독셀의 로봇 활용 사례(출처 : 독셀)
- 서울시 스마트 지도 사례(출처 : 서울특별시)
- 자율주행 사례(출처 : plm.automation.siemens.com)
- 자율주행 사례(출처 : http://global-autonews.com)
- AI 기반 건설현장 관리 사례(출처 : https://buildots)
- AI 기반 건설현장 관리 사례(출처 : https://www.Smartvid.io)
- 디지털 트윈 사례(출처 : https://intandem.autodesk.com)
- "메타버스 뉴스 빅데이터 분석: 토픽 모델링 분석을 중심으로". 한국디지털콘텐츠학회 논문지. 2021년 7월.

- 김한철 외, 「메타버스에 기반한 차세대 U-Biz 고찰」, Samsung SDS Journal of IT Services, 6권 1호, p.180
- 닐 스테픈슨, 김장환 역, 「스노우 크래쉬」, 새와 물고기, 1996, p.48-49, p.50, p.51
- 서성은, 「메타버스 개발동향과 발전전망 연구」, 한국 HCI 학술대회, 2008, p.1451, p.1452
- 손강민·이범렬·심광현·양광호, 「웹 2.0과 온라인 게임이 만드는 매트릭스 월드 메타버스」, ETRI CEO Information 제47호, 2006, p. 4
- 류철균·안진경, 「가상세계의 디지털 스토리텔링 연구」, 게임산업저널 2007년 1호, 2007, p. 33
- 김국현(2007년 10월 15일). "'가상공간=현실'이 된다". 시사IN. 2014년 9월 7일에 원본 문서에서 보존된 문서. 2014년 6월 22일에 확인함.
- 권오현, 「메타버스 내 게임형 가상세계와 생활형 가상세계에 대한 연구」, 건국대학교디자인대학원 2011, p,12(재인용), p.18
- IEEE VW Standard Working Group. "Metaverse Standards". 2014년 6월 8일에 원본 문서에서 보존된 문서. 2016년 1월 29일에 확인함.
- John S·Jamais C·Jerry P, 「Metaverse Roadmap」, A Cross-Industry Public Foresight Project, 2007, p.4, p.7
- 배경우, 「모바일을 매개로 한 미러월드, 현실공간 연동 서비스 디자인」, 아주대학교대학원, 2010, p.2, p.3, p.5
- 박상현, 「가상세계의 진화와 10대 이슈 전망」, IT& Future Strategy, 2009, p.3-5, p.11, p.13, p.19, p.22, p.23, p.24, p.26
- "요즘 대세는 메타버스. 서학개미도 올라탔다". MoneyS. 2021.08.07.

Chapter 4

'메타버스 리터러시'에서 '메타버스 트랜스포메이션'까지

문형남

Chapter 04.
'메타버스 리터러시'에서 '메타버스 트랜스포메이션'까지

Prologue : 메타버스는 '메타버스 리터러시'에서 시작한다

메타버스에 관련된 사회적 관심도가 빠르게 증가하는 추세이다. 메타버스에 대한 관심도가 높은 것에 비해 이해도는 낮은 편이다. 메타버스가 과거에는 '공상과학소설', '공상과학영화', '공상과학만화' 등 공상과학(science fiction: SF) 분야나 기술적 산업형태에서 다뤄지던 제한된 정보였다면 현재는 광범위하고 다양한 형태로 접근되고 있는 추세이다. 메타버스는 교육, 문화, 경제, 정치, 행정 등 다양한 영역으로 적용 범위가 점점 확대되고 있다.

메타버스에 관한 관심이 증가하고 범위가 확대되는 것은 바람직하지만 메타버스를 정확하게 이해하는 사람은 많지 않다. 메타버스를 게임이나 비대면 교육·세미나·행사용 솔루션 정도로 생각하는 사람들이 많다. 메타버스를 버스에 비유한다면 메타버스를 마을버스 정도로 기능과 범위를 매우 편협하게 생각하는 사람이 많고 간혹 고속버스 정도로 생각하는 사람이 있는 것 같다. 그러나 저자가 생각하는 메타버스는 마을버스, 시내버스, 고속버스 등을 포괄하면서 이들의 성능이나 범위를 크게 초과하는 '우주버스'라고 생각한다.

1. '메타버스 리터러시'(메타버스에 대한 정확한 이해)란?

메타버스(metaverse)라는 단어는 1992년 공상과학소설(science fiction novel: SF) 작가 닐 스티븐슨(Neal Town Stephenson: 1959년 10월 31일 미국 메릴랜드주 포트미드 출생)의 소설 '스노 크래시(Snow Crash)'(440페이지)에서 가상의 신체인 아바타(이 용어도 가장 먼저 쓰인 작품)를 통해서만 들어갈 수 있는 가상의 세계를 뜻하는 말로 처음 등장했다.

[그림1] 메타버스, 아바타라는 단어가 처음 등장한 닐 스티븐슨의 소설 '스노 크래시'의 표지
((좌) 원서 표지(아바타가 메타버스로 들어가는 모습)이며, (우) 번역서 표지이다.)

언제 어디서든 들어갈 수 있는 인터넷 공간과는 달리 스노 크래시 속 현실세계에서는 극소수의 인간들만이 메타버스로 접속할 수 있고, 아바타 역시 재력이든 실력이든 능력에 따라 차등적으로 만들어진다. 이 소설이 영화 '매트릭스(The Matrix)'(1999)의 시발점이라고 하며, 2011년에 소설로 나와서 2018년에 영화로도 만들어진 '레디 플레이어 원(Ready Player One)'이라는 SF 소설도 이 소설의 영향을 받아서 만들어졌다고 한다.

레디 플레이어 원의 내용은 2045년 암울한 현실과 달리 가상현실 오아시스(OASIS)에서는 누구든 원하는 캐릭터로 어디든지 갈 수 있고, 뭐든지 할 수 있고 상상하는 모든 게 가능하다. 주인공 웨이드 와츠의 유일한 낙은 대부분의 사람들이 하루를 보내는 오아시스에 접속하는 것이다. 어느 날 오아시스의 창시자인 괴짜 천재 제임스 할리데이는 자신이 가상현실 속에 숨겨둔 3개의 미션에서 우승하는 사람에게 오아시스의 소유권과 막대한 유산을 상속한다는 유언을 남기고, 그가 사랑했던 80년대 대중문화 속에 힌트가 있음을 알린다.

제임스 할리데이를 선망했던 소년 '웨이드 와츠'가 첫 번째 수수께끼를 푸는 데 성공하자 이를 저지하기 위해 현실에서 살인도 마다하지 않는 'IOI'라는 거대 기업이 뛰어든다. 모두의 꿈과 희망이 되는 오아시스를 지키기 위해서는 반드시 우승해야 한다. 그리고 우승을 위해서는 가상현실이 아닌 현실세계의 우정과 사랑의 힘이 필요하다.

스노 크래시에서 영감을 받아 현실세계를 가상세계로 옮긴 '세컨드 라이프(Second Life)'가 만들어졌다고 한다. 세컨드 라이프는 사용자가 창조하고 참여해 이뤄지는 영속적인 온라인 3D 가상 세계로써 사용자는 자신이 꿈꾸는 모든 일을 할 수 있고, 상상하는 인물을 창조 또는 자신이 그 인물이 될 수 있다. 미국 IT기업 린든 랩이 2003년 개설한 3차원 온라인 가상현실 웹사이트이며, 사용자가 아바타를 이용해 온라인 세계에서 제2의 인생을 살아간다.

사용자 활동 공간을 섬이라고 부르며 이를 구입해 집을 짓고 친구를 사귀며 다양한 경험을 즐길 수 있다. 땅·건물·옷·가구를 사고파는 데 가상 화폐인 린든 달러가 통용된다. 가입자 수가 증가하면서 대기업인 도요타, 델, IBM사 등이 점포를 개설하고 온라인 쇼핑 몰처럼 자사 제품을 판매하거나 고객들과 만남을 갖고 있으며, 선거에서는 유세의 장으로도 활용되고 있다.

'메타버스(metaverse)'라는 용어는 '그 너머(beyond)'라는 뜻의 '메타(meta)'와 '우주, 혹은 경험 세계'를 뜻하는 '유니버스(universe)'의 어간인 '버스(verse)'가 결합된 합성어이다(Smart, J., Cascio, J. & Paffendorf, J.(2007). 메타버스는 게임 산업에서 출발해서 정치·경제·사회·문화의 전반적 측면으로 확장되며 현실과 가상 모두 공존할 수 있는 게임형·생활형 가상세계라는 의미로 폭넓게 사용되고 있다.

메타버스는 현실세계와 같은 사회적·경제적 활동이 이뤄지는 '3차원 가상공간(virtual 3D space(world))'이라고 한다. 메타버스에 대한 다양한 설명이 있는데 이는 국내 자료 중에서는 비교적 잘된 설명이다. 그러나 잘 정리한 외국자료와 비교하면 다소 미흡한 부분이 발견된다. 메타버스를 '3차원 가상공간'보다 정확하게 설명하면 '공유 3차원 가상공간(shared virtual 3D space(world))'이고, 더 정확하게 표현하면 '공유 3차원 가상공간의 집합(collective shared virtual 3D space(world))'이다.

어떤 한 단어로 딱 정의 내리기에는 어려움이 있지만 메타버스라는 용어는 '가상적으로 형성된 물리적 현실과 물리적으로 지속적인 가상공간의 융합'으로 형성된 모든 가상적 공유 세계를 포괄하는 의미로 사용된다. 우리말로 번역을 하지 않고 메타버스라고 쓰고 있지만 굳이 번역한다면 '초(超) 우주 또는 초(超) 세계', 또는 '현실과 가상을 초월하는 공간'이라고 할 수 있을 것이다.

메타버스는 확장현실(eXtended Reality: XR), 인공지능(AI), 빅 데이터, 5세대(5G) 네트워크, 블록체인 등 4차 산업혁명과 관련된 최신 범용기술로 불리는 것들의 복합체다. XR은 가상현실(VR)과 증강현실(AR)을 아우르는 혼합현실(MR) 기술을 망라하는 초실감형 기술 및 서비스를 일컫는 용어다.

'리터러시(literacy : 문해력)'는 문자화된 기록물을 통해 지식과 정보를 획득하고 이해할 수 있는 능력을 말한다. 리터러시가 단지 언어를 읽고, 쓰는 피상적인 의미만을 내포하는 개념은 아니다. 리터러시는 일차적으로 시대적으로 혹은 그 사회나 문화권에서 통용되는 커뮤니케이션 코드인 '언어'에 의해서 규정된다.

리터러시는 복잡한 사회적 환경과 상황 속에서 그 본질을 이해할 수 있는 복잡한 개념이다. 이제 리터러시는 단지 언어를 읽고 쓰는 능력에서 더 나아가 변화하는 사회에서의 적응 및 대처하는 능력으로 그 개념이 확대되기 시작했다.

디지털시대 또는 정보기술(IT)시대에는 '디지털 리터러시' 또는 'IT 리터러시'가 필요했고, 메타버스시대를 맞아 '메타버스 리터러시'가 꼭 필요하다. 메타버스 리터러시는 메타버스를 정확하게 이해하는 것을 의미하는 것이며 메타버스를 활용하는 첫 걸음이라 할 수 있다.

메타버스에 대한 책과 칼럼 등을 보면 메타버스를 한 마디로 '디지털지구(Digital Earth)'라고 표현하는 경우도 많다. 이것도 메타버스를 과소평가한 표현이고 메타버스는 디지털 지구가 아닌 '디지털우주(Digital Universe)'라고 표현하는 것이 더 적절하다고 생각한다.

필자는 "메타버스(메타버스 물결)에 올라타라(Riding the Metaverse(wave))"는 말을 하면서 "메타버스에 회원 가입하고 직접 사용해 보라"는 얘기를 자주 한다. 그러면 "해보니 애들이 하는 게임이고, 나이 좀 든 사람이 사용하기는 어렵다"는 답변을 듣곤 한다. 이는 메타버스를 정확하게 이해하지 못했기 때문이다. 메타버스는 연령대, 대상별로 적절하게 잘 사용할 필요가 있다.

최근 들어 메타버스에 관련된 사회적 관심도가 증가하는 추세이다. 과거에는 어떤 공상과학(SF) 분야나 기술적 산업형태에서 다루던 제한 된 정보였다면 현재는 광범위하고 다양한 형태로 접근되고 있는 추세이다. 교육, 문화, 정치, 행정 등 다양한 영역으로의 그 범위가 점점 확대 되고 있다.

Acceleration Studies Foundation(ASF)은 메타버스의 유형을 설명하기 위해 두 가지 축을 제시했다. 즉 '증강(Augmentation)'과 '시뮬레이션(Simulation)'이고, 다른 하나는 '내부(Intimate)'와 '외부(External)'로 구분했다.

'증강'이란 실제하는 현실의 시스템에 새로운 기능을 추가하는 기술을 말한다. 메타버스 상에서 증강기술은 우리가 인식하는 물리적 환경에 새로운 정보를 겹쳐 보여주는 기술을 의미한다.

증강기술과 대조되는 '시뮬레이션(Simulation)' 기술은 현실을 모델링해 새로운 환경을 제공하는 기술을 가리킨다. 메타버스에서 시뮬레이션은 상호작용을 위한 장소로써 시뮬레이션 된 세계를 구현하기 위한 각종 기술들을 포함한다. 증강기술과 시뮬레이션은 물리적인 실제 현실에 정보들이 구현될 것인가, 아니면 가상의 세계에 정보가 구현될 것인가에 따라 구분된다고 볼 수 있다.

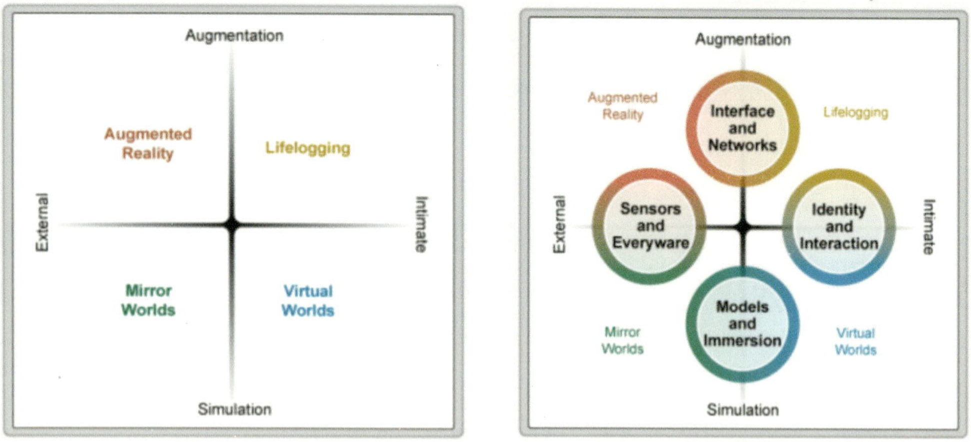

[그림2] 메타버스의 4가지 유형 프레임웍
(출처 : Acceration Studies Foundation(2006), "Metaverse roadmap: pathways to the 3D Web",
http://www.metaverseroadmap.org/overview/)

또한 메타버스는 '내부적 세계'와 '외부적 세계'로 구분된다. '내부(Intimate) 세계'는 개인이나 사물의 정체성과 행동에 초점을 맞춘다. 내부세계의 완성은 개인이나 사물이 아바타 또는 디지털 프로필을 사용해 활동하거나 시스템에서 직접 행동해 사용자가 그 환경에 대리자(Agency)를 갖는 기술을 통해 이뤄진다.

반면 '외부(External) 세계'는 대체로 관심을 메타버스 상의 주체인 사용자를 중심으로 그 외부 세계에 초점을 둔다. 따라서 사용자의 주변 세계에 대한 정보를 어떻게 보여주고, 어떻게 제어하는 가와 관련된 기술을 포함한다. 이러한 내·외부의 프레임웍은 메타버스의 기술이 사용자의 내부세계에 집중되는가, 아니면 주변 세계에 집중되는 가를 기준으로 하는 또 다른 구분 축이 된다.

학 자	메타버스의 정의	키워드
Smart et al., (2007)	가상적으로 향상된 물리적 현실과 물리적으로 지속적인 가상공간의 융합, 사용자들이 둘 다 경험하게 하는 동시에 두가지를 융합한 것	현실과 가상의 융합, 경험
Frey et al., (2008)	브라우저를 통해 모두가 접근가능하고, 2D와 3D를 모두 몰입형 인터넷에 통합할 수 있는 상호 연결된 가상세계의 대규모 인프라	2D와 3D의 융합, 인프라
Dionisio et al., (2013)	포괄적인 사이버 공간 개념과는 대조적으로 완전히 몰입적인 3차원 디지털 환경	몰입형 디지털 환경
류철균, 안진경 (2007)	생활형 가상세계 또는 실생활과 똑같이 사회적, 경제적 기회가 주어지는 가상현실 공간	실생활이 투영된 공간
서성은 (2008)	가상공간과 현실이 적극적으로 상호작용하는 공간이며 방식 그 자체, 현실과 가상세계의 교차점이 3D기술로 구현된 또 하나의 세계	현실과 가상의 상호작용, 교차점
김상균 (2020)	스마트폰, 컴퓨터, 인터넷 등 디지털 미디어에 담긴 새로운 세상, 디지털화된 지구	디지털 미디어에 의한 새로운 환경

[표1] 메타버스의 정의(출처 : 우성미, 장동련(2021), 트랜스 미디어 환경의 메타버스 브랜드 커뮤니케이션 연구, 한국브랜드디자인학회, 통권 58호 Vol.19 No.2.)

2. 메타버스는 '디지털 지구' 아닌 '디지털 우주'

어떤 산업에 관심을 갖게 되면 먼저 시장 규모를 정확하게 파악하고 예측하는 것이 중요하다. 주요 신문과 방송 및 전문가들은 한결 같이 외국기관 자료를 인용해서 "전 세계 메타버스 시장은 지난해 50조원 규모에서 2030년 1,700조원에 달할 것"이라고 전망한다. 2027년에 8,653억 달러에서 2030년까지 1조 5,000억 달러로 커질 것으로 전망된다고 한다. 예측 기관마다 조금씩 차이는 있지만 메타버스 시장이 빠르게 성장한다는 데는 이견이 없다. 메타버스 시장 또는 메타버스 산업을 예측하는 데 국내외 기관들은 모두 가상현실(VR)과

증강현실(AR)만을 포함하고 있어서 메타버스 관련 다른 부분까지 포함하면 기존 예측보다 훨씬 커질 것으로 예상된다.

메타버스 산업의 일부분인 VR과 AR 두 가지만을 갖고 메타버스 시장 전망이라고 많은 언론과 전문가들이 무분별하게 인용보도하거나 칼럼과 인터뷰 등에 쓰고 있다. 필자는 산업분석 애널리스트와 산업 전문기자를 다년간 했던 경험에서 대략적으로 추정해도 2030년 메타버스 시장 규모는 VR과 AR 두 가지만으로 예측된 규모인 1,700조원보다는 적어도 5~6배가 아닌 10배 정도로 예측한다. 만약 6배라고 하면 2030년 메타버스 시장 규모는 약 1경원(1경 200억 원)에 이른다. 즉, 메타버스 시장 규모가 많이 과소평가돼 있으므로 메타버스에 대해 각 기업과 기관 및 개인들은 더 적극적으로 더 많은 관심을 기울일 필요가 있다.

현재 메타버스는 회의나 세미나 등 행사에 사용되거나 일부 교육에도 사용되지만 아직은 활용도가 낮다. 그러나 메타버스에서는 개인에서부터 기업에 이르기까지 다양한 새로운 일자리와 비즈니스 모델이 만들어지고 있으며 빠른 속도로 산업 전반에 확산될 것으로 전망된다.

필자는 메타버스와 관련해서 많은 신조어들이 만들어지고 널리 사용될 것으로 예상하며 다음과 같은 메타버스 관련 신조어들에 관심을 가져야 할 것이다. 메타버스 리터러시, 메타버스 교육, 메타버스 러닝, 메타버스 커머스, 메타버스 금융, 메타버스 제조, 메타버스 건설, 메타버스 디자인, 메타버스 설계, 메타버스 광고, 메타버스 마케팅 등등 무궁무진하게 확장될 것으로 예상된다.

가상공간에서의 상거래인 '메타버스 커머스'도 이커머스, 모바일 커머스, 라이브 커머스를 능가할 유망 비즈니스로 떠오르고 있다. 메타버스 커머스를 겨냥해서 구찌, 나이키, 디즈니, 컨버스, 헬로 키티, MLB, CU 등 글로벌 소비재 기업과 국내 기업들이 제페토 등 메타버스 공간으로 속속 입점하고 있다. 메타버스 진출이 늦은 기업들은 경쟁력에서 뒤처질 것으로 예상되니 진출을 서둘러야 할 것이다.

기업과 개인뿐만 아니라 정부도 메타버스에 관심을 기울여야 한다. 정부가 메타버스를 '초연결 신산업'이라고 정의하고 관심을 갖는 것은 바람직하다. 정부가 '디지털 뉴딜'에 막대한 예산을 퍼붓고 있는데 이 중 상당 부분을 메타버스와 연계하도록 하거나 메타버스에 대한 정부 지원과 투자를 확대해야 한다. 우리나라가 선진국 대열에 든 만큼 IT 강국에서 메타버스 강국으로 세계경제를 선도해야 한다. 그러기 위해서는 전 국민에 대한 메타버스 교육을 실시해야 한다.

구분	지표	조사값				소관 기관
		2019	2020	2021	증감률	
가상증강현실(메타버스)	VR/AR산업 매출액	6,295억원 (2018)	7,518억원 (2019)	8,032억원 (2020(e))	6.84%	과기정통부
	VR/AR산업 인력	4,596명 (2017)	5,373명 (2018)	5,940명 (2019)	10.6%	과기정통부
	가상증강현실기술개발활용기업수	105개 (2017)	149개 (2018)	179개 (2019)	20.1%	통계청

[표2] 메타버스 매출액·인력, 메타버스 기술개발 활용기업 수
(출처 : 2021 4차 산업혁명 추진관련 지표(과학기술정보통신부))

국내 연구기관들은 VR과 AR만이 아니라 포괄적인 메타버스 시장과 메타버스 경제, 메타버스 혁명에 대해 연구해야 한다. 메타버스는 하나의 산업으로 그치는 것이 아니라 교육, 국방, 금융, 서비스, 제조 등 대부분의 다른 산업과 융합하면서 빠르고 크게 발전할 것으로 전망된다. 따라서 메타버스는 하나의 산업으로 볼 게 아니라 메타버스 경제로 봐야 하며, 메타버스는 혁명처럼 경제·사회·문화에 큰 변화를 가져올 것으로 전망되므로 '메타버스 혁명'이라고 해도 지나친 표현이 아닐 것이다.

세계경제는 농업 경제, 산업 경제, 서비스 경제, 온라인 경제를 거쳐서 '메타버스 경제'로 빠르게 진화하고 있다. 기업, 정부, 개인들은 메타버스 경제를 100% 활용해 새로운 사업 기회 확보, 일자리 창출 등 빠르게 변화하는 세상에 대응할 수 있도록 철저히 대비해야 한다.

3. '메타버스 경제', 일자리에 주목해야

메타버스에서 개인에서부터 기업에 이르기까지 다양한 새로운 일자리와 비즈니스 모델이 만들어지고 있다. 국내에서 만들어져서 세계에서 주목받고 있는 대표적 메타버스 플랫폼으로 네이버Z의 '제페토(zepeto)'를 꼽을 수 있다. 제페토의 이용자는 2020년 12월 기준으로 2억 명이다. 90%(1억 8,000만 명)가 해외 이용자이며, 10%(2,000만 명)가 국내 이용자다. 이용자 중 80%(1억 6,000만 명)가 MZ세대로 구성된다.

제페토 스튜디오에는 약 70만 명에 달하는 크리에이터(창작자)가 활동하고 있다. 누적 아이템 제출 개수 약 200만 개, 크리에이터 판매 아이템 개수 약 2,500만 개에 이른다. '메타버스 크리에이터'라는 새로운 유망직업이 생겼다. 제페토 크리에이터 또는 '가상 의류 디자이너'라고 하는 렌지 씨(25세)는 아바타 의상 판매로 월평균 1,500만원의 매출을 올리고 지난해 12월부터 올해 6월까지 7개월간 매출 1억 원을 달성했다고 한다.

렌지(lenge) 씨는 어릴 적부터 아바타 게임을 좋아했으며 제페토 게임 유저로 처음 시작하면서 알게 돼 제페토 안에서 다양한 의상을 만들어 팔면서 수익 모델을 구축하고 있다. 크리에이터 렌지의 사례는 제페토 스튜디오가 디지털 생태계에서 비즈니스 모델로써도 성공 가능성을 보여준 단적인 예라고 할 수 있다.

여기서 메타버스 크리에이터가 유튜브 크리에이터보다 더 유망할 수도 있다는 전망도 나온다. 메타버스 행사 기획자, 메타버스 마케터, 메타버스 건축가 등 메타버스 관련 새로운 직업들이 속속 생겨나고 있다.

미국의 인기 래퍼 '트래비스 스콧'은 '포트나이트'라는 메타버스 플랫폼에서 공연했는데 1,200만 명 이상이 가상공연을 관람했다. 이 공연으로 트래비스 스콧은 오프라인 콘서트 대비 10배 이상의 수익을 올렸다. 페이스북, 애플, 마이크로 소프트(MS), 네이버, SK텔레콤 등 국내외 많은 기업들이 메타버스 기업으로 변신하겠다고 선언하면서 메타버스에 투자하거나 메타버스를 적극 활용하겠다고 나서고 있다. 페이스북의 CEO 저커버그는 페이스북이 5년 내에 메타버스 기업이 될 것이라고 강조했다.

4. 메타버스에 성공적인 비즈니스 모델 속속 등장

메타버스는 현실세계와 같은 사회적·경제적 활동이 이뤄지는 '공유 3차원 가상공간'이다. 코로나19로 사회적으로 상당한 부문이 위기를 맞고 있는 가운데, 오히려 비대면이라는 제약 속에서 가상현실(VR)과 증강현실(AR)의 날개를 달고 비상을 시작한 비즈니스가 있다. 바로 메타버스다. 그 사용자들은 현실의 악재를 초현실 가상세계를 통해 욕구를 충족하고 희열을 느낀다. 메타버스 플랫폼들은 팬데믹 속에서도 게임은 물론 우리 삶과 직결된 의료, 교육, 경제, 국방, 정치, 예술 등 여러 분야에서 그 기능과 가치를 인정받으며 약진을 계속하고 있다. 메타버스는 가상세계의 무한한 확장 가능성은 대체 불가한 또 다른 비즈니스 모델이다.

그중에서 국내에서 만들어져서 세계 속에서 주목받고 있는 대표적 메타버스 플랫폼으로 네이버Z의 제페토(zepeto)를 꼽을 수 있다. 이는 2018년 전 세계 165개국에 출시한 글로벌 증강현실 아바타 플랫폼이다. 하이브 70억 원, YG엔터테인먼트와 JYP엔터테인먼트가 각각 50억 원 그리고 네이버제트가 제 3자 배정 유상증자에 참여하면서 엔터테인먼트 업계와의 활발한 협업을 기반으로 성장하고 있다.

메타버스 플랫폼에서의 수익 모델은 콘텐츠 제작 및 판매, 미디어 중개 수수료, 마케팅 수수료, 구독료 등 다양하다. 특히 제페토 내 나이키, 컨버스, 구찌 등의 입점은 비즈니스 모델로 성공을 예고하고 있다. 제페토의 등장은 K팝·음악·패션분야의 콘텐츠로 확장되며 서로 간에 결합할 수 있는 기반을 조성해줬다. 특히 게임이나 엑티비티 요소, 아이템 판매와 같은 요소를 즐길 수 있음은 물론이고 부캐 문화와 SNS 활동, 사용자 창작 콘텐츠(UGC) 등 MZ 세대에 익숙한 것들을 가상으로 옮겼다는 점에서 차별점이 있는 플랫폼으로 기능하고 있다.

비대면으로 콘서트 개최가 중단된 공연문화는 메타버스 플랫폼을 활용해 오히려 오프라인 콘서트보다 더 나은 수익을 창출할 수 있게 되면서 코로나로 인해 침체됐던 K-팝과 팬덤 대상 행사, 공연 등으로 확장돼가기 시작했다. K팝은 국내외 팬덤을 대상으로 메타버스 플랫폼 안에서 팬과 팬덤이 만날 수 있는 이벤트를 기획하며 새로운 콘텐츠 생산과 비즈니스 모델을 동시에 모색하고 있다.

지니뮤직은 SF9의 곡을 가상현실 콘서트로 옮겨 팬이 헤드 마운트 디스플레이를 쓰고 1인칭 시점으로 5개의 메타버스를 감상할 수 있는 앨범을 출시했다. 비대면 환경에서 아티스트와 팬이 기술을 기반으로 새로운 콘텐츠를 만들고 향유할 수 있게 된 사례로 앞으로 K팝 산업에서 기술을 기반으로 한 새로운 콘텐츠의 등장으로 주목받고 있다.

블랙핑크와 ITZY의 가상 팬 사인회를 시작으로 제페토는 비대면 시대 K팝 스타와 팬덤과 소통의 장으로 한몫하고 있다. 뿐만 아니라 블랙핑크와 셀레나 고메즈, 트와이스의 댄스 퍼포먼스 공개, 가수 선미의 컴백쇼 개최 등 다양한 K팝 스타의 이벤트를 메타버스로 옮겨와 개최함으로써 스타와 국내외 팬덤을 연결해주는 공간으로써 자리매김했다.

현실과 가상이 연결된 세계관으로까지 확장된 K팝은 SM 신인가수 에스파(aespa)를 선보였다. 현실과 가상세계의 멤버가 디지털 세계를 통해 성장하는 콘셉트로 데뷔한 그룹이다. 기존 멤버 4인과 가상공간 속에 존재하는 또 다른 자아(아이, ae) 4인으로 구성돼 현실과 가상을 넘나든다는 설정을 갖고 있다. SM은 에스파의 공식 SNS 계정 등을 통해 현실세계 멤버와 가상세계의 아바타가 소통하는 영상들을 공개하며 꾸준히 세계관을 정립해가고 있다.

이처럼 비대면 시대에 온라인으로 무대를 옮기는 것을 넘어 스타와 팬덤이 자아와 정체성을 투영한 부캐(부 캐릭터)로 만나 소통한다는 것은 K팝의 새로운 '팬덤 문화'라고 볼 수 있다. 이는 단순히 비대면 사회에서의 팬덤 이벤트에 그치는 것이 아니라 추후 원거리에 있는 팬들과 소통하는 방식이 될 수 있고 끊임없이 새로운 콘텐츠 모델을 생산해낼 가능성을 보여주고 있다.

메타버스가 현실세계의 장벽을 뛰어넘어 가상세계 속에서 현실에서 이루지 못한 일들을 플랫폼을 통해 성취할 수 있다는 그 무한한 가능성은 그 어떤 다른 것으로도 대체불가한 성공적인 비즈니스 모델로 급부상하고 있다. 이처럼 메타버스에서 성공적인 비즈니스 모델이 속속 등장하고 있으며 메타버스에서 새로운 비즈니스 모델과 많은 일자리 창출 가능성도 보여주고 있다.

5. 메타버스 유형

메타버스 로드맵은 이러한 두 가지 축을 통해 증강현실(Augmented Reality), 라이프로깅(Life logging), 거울세계(Mirror Worlds), 가상세계(Virtual Worlds)의 4가지 유형으로 메타버스를 분류하고 있다. 각 유형의 정의, 특징, 활용분야, 사용사례를 정리하면 [표2]와 같다.

구 분	증강현실 (Augmented Reality)	라이프로깅 (Lifelogging)	거울세계 (Mirror World)	가상세계 (Virtual World)
정 의	현실 공간에 가상의 2D 또는 3D 물체를 겹쳐보이게 하여 상호 작용하는 환경	사물과 사람에 대한 일상적인 경험과 정보를 캡쳐, 저장, 공유하는 기술	실제 세계를 그대로 반영하되, 외부 환경 정보를 통합하여 제공	디지털 데이터로 구축한 가상세계
특 징	위치기반 기술과 네트워크를 활용해 스마트 환경 구축	증강기술을 활용해 사물과 사람의 정보를 기록	가상지도, 모델링 GPS 기술 활용	이용자의 자아가 투영된 아바타간의 상호작용 활동에 기반
활용분야	스마트폰, 차량용 HUD	웨어러블 디바이스, 블랙박스	지도기반 서비스	온라인 멀티플레이어 게임
사용사례	포켓몬Go, 디지털 교과서 실감형 콘텐츠	페이스북, 인스타그램, 애플워치, 삼성헬스, 나이키플러스	구글어스, 구글맵, 네이버지도, Airbnb	세컨라이프, 마인크래프트, 로블록스, 제페토

[표3] 메타버스의 4가지 유형 표(출처 : Accleration Studies Foundation, (2007), "Metaverse Roadmap : Pathway to the 3D Web"과 이승환(2021)에서 재구성)

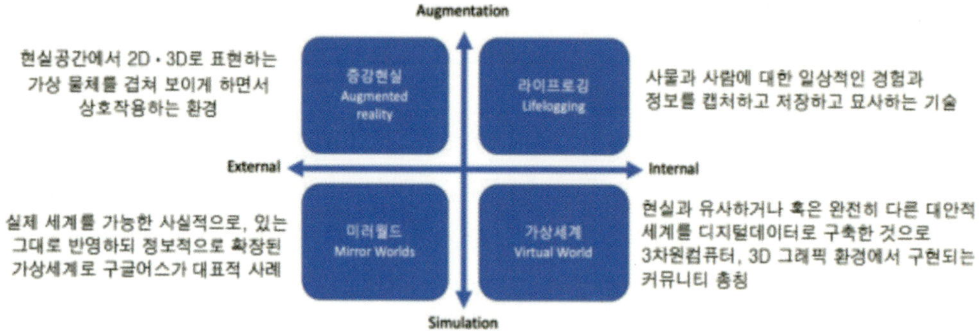

[그림3] 메타버스 4가지 유형 그림(출처 : ASF, 유진증권, 2021. 3. 10)

6. 메타버스 혁명

인터넷(웹) 혁명 → 모바일 혁명 → 메타버스 혁명으로 진화

모바일은 웹과 어떤 차별화된 특징을 갖고 있을까? 컴퓨터처럼 고정된 공간이 아닌 움직이면서 인터넷 사용이 가능하고, 현재의 위치를 정확하게 측정할 수 있으며, 카메라와 마이크, 자이로센서 등의 다양한 정보를 입력하고 주변 상태를 인지할 수 있다. 덕분에 컴퓨터에서 하지 못하는 새로운 경험이 가능해진다. 내 위치를 기준으로 음식배달을 주문하고 택시를 호출할 수 있으며, 내비게이션 앱을 이용해 실시간 위치추적이 가능하다. 그 외에도 은행 앱 등을 이용한 금융거래도 카메라의 얼굴인식이나 지문인식 그리고 스마트폰 고유의 USIM 정보 등을 활용한 인증기술을 통해 구현 가능하다.

이처럼 메타버스도 기존의 웹, 모바일과는 다른 특징을 갖는다. 현실 같은 현장감과 몰입감을 주는 새로운 경험을 제공한다는 점이다. 현실과 가상이 통합된 새로운 디지털 경험을 제공하고, 시신경으로 시각정보가 광범위하게 들어올 뿐 아니라 내가 바라보는 방향과 고개의 움직임, 손의 움직임, 몸짓 등의 제스처까지도 인식돼 그것이 디지털에 구현된다는 점이 기존과 다른 점이다. 그 덕분에 웹과 차별화된 모바일처럼 모바일과 또 다른 특화된 서비스 개발을 가능하게 해준다.

모바일에서는 웹에서도 제공되던 서비스가 다르게 운영되기도 하고, 기존 웹에는 없던 새로운 서비스가 제공되기도 한다. 즉, 웹에도 있던 온라인 쇼핑이 그대로 모바일에도 이어지고 뉴스, 부동산, 카페, 블로그, 메일 등의 서비스도 고스란히 모바일 앱에서도 운영된다. 반면, 웹에는 없던 배달 서비스나 간편 결제, 택시 호출 등은 모바일에 특화돼 제공된다. 마찬가지로 메타버스 역시 기존에 우리가 인터넷으로 사용하던 서비스가 좀 더 증강된 모습으로 구현되거나, 과거에는 경험할 수 없었던 새로운 개념의 서비스가 탄생돼 새로운 비즈니스 기회를 만들어 낼 것이다.

특히 메타버스는 교육과 엔터테인먼트 산업에 적용되면서 그 진가가 발휘되고 있다. 교사와 학생, 학생 간 수업 그리고 예술가, 뮤지션과 팬 그리고 팬들 간 소통하고 공감하는 과정에서 메타버스 기술은 그 이전 오프라인이나 온라인에서 경험하던 것보다 더 효율적이고 몰입감 넘치는 경험을 제공한다. 그 과정에서 새로운 비즈니스 혁신의 기회가 만들어지고 이를 위한 관련 솔루션도 필요하고 이 모든 것이 비즈니스의 기회가 된다.

'옴니버스'는 가상협업과 실시간 시뮬레이션을 위해 구축된 플랫폼이다. 사용자들이 협업을 위해 팀을 구성한 후 가상의 세계에서 손쉽게 협업할 수 있도록 도구 등을 제공한다. 창작자, 디자이너, 엔지니어 등의 복잡한 시각적 업무 프로세스도 혁신한다. 산업용 메타버스의 핵심가치는 '협업'과 '경험'이다. 지리적 장벽을 극복하고 세계 어디에 있든 출장을 나설 필요 없이 물리적으로 떨어져 있는 동료와 이해관계자들이 쉽게 소통할 수 있는 플랫폼 역할을 한다. 마치 한곳에 모여서 작업할 때와 같은 수준의 업무협업이 가능하다.

메타버스 핵심 기술인 AR, VR을 포함한 XR(AR · VR · MR, 혼합현실)등을 통칭하는 eXtented Reality 기술이 점차 성숙단계로 접어들면서 메타버스 시장도 동반 성장할 것으로 전망된다. 글로벌 XR 시장 규모는 2019년 78.9억 달러(약 8.56조 원)에서 2024년 1,368억 달러(약 150.34조 원)로 5년간 연평균 76.9% 성장이 전망된다(정보통신산업진흥원, 2020). 메타버스로 대표되는 실감형 콘텐츠 시장은 2019년 약 170억 달러(약19조 원)에서 2022년 624억 달러(약 70조 원) 규모로 확대 예상된다(메리츠증권).

미국 '로블록스(Roblox)'는 메타버스 대표주자이며 페이스북, 애플 등도 메타버스 시장을 공략할 준비 중에 있다. 최근 게임 플랫폼 로블록스가 뉴욕증권거래소(NYSE)에 상장과 동시에 흥행에 성공하면서 메타버스 시장에 관심이 더욱 집중되고 있다. 로블록스는 상장 첫날인 2021년 3월 10일(현지시각) 기준가 45달러에서 43% 상승한 64달러로 시작해 69.5달러로 거래가 종료됐다. 기준가 대비 54% 오른 수치로 상장직후 시가 총액은 380억 달러(약43조 원)를 돌파했다.

2014년에 설립된 로블록스는 이용자가 레고처럼 생긴 아바타가 돼 가상세계에서 활동하는 게임으로 다른 이용자와 함께 테마파크 건설·운영, 애완동물 입양, 스쿠버 다이빙, 슈퍼히어로 등을 체험할 수 있다. 로블록스는 2020년부터 코로나19 사태로 등교를 못하게 된 미국 초등학생들이 상호 소통할 수 있는 통로가 되면서 크게 인기를 끌고 있다. 로블록스는 미국에서 16세 미만 청소년의 55%가 가입했고 하루 평균 접속자만 4,000만 명을 육박한다.

메타버스는 공간적·물리적 제약 없는 확장성과 미래 잠재고객인 Z 세대를 겨냥한 마케팅이다, 다른 산업으로 확장이 가능하다는 점이 부각되면서 글로벌 굴지 기업도 메타버스 시대에 대비하고 있다. MS가 선보인 혼합현실 플랫폼 '메시(Mesh)', 엔비디아가 출시한 3D협업 플랫폼인 '엔비디아 옴니버스(NVDIA Omniverse)' 등이 대표적이다. 페이스북은 2020년 VR 게임 기업인 비트게임즈를 인수한 데 이어 2021년 2월 산자루게임즈, 4월 말 다운푸어 인터렉티브를 연이어 인수하며 VR·게임 플랫폼을 기반으로 메타버스 시장까지의 공략을 시사했다.

애플도 아이폰 12프로, 아이패드 프로, 맥북에어 신제품에 공간을 인지하는 라이다 스캐너를 탑재해 AR 성능을 강화했다. 지난 4월 팀쿡은 AR 발전에 놀라움을 표현하며 건강, 교육, 리테일 등 다양한 분야에서 스마트폰을 이용해 AR 기술이 가져올 도약과 변화에 대한 기대감을 표명했다.

세계 메타버스 관련 시장은 2019년 51조원에서 오는 2025년 537조원, 2030년 1,700조원까지 성장할 것으로 전망된다. 실제 메타버스 관련 기업인 자이언트스텝(시각효과업체), 로블록스(게임업체), 뷰직스(웨어러블 제조사) 등은 기업가치가 올해 1분기에만 지난해 대비 최대 600%까지 치솟았다. 메타버스의 대표 주자로 꼽히는 로블록스는 미국 10대 초반 청소년의 70%가 즐기는 게임 플랫폼이다. 3차원(3D) 아바타와 함께 가상세계를 탐험할 수 있고, 플랫폼 안에서 게임제작까지 가능하다. 플랫폼 제공자가 게임을 만들어 파는 게 아니라 사용자가 직접 게임을 설계해 또 다른 사용자가 이렇게 만든 게임을 소비하는 방식이다.

그래픽스 처리장치(GPU)와 AI 컴퓨팅 분야의 세계적인 선도기업인 엔비디아(NVIDIA)의 최고경영자(CEO) 젠슨 황은 "메타버스 시대가 오고 있다"고 말했고, 에픽게임즈 CEO 팀 스위니는 "메타버스는 인터넷(Web)의 다음 버전"이라고 강력한 의미를 부여하기도 했다. 이제 우리 기업들은 메타버스라는 블루오션에 관심을 갖고, 어떤 비즈니스모델로 메타버스에 올라탈지를 고민해야 한다. 개인들도 메타버스를 이해하고, 현명하게 활용하는 관심과 지혜가 필요한 때다.

7. 메타버스와 공공, 사회 혁신

메타버스는 공공 인문 분야에서는 도서관과 미술관의 소장도서와 작품을 메타버스로 옮겨 여러 세대에 걸쳐 축적된 지식유산을 AI 큐레이션을 통해 제공할 것이다. 또 전 세계인의 이목을 끄는 중요 소장품(예, '이건희 컬렉션')을 메타버스에서 공개해 한국 문화 홍보효과를 극대화할 수 있다.

인천시는 2020년 9월 유튜버, 시민 25명과 함께 메타버스 기반의 온라인 게임 '마인크래프트(Minecraft)'에 인천공항을 만들어 홍보하는 도시 마케팅 '인천 크래프트'를 공개했다. 인천크래프트는 마인크래프트를 활용해 가상의 인천시를 만들고 온라인으로 누구나 자유롭게 여행하고 체험할 수 있게 만든 인천시 맵 이름이다. 마인크래프트에 도시캠페인을 접목한 세계 최초 사례로 많은 게이머의 관심을 받은 가운데 영상과 게임 안에서 인천의 다양한 과거·현재·미래를 경험할 수 있다.

인천 크래프트는 △선사시대 강화도 고인돌부터 △일제 개항기 시대, 현재와 미래의 모습인 △인천공항 △인천대교 △송도 △인천 시청 공간으로 구성돼 있다. 유투버 루태, 다주, 서넹, 삼식, 콩콩 등 양띵 크루와 게임 유저 125명이 인천시 랜드마크 건설 대결 이벤트에 참여해 랜드마크를 함께 생성하고 있다. 인천시는 인천크래프트를 지속적으로 확장할 계획이며 직접 참여할 수 있는 다양한 참여형 이벤트를 통해 MZ 세대와 더욱 긴밀한 소통을 도모할 예정이다.

[그림4] 메타버스 관련 주요 프로젝트(출처 : 디지털 뉴딜정책 2020-2025)

8. 메타버스의 명암

VR의 판매 지표나 메타버스 관련 기업들의 상장과 기업가치 등을 볼 때, 메타버스 대중화의 물꼬를 튼 시점이 다가오고 있다는 사실은 누구도 부인하기 어렵다. 하지만, 메타버스가 앞으로 모바일의 길을 갈 것이라고 단언하기에는 아직 거쳐야 할 난관이 많다. 가트너에서 개발한 기술의 성숙도를 표현하기 위한 시각적 도구인 하이프 사이클로 메타버스의 현재 위치를 대입해보면 기술혁신이 궤도를 타서 상당한 대중의 관심과 사업가들의 기대를 한 몸에 받고 있는 거품 단계라고 볼 수 있다.

VR이나 AR로 경험할 수 있는 서비스가 다양해졌고 어지럼증도 전작들에 비하면 많이 나아졌으며, 무게와 크기가 주는 압박감도 확연히 적어졌다. 하지만, 처음 경험하는 사용자에게는 여전히 부족하고 거북한 것이 사실이다. 처음 메타버스를 체험하거나, 모바일 앱을 통해서만 메타버스의 기본적 경험을 갖춘 사용자들이 VR 등의 본격적인 메타버스를 사용하면서 겪을 냉정한 비판이 메타버스 시장을 나락으로 빠지게 만들 수 있다. 하지만 이 과정을 극복하면서 보다 나은 기술적 진화와 서비스 경험들이 만들어지고 킬러앱 등이 나오기 시작하는 각성의 단계를 지나면 기존의 웹, 모바일이 그랬던 것처럼 메타버스 또한 본격적인 고도성장을 하게 될 것이다.

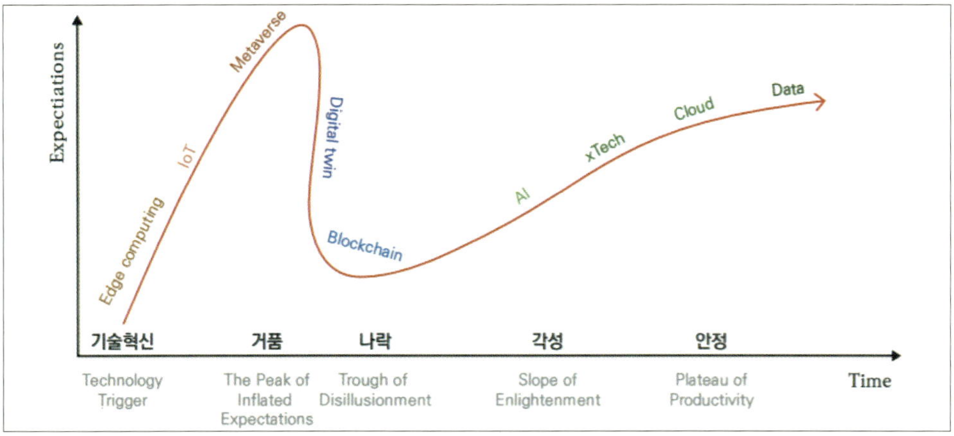

[그림5] 하이프 사이클(hype cycle)로 바라본 메타버스 기술의 현 시점
(출처 : 김지현(2021), "포스트 모바일, 메타버스 패러다임", 과학기술정책연구원)

한때 가상화폐(암호화폐) 투자 열풍이 불더니 이제는 '가상부동산(가상토지 : virtual land, virtual real estate)' 투자 열기가 달아오르고 있다. 가상부동산은 국내에서는 아직 생소한 개념이지만 미국과 유럽, 중국 등 해외에서는 이미 주목받고 있다고 한다. 국내에서도 최근에는 가상부동산 투자가 빠르게 확산되고 있다. 일각에서는 가상부동산을 '제2의 비트코인'이라고 칭하며 "가상화폐 투자로 10배 수익을 냈다면, 가상부동산 투자로 100배 수익이 가능하다"는 말로 투자자를 유혹하는 경우도 있다.

가상부동산은 쉽게 말해 가상현실 속에서 부동산을 사고파는 것을 말한다. 가상부동산을 사고파는 것은 최근 급격히 성장하고 있는 3차원 가상세계인 메타버스에서 이뤄진다. 가상부동산을 사고파는 플랫폼도 늘어나고 있는데, '어스2(earth2)'가 대표적이고, 디센트럴랜드, 제페토 등 종류도 다양해지고 있다. 외국산 글로벌 플랫폼이 성행하는 가운데 최근에는 한국형 어스2라고 하면서 국산 플랫폼도 등장하고 있다.

어스2는 호주 출신 개발자 셰인 아이작이 만든 가상부동산 구매 게임이다. 2020년 11월부터 시작된 프로젝트로 가상화폐처럼 가상공간에서 토지를 거래하는 개념이다. 어스2는 현실의 세계를 복제한 제2의 지구를 뜻한다. 어스2에서 가상부동산에 투자하려면 타일을 구매해야 한다. 타일을 통해 가상부동산을 소유하는 것이다. 1개의 타일은 구글맵을 본 따서 10m × 10m, 즉 10㎡를 나타낸다.

어스2에서의 가상 토지는 주식처럼 시세가 오르기도 해 유저들이 구매한 가상 토지, 즉 타일을 소유하다가 다른 유저에게 되팔아 이익을 내는 구조다. 이 같은 가상부동산 플랫폼에서의 부동산 거래량은 국내 유저들의 거래량이 지속해서 증가하고 있다. 관련 업계에 따르면 지난 4월 어스2에서의 가상 토지 거래량이 가장 많았던 국가는 미국, 이탈리아, 한국 순이다. 이후 두 달 만인 지난 6월 누적 거래량에서는 미국(타일 수 60만개)이 1위를, 한국(56만개)이 2위를 차지했다. 부동산투자 강국임을 보여준다.

최근 20~30대 무주택자들의 가상부동산 플랫폼을 활용한 내 집 마련이 성행하고 있다. 누구나 3차원 가상공간인 메타버스 안에서는 청와대, 백악관, 국회의사당 등 각 나라의 주요 건물이 자리 잡은 땅의 주인이 될 수 있다. 전문가들은 MZ 세대들의 가상부동산 투자에 대한 위험성을 경고하며 투자에 신중할 것을 충고한다. 하지만 가상부동산의 잠재된 성장 가능성에 대해서 긍정의 목소리를 내는 사람도 있다.

가상부동산은 초기 구축 단계인 만큼 리스크도 크다. 암호화폐와 같이 자산의 실체가 없는 점은 큰 위험요소이다. 특히 가상부동산은 암호화폐와 같이 현금처럼 쓸 수가 없다(환금성이 낮다)는 점이 단점이다. 아무리 많이 사들여도 팔리지 않으면 가치가 없다. 비트코인이 출현한 초기 역시 그 누구도 지금과 같은 미래를 예견할 수 없었듯이 가상부동산 역시 미래를 예단할 수는 없다. 다만 메타버스와 MZ 세대의 투자성향이 결합될 경우 성장 잠재력을 무시할 수 없기 때문에 가상부동산이 매력적인 투자 대상으로 꼽히기도 한다.

2020년 11월에 어스2가 처음 서비스를 시작할 때 전 세계 땅 가격은 타일 당 0.1달러였지만 지금은 엄청나게 올랐다. 그래서 가상부동산 투자에 사람들이 몰리고 있다. 그러나 가상부동산은 가상화폐보다 리스크가 훨씬 더 크다. 그러므로 투자에 신중을 기해야 한다. 또한 가상부동산 거래 플랫폼이 계속 생겨나고 있고, 규모가 작은 후발 플랫폼은 위험이 더 크다. 인터넷에는 뒤늦게 생긴 가상부동산 플랫폼들이 투자자들을 유인하기 위해 과대광고를 하는 경우도 많다.

온라인에서는 새로운 투자처로 떠오른 가상부동산 투자에 대한 갑론을박은 계속되고 있다. 유튜브에는 가상부동산을 팔아 수백만, 수천만 원을 벌었다는 수익 사례부터 매매 및 현금화 방법을 소개하는 영상이 많다. 하지만 타일 가격의 급등락을 경고하거나 타일을 현금화하기가 어렵다는 지적도 많다. 가상부동산 투자는 리스크가 매우 커서 선불리 투자를 권하기는 어렵다. 다만 여유자금으로 높은 리스크를 감당할 수 있는 투자자라면 관심을 가져볼 수도 있을 것이다.

9. '디지털 트랜스포메이션'에서 '메타버스 트랜스포메이션'으로의 진화

지능형 금융포럼(의장 문형남)은 2021년 9월 16일 '메타버스와 금융'을 주제로 온라인과 오프라인으로 콘퍼런스를 개최했다. 많은 사람들이 관심을 보였다. 금융이 메타버스와 결합해서 메타버스금융이 가능하고 새로운 비즈니스모델 창출이 가능하다는 내용이었다. 디지털 가상 경제 환경에서 소매금융이 어떻게 진화해 나갈 것인지 살펴봤고 콘텐츠 제공자(Content Provider)에게는 다양한 과금 방식 및 선불형 캐시를 제공하고 이용자에게는 자기주권형(Self-Sovereign)으로 스스로의 개인정보를 관리하도록 도와주는 블록체인 기반의 선불형 과금 기술도 소개했다.

신한은행은 2021년 9월 메타버스 공간에서 초등학생들을 위한 금융교육 프로그램을 실시했다. 교육에 참여한 초등학생들은 메타버스 플랫폼에서 아바타를 통해 서로 소통하고 저축의 필요성, 투자 이야기, 투자 게임, 금융 OX퀴즈 등의 프로그램을 함께 하면서 재미있게 메타버스를 체험하고 금융지식을 습득하는 시간을 보냈다. 일부 은행은 메타버스 공간에 지점을 개설했다. 메타버스 공간에서 금융거래를 하는 메타버스금융이 곧 현실화될 것으로 보인다. 은행 업무의 경우 인터넷뱅킹에서 모바일뱅킹과 스마트뱅킹을 거쳐 메타버스뱅킹이 눈앞에 다가왔다.

디지털 트랜스포메이션(Digital Transformation, DT 또는 DX: 디지털 전환)은 디지털 기술을 사회 전반에 적용해 전통적인 사회 구조를 혁신시키는 것이다. 일반적으로 기업에서 사물 인터넷(IoT), 클라우드 컴퓨팅, 인공지능(AI), 빅 데이터 솔루션 등 정보통신기술(ICT)을 플랫폼으로 구축·활용해 기존 전통적인 운영방식과 서비스 등을 혁신하는 것을 의미한다. IBM 기업가치연구소의 보고서(2011)는 '기업이 디지털과 물리적인 요소들을 통합해 비즈니스 모델을 변화시키고, 산업에 새로운 방향을 정립하는 전략'이라고 정의하고 있다.

디지털 전환(digital transformation)을 위해서는 아날로그 형태를 디지털 형태로 변환하는 '전산화(digitization)' 단계와 산업에 정보통신기술을 활용하는 '디지털화(digitalization)' 단계를 거쳐야 한다. 디지털 전환을 추진한 사례로 제너럴 일렉트릭(GE)의 산업 인터넷용 소프트웨어 플랫폼 프레딕스(Predix™), 모바일 앱으로 매장 주문과 결제를 할 수 있는 스타벅스의 '사이렌오더 서비스' 등이 있다. 성공적인 디지털 전환을 통해 제4차 산업혁명이 실현된다.

Epilogue : '메타버스 트랜스포메이션'을 해야 메타버스를 제대로 마무리할 수 있다

'디지털 트랜스포메이션'에 이어 '메타버스 트랜스포메이션' 시대가 오고 있다. '디지털 트랜스포메이션'은 디지털 화를 통해서 산업·경제·사회를 혁신하는 것이며, '메타버스 트랜스포메이션'은 메타버스를 통해서 산업·경제·사회를 혁신하는 것을 의미한다(저자의 정의). 저자는 '메타버스 트랜스포메이션(Metaverse Transformation, MT: 메타버스 전환)'이라는 용어를 만들어서 문헌으로서는 이 책을 통해 처음 소개한다.

아직 저자 외에는 메타버스 트랜스포메이션이라는 용어를 사용하고 있지는 않은데 메타버스와 각 산업이 융합한 단어들이 생겨나듯이 메타버스 트랜스포메이션이라는 용어도 곧 널리 쓰일 것으로 예상한다. 4차 산업혁명을 디지털 트랜스포메이션(Digital Transformation)이라고 한다. 메타버스혁명을 4차 산업혁명의 부분으로 볼 수 있지만 메타버스 혁명을 4차 산업혁명의 대부분을 차지할 정도로 커질 것으로 본다.

넓은 의미의 디지털 트랜스포메이션에는 메타버스 트랜스포메이션이 포함될 수도 있지만 좁은 의미의 디지털 트랜스포메이션과 메타버스 트랜스포메이션은 좀 다르다고 볼 수 있다. 디지털 트랜스포메이션 다음 단계로 메타버스 트랜스포메이션을 추진해야 한다. 이제는 기업, 학교, 기관, 정부 등이 디지털 트랜스포메이션을 넘어 메타버스 트랜스포메이션을 도입하고 적극 활용해야 한다.

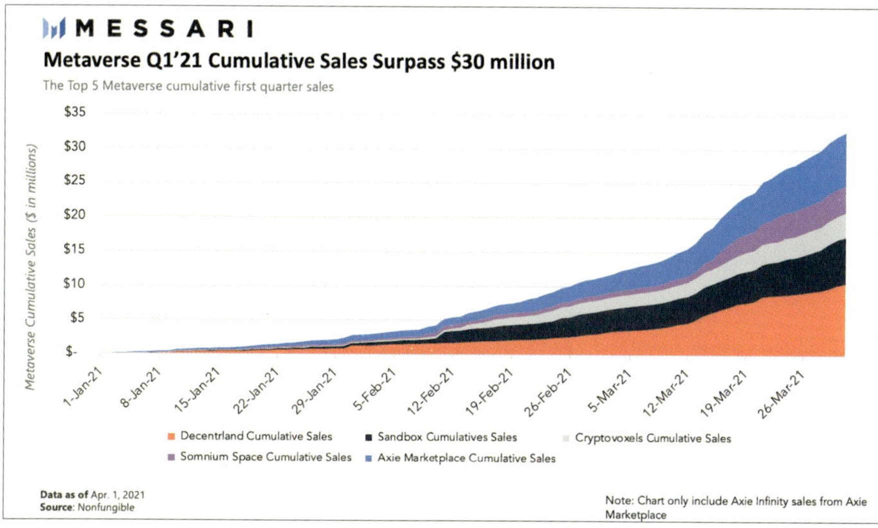

[그림6] 메타버스의 빠른 성장세를 보여주는 그래프 : 5대 메타버스기업의 2021년 1분기 매출
(출처 : https://metaversal.banklesshq.com/p/inside-the-metaverse-index)

[그림6]은 디센트럴랜드, 샌드박스, 크립토박셀, 솜니엄, 액시 등 5대 메타버스기업의 2021년 1분기 누적 매출로서 메타버스산업의 빠른 성장세를 보여준다. [그림7]은 메타버스(XR/AR/VR/MR)가 각 산업에 적용되는 비율을 나타낸다. [그림8]은 '메타버스 마켓맵'이며, 이는 메타버스산업 생태계를 구성하는 기업들을 분류·정리한 것이다. 메타버스분야 성장을 위해서는 삼성 외 기업도 글로벌 메타버스산업 생태계에 진입해야 한다.

4차 산업혁명이 시작되고 최근까지는 기업들이 디지털 트랜스포메이션을 추진하는데 많은 관심을 갖고 진행해왔다. 이제부터는 디지털 트랜스포메이션의 다음 단계로 메타버스 트랜스포메이션을 전 분야에 도입하고 활용할 시점이라고 생각한다. 메타버스 트랜스포메이션이 제대로 추진돼야지만 4차 산업혁명이 완성될 수 있을 것으로 보인다.

기업, 국가, 공공기관, 개인 등 모든 경제 주체들이 적극적으로 메타버스 트랜스포메이션을 추진해야 하며, 메타버스 트랜스포메이션을 얼마나 적극적으로 추진하는지 여부가 각 경제주체의 성패를 좌우할 수 있을 것으로 보인다.

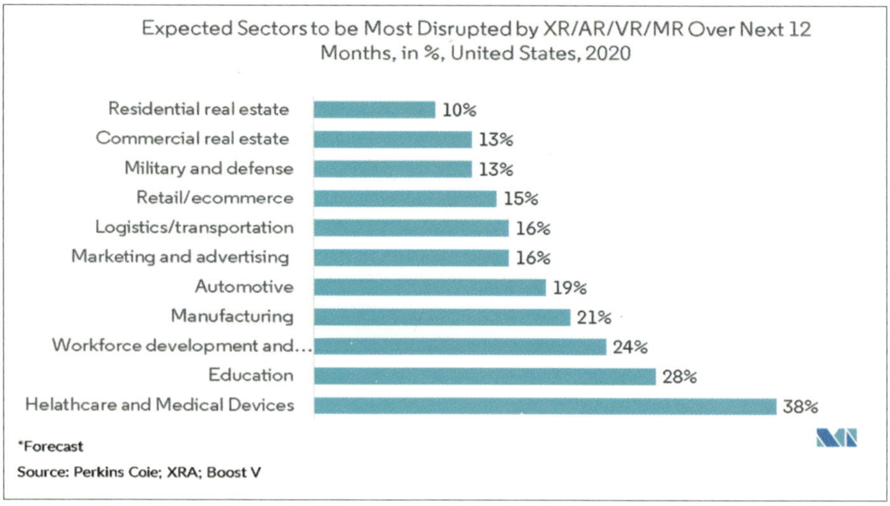

[그림7] 메타버스(XR/AR/VR/MR)가 각 산업에 적용되는 비율

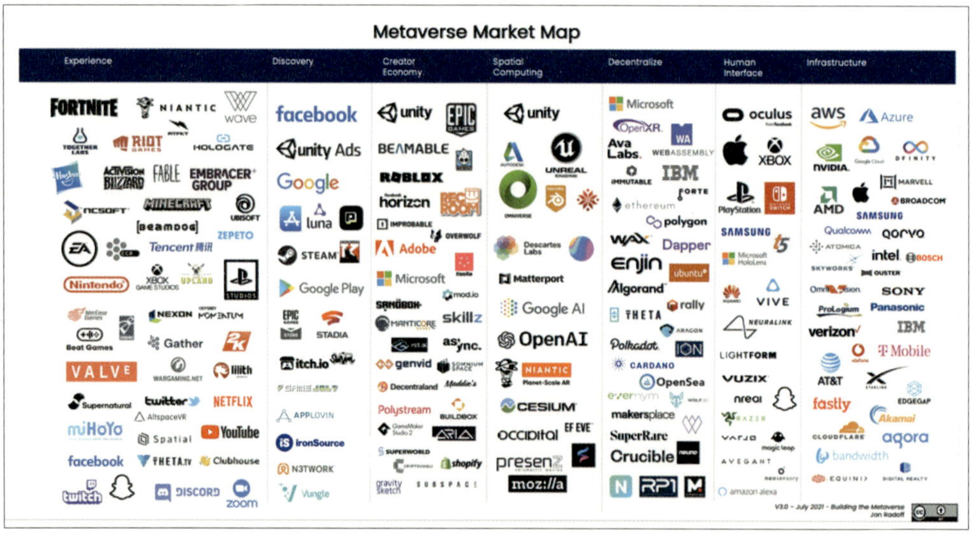

[그림8] 메타버스 마켓맵(메타버스산업 생태계를 구성하는 기업들)

Chapter 5

오프라인서 못한 행사 메타버스에서 성공하기

황윤수

Chapter 05.
오프라인서 못한 행사 메타버스에서 성공하기

Prologue

'메타버스 행사' 왜 필요할까? 어떻게 준비할까?

2020년 1분기부터 신종 코로나바이러스 감염증(코로나-19)으로 이벤트 & 행사 분야는 엄청난 위기를 맞았다. 기존의 대면 행사들이 대부분 취소되면서 행사기획 및 진행을 담당하던 업종과 그와 관련한 협력업체들이 폐업하거나 위기에 내몰렸다.

유치원과 초등학교 운동회가 줄줄이 취소되면서 봄·가을이면 학교가 떠나갈 듯 울려 퍼지던 아이들의 함성과 부모님들의 응원과 격려의 박수 소리가 자취를 감췄다.

대형 컨벤션센터와 전시장에서 매년 열리던 전시·박람회 행사가 대부분 취소됐으며 코엑스에서 열렸던 유아교육전에서는 확진자가 발생해 행사가 중간에 취소되는 경우도 발생했다. 그 가운데 '서울푸드 2020' 전시회는 온라인으로 진행됐는데 전년 대비 50% 정도의 업체만 참가했다.

각 지역에서 열리는 축제들은 모두 취소되거나 축소되면서 곧바로 타격을 받았다. 전라남도 신안군의 '2021년 섬 튤립 축제'는 취소됐고, '크로코스미아 꽃 축제'는 코로나19가 확산하면서 축제 도중 취소됐다. 이에 현실적인 대안을 찾기 시작하면서 온라인과 오프라인을 병행하는 시도들이 나타났다. 대표적으로 '보령머드축제'는 2020년과 2021년에 집콕 머드체험키트, 테이스트 오브 보령 및 실시간 방송을 통해 130만 이상의 참여자와 소통하며 비대면 축제의 가능성과 방향을 제시해줬다.

서울연구원의 정책리포트 '포스트 코로나 시대 비대면 공연예술의 전망과 과제'에 따르면 공연예술 분야가 공연장 폐쇄 및 매출액 급감 등으로 심각한 위기에 직면하게 됐다고 한다. 한국문화관광연구원에서 공연예술 분야 피해액(1~6월)을 추정한 결과 약 823억 원으로 추산됐다. 이에 공연예술계는 디지털 기술접목을 바탕으로 공연영상화를 통한 온라인 공연 확산으로 대응하고 있다. 전 세계의 공연단체나 극장들이 온라인 공연서비스 제공에 동참하고 있으며 우리나라도 예술의전당과 세종문화회관이 앞장서서 온라인 공연 상영, 생중계 등이 이어지고 있다.

온라인 행사 1세대를 살펴보면 현장의 참가자들은 최소화하고, 행사 참여자들이 화상회의에 접속해 참여하거나, 실시간으로 자체 온라인 채널과 유튜브로 송출하는 무대중심의 행사가 대부분이었다. 장점은 원하는 장소 어디서나 참석할 수 있고, 참가비용이 무료이거나 비교적 저렴하다. 단점은 직접 만날 수 없고, 체험 분야가 매우 제한적이며 수동적인 참여형태라는 것이다.

그렇다면 앞으로 진행되는 메타버스 행사는 어떤 방향으로 나아가야 할까?
첫 번째, 참가자가 현장에서처럼 얼굴을 마주하는 느낌의 구현이 가능해야 할 것이다.
두 번째, 참가자 스스로 능동적인 참여가 가능하도록 해야 한다.
세 번째, 메타버스와 오프라인의 장점을 살려 모두를 병행해 효과성을 극대화 해야 한다.

1. 메타버스 행사란?

'메타버스 행사'란 참가자들이 자신의 아바타로 가상현실 공간에 접속해 행사에 참여하고, 사람들을 만나며 문화적·사회적·경제적인 다양한 활동을 하는 것이다. 메타버스 행사는 일반적인 화상회의와 실시간 중계를 통한 행사와 어떤 부분이 다른지 살펴보도록 하자.

1) 아바타가 존재해야

현실의 나를 대신해 아바타를 통해 가상공간에서 일상생활과 문화 활동을 할 수 있어야 한다. 코로나19로 인해 만날 수 없었던 사람들과 만나고, 가고 싶어도 갈 수 없었던 축제나 전시회 등 현실 속에서 이루지 못했던 욕구와 소망을 아바타를 통해 이뤄 나간다.

아바타는 '싸이월드'의 2D를 비롯해 채팅이나 온라인 게임, 3차원으로 구현된 아바타, VR(가상현실)과 MR(혼합현실)을 이용한 아바타까지 발달했다. 'SK텔레콤'은 '점프 VR'을 선보였는데 기존에는 HMD(Head Mount Display) 기기를 착용하고 가능했지만, 이제는 스마트폰으로도 가능하게 됐다. 영화 '레디 플레이어 원'에 나오는 것처럼 구현하기에는 아직 어렵지만 점점 그 기술이 발달해가고 있다.

2) 사실성이 있어야

참여자가 메타버스 행사에 참여해서 심리·정서적으로 감정을 느낄 수 있도록 가상공간에 현실성이 있어야 한다. 가상공간에서 참가자들이 활동하면서 서로 만났을 때 음성으로 대화하거나, 얼굴을 마주보며 소통할 수 있어야 하고 소그룹으로 만나서 각자가 이야기를 나눌 수도 있어야 한다.

3) 편의성이 좋아야

축제 현장이나 전시장에 가지 않더라도 자신이 원하는 시간과 장소에서 스마트폰이나 태블릿 PC, VR 등을 이용해 접속할 수 있어야 할 것이다. 현재 다양한 메타버스 플랫폼이 있는데 게임 기반과 소셜커머스 기반 그리고 가상오피스 기반에 따라 각각의 장단점이 혼재하고 있다.

4) 참가자 자신이 주도적이어야

메타버스 플랫폼에서는 자신이 원하는 장소를 선택하고 직접 메타버스 가상공간을 제작하는 제작자가 될 수 있다. 제페토나 게더타운, 로블록스, 마인크래프트 등의 플랫폼에서는 내가 원하는 방법으로 나만의 가상공간을 용도에 맞게 꾸밀 수 있다. 또한 로블록스는 게임 개발자가 로블록스와 아이템 판매수익을 배분해 5,000만 원 이상의 수익을 내는 등 단순한 게임 사용자를 넘어 가상세계의 창조자가 된다.

2. 메타버스 행사기획의 3요소

1) 동시 접속 인원

메타버스 행사에서 '서버 안정성'의 중요함은 두말할 나위가 없을 것이다. 지금까지 온라인 행사를 진행하면서 다양한 방송사고들이 나타났다. 강연자의 인터넷 접속이 끊어지거나 진행자가 멈춰 서서 말소리가 느려지더니 사라지는 예도 있었다. 사용자가 적을 때는 문제가 없었으나 많아질수록 음성기능이 고르지 못하고, 진행자는 동영상이 플레이되는데 사용자 환경에 따라 동영상이 멈추는 등의 문제도 발생한다. 플랫폼 서버의 안정성에 맞게 동시에 몇 명까지 접속하는데 무리가 없는지를 미리 알아야 현실에서 행사장소를 섭외하듯 메타버스 세계에서도 플랫폼을 선택할 수 있다.

2) 플랫폼 선정

플랫폼을 선정할 때 고려사항으로 유료인지 무료인지, 자료공유는 가능한지 등 행사 목적에 맞는 기능의 다양성을 미리 점검하고 확인해야 한다.

	제페토(ZEPETO)	이프랜드(ifland)	게더타운(gather town)
무료 인원제한	16	131(아바타는 참가자 중심 최대 30명만 보임)	25(네트워크 환경에 따라 소리나 영상이 끊길 수 있음)
컨텐츠 공유	제한 (MOU를 맺은 업체만 가능)	제한(PDF, MP4, MOV)	무제한(이미지, 유튜브, https 사이트)
소통	대화, 채팅, 이모티콘	대화, 다양한 이모티콘	대화, 채팅, 화면공유 6개 감정 이모티콘, 춤추기
활용	행사, 공연, 홍보	대형 컨퍼런스, 홍보 전시회 대학입학 / 졸업식 상담, 회의, 신제품 발표회	가상 오피스 전시회, 채용박람회, 축제 다양한 행사
개인 맵 제작	가능	불가능	가능
유료	인원 무제한 컨텐츠 공유	인원 무제한 공간 커스터마이징 의상 브랜딩	인원 500
대표행사	블랙핑크	순천향대학교	대학/기업/기관

[그림1] 메타버스 플랫폼 비교

(1) 제페토(ZEPETO)

'제페토(ZEPETO)'는 네이버 제트(Z)가 2018년 8월에 출시해 전 세계 200여 국가에서 1억 9,000만 명 이상의 가입자 수를 자랑하고 있다. 게임을 기반으로 3D 아바타를 자신이 원하는 방법으로 꾸며서 활동하고 제페토 빌드잇을 통해 자신이 원하는 가상공간을 만들 수 있다. 개인 미술전시장을 꾸며놓고 손님을 초대할 수 있고 '2021 대한민국 우표 전시회 EVENT'도 진행됐다. 공연장을 만들거나 기본으로 제공하는 월드-맵에서 소규모 공연은 물론 대규모 공연까지 가능하다.

[그림2] 제페토 서리(출처 : 구글플레이 앱)

무료로 최대 16명까지 동시입장이 가능하고 대화와 채팅을 할 수 있어서 서로 원활한 소통이 이뤄진다. 유료로 결제를 하는 경우 4,000명 이상의 행사도 가능하다. 자신의 아바타를 꾸미고 참가자들과 음성대화와 채팅뿐만 아니라 200개가 넘는 제스처와 포즈를 통해 소통할 수 있다.

제스처에는 아이돌 댄스부터 80~90대 댄스까지 다양하게 준비돼 있어 댄스파티에 참여해서 누구나 마음껏 즐길 수 있다. 참고로 몸치인 필자에게는 엄청난 희소식이었다.

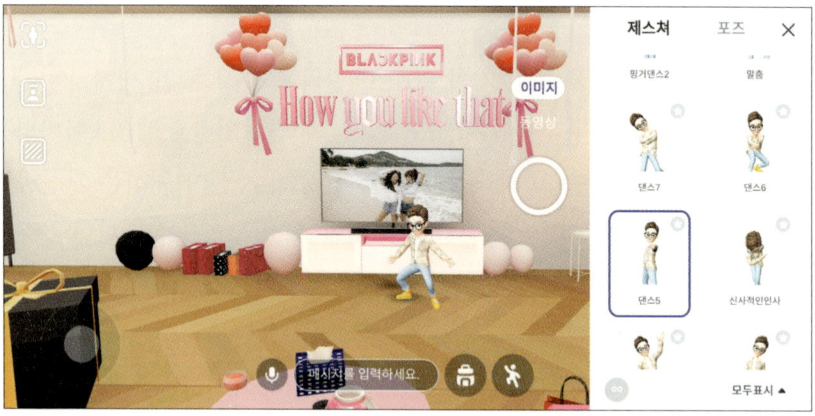

[그림3] 제페토에서 댄스로 소통하기

플랫폼에 접속하는 방법은 스마트폰을 주로 사용하며 국내·외 모두 접속이 가능하다. 단, 안드로이드폰은 안드로이드 OS 6.0 이상의 기종과 iPhone은 iPhone 5S 이후에 출시된 기종에만 지원하고 있다. 오래된 기종을 사용하는 분들이 미리 확인하지 못해서 “저는 앱은 다운 받았는데 접속불가로 나와요” 또는 “저는 설치가 안 되는데요? 어떻게 해요?”라며 불만을 토로하는 경우를 종종 본다.

이럴 경우를 대비해서 미리 안내를 드리지만 제대로 확인하지 않는 경우가 많다. 대안으로 온라인의 경우 화상채팅 플랫폼이나 유튜브 실시간 영상을 통해 함께하는 방법을 대안으로 제시한다.

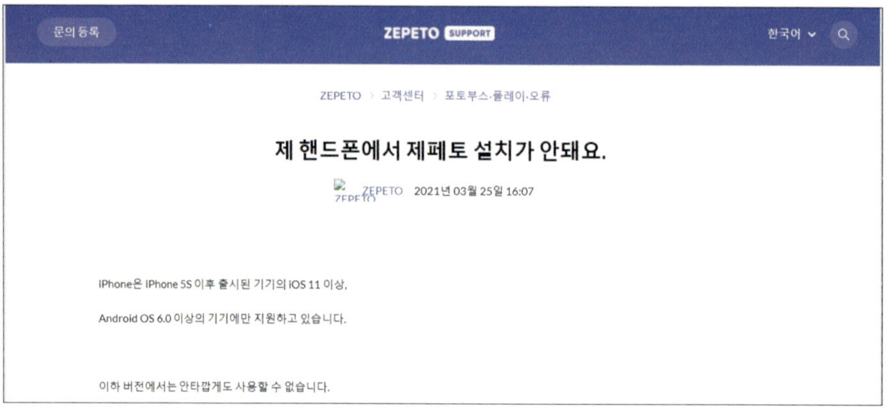

[그림4] 스마트폰에서 제페토 설치 가능한 기기(출처 : 제페토)

또한 감정표현이 서툰 아이들과 청소년들, 어른들에게는 다양한 감정표현 제스처들이 준비돼 있어서 제페토 공간 안에서 마음껏 표현할 수 있다.

[그림5] 제페토에서 제스처로 소통하기(감정표현)

주로 활용되는 분야는 첫 번째 구찌, 나이키, CU 등 유명브랜드와의 협업을 통한 홍보가 목적이다. 구찌는 현실에서 너무 비싼 가격 때문에 구매를 주저하지만, 가상현실 공간의 아바타에게는 원하는 만큼 구매해서 꾸며줄 수 있다. 바로 대리만족을 통해 기쁘고 행복한 감정을 느낄 수 있다.

[그림6] 제페토 한강공원 CU

두 번째는 '블랙핑크' 팬 사인회와 가수들의 공연이다. YG, JYP, 빅히트 등 대형 기획사들과 제페토가 협업하면서 실제로 가수들이 제페토에 접속해 팬들과 만나고 있다.

반면 제페토의 단점은 자료공유가 불가능하다는 것이다. 그리고 무료로 사용가능한 최대 인원이 16명이라 그 이상은 문의를 통해 유료로 결제해야 사용할 수 있다.

제페토 빌드잇을 통해 자신이 원하는 다양한 방법으로 자신만의 공간을 만들 수 있다. 6개의 기본 템플릿이 있어 필요한 경우 수정해서 사용할 수 있다. 다양한 형태의 오브젝트를 이용해서 손쉽게 맵을 만들어 갈 수 있다. 맵 제작 완료 후 제페토 월드의 승인을 거쳐 게시되면 외국의 친구들도 초청해서 언제든지 만나고 서로 소통할 수 있다. 승인기간은 보통 1주일~2주일 정도 소요된다.

[그림7] 제페토 빌드잇

(2) 이프랜드(ifland)

SKT의 '이프랜드(ifland)'는 가상 이벤트와 관심사 기반 소통에 집중해 탄생했다. 스마트폰을 이용해서 접속하며 안드로이드 8.0 이상의 스마트폰에서 이용할 수 있다. iOS 13 이하의 스마트폰에서는 콘퍼런스 홀 테마 기능을 제외한 모든 기능을 사용할 수 있다.

모임(land)의 최대 참여 인원이 131명(방장 포함)이다. 단, 아바타로 보이는 인원수(on stage)는 31명이고, 나머지 인원은 음성 참여자(off stage)로 100명이다. 음성참여자는 모임을 보고, 듣고, 말하기 모두 가능하지만 자신이 아바타로 보이지는 않는다. 말 그대로 음성으로만 참여가 가능하다.

접속지역은 국내에서만 가능한데 한 지인이 행사를 준비하면서 플랫폼을 이프랜드로 정하고 세계 각국의 지인들을 초대하는 과정에서 이 내용을 알게 됐다. 결국 행사 일주일 전에 플랫폼을 다른 곳으로 옮겨야 하는 안타까운 일이 있었으니 여러분들도 꼭 기억하길 바란다.

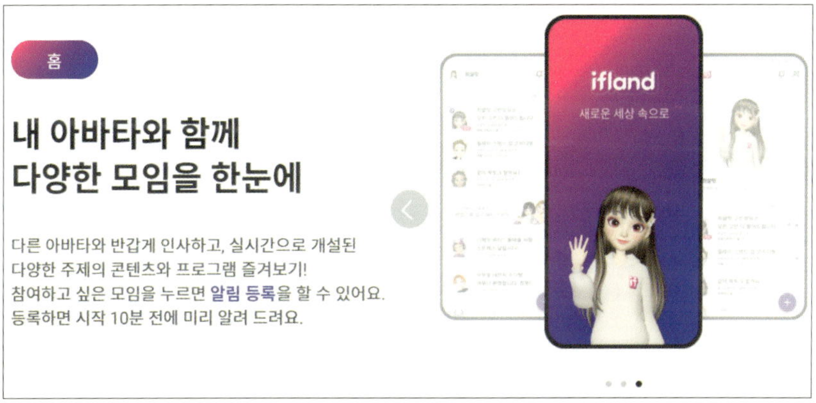

[그림8] 이프랜드(출처 : 이프랜드)

이프랜드 모임(land)은 회원가입을 해야만 이용할 수 있으며 누구나 무료로 자유롭게 만들고 참여할 수 있다. 탈퇴 후 다시 가입하면 모든 정보가 삭제돼 친구 정보도 사라지니 탈퇴 시 주의가 필요하다.

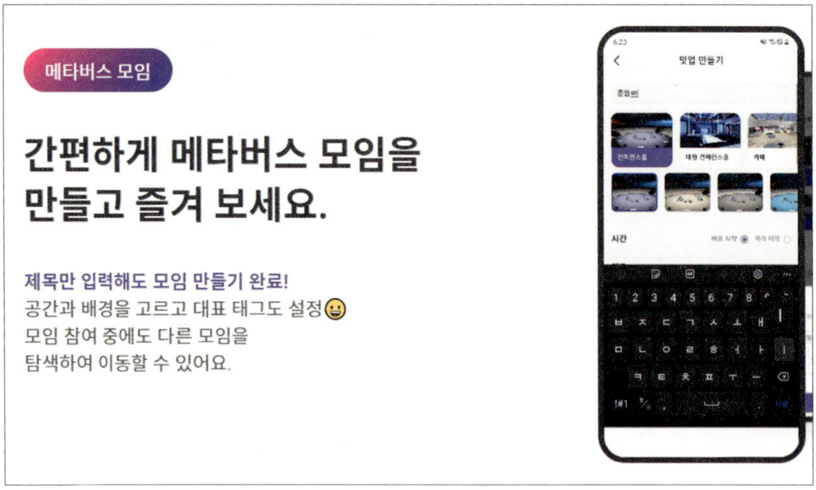

[그림9] 이프랜드 모임 만들기(출처 : 이프랜드)

모임(land)에는 콘퍼런스홀, 별빛 캠핑장, 운동장 등 18개의 다양한 공간이 마련돼 있고, 제목만 입력해도 모임 만들기가 완료된다. 또한 시간예약, 태그 넣기, 공개/비공개 설정이 가능하다. 비공개로 설정한 경우 친구를 초대할 때 꼭 링크주소와 비번을 함께 보내줘야 한다.

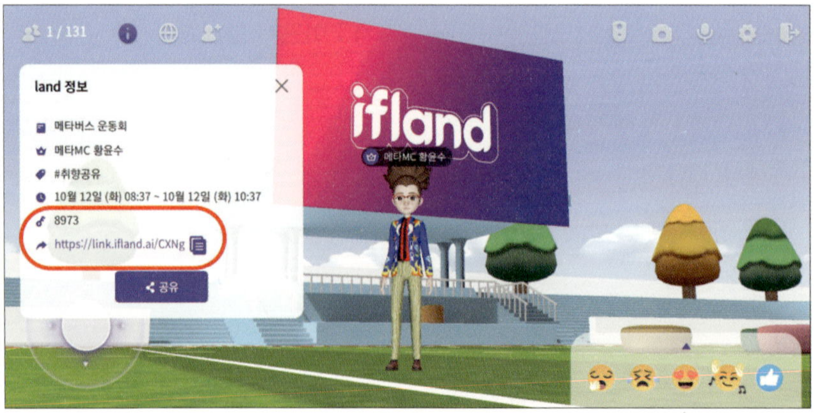

[그림10] 이프랜드 모임 만들기(비공개 설정 시 주의사항)

실시간 음성대화와 다양한 이모티콘으로 의사소통할 수 있으며 특히 PDF 파일과 MP4 동영상을 대형화면에 공유하면서 화상회의, 모임, 토론회 등이 가능하다. 다만 영상은 Full HD 해상도까지, H264 코덱을 사용된 영상이어야 공유할 수 있다. 채팅은 준비 중이라고 한다.

[그림11] PDF 파일과 MP4 동영상을 대형 화면에 공유(출처 : 이프랜드)

발표 자료는 호스트만 공유할 수 있으며 다른 이용자에게 발표자 권한을 넘겨주면 발표자로 지정된 이용자만 발표 자료를 제어할 수 있다. 호스트를 넘겨야 할 때는 오른쪽 위 설정 아이콘(톱니바퀴)을 누른 후 호스트 변경 메뉴에 들어가서 다른 사용자를 선택하고 넘길 수 있다.

호스트는 자료 공유 시 화면 왼쪽 중앙에 컨트롤러가 생기며 재생, 일시정지, 음 소거 기능을 사용할 수 있다. 음 소거 기능사용 시에는 land의 참여자 모두에게 자료영상이 들리지 않는다.

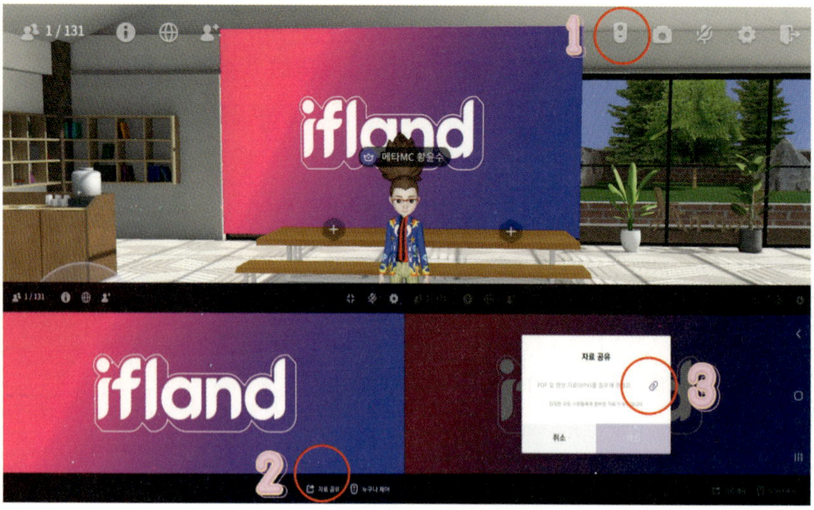

[그림12] 호스트 자료 공유 방법

[그림13] 호스트 자료 공유 시 컨트롤러 사용법

스크린이 작아서 발표 자료가 잘 보이지 않는 경우 오른쪽 위 네모버튼(카메라 좌측)을 클릭 시 스크린 전체화면으로 볼 수 있다. 또는 줌인, 줌아웃(두 손가락으로 화면을 눌러서 넓히거나 좁힘)으로 화면크기를 조절할 수도 있다.

[그림14] 이프랜드에서 행사 시 화면이 작아서 잘 안 보이는 경우 대처 방법

스크린에서 영상 Play 시 소리가 너무 작게 들릴 때는 사용자 마이크가 ON으로 돼 있는 경우로 영상소리가 자동으로 작아지게 된다. 영상을 시청할 때는 Play하기 전에 모든 참석자에게 마이크를 OFF하도록 시킨 후 시청할 수 있도록 안내해 주는 것이 좋다. 설정 메뉴 → 마이크 권한설정에서 호스트만 말하기로 전환하는 것도 한 방법이다.

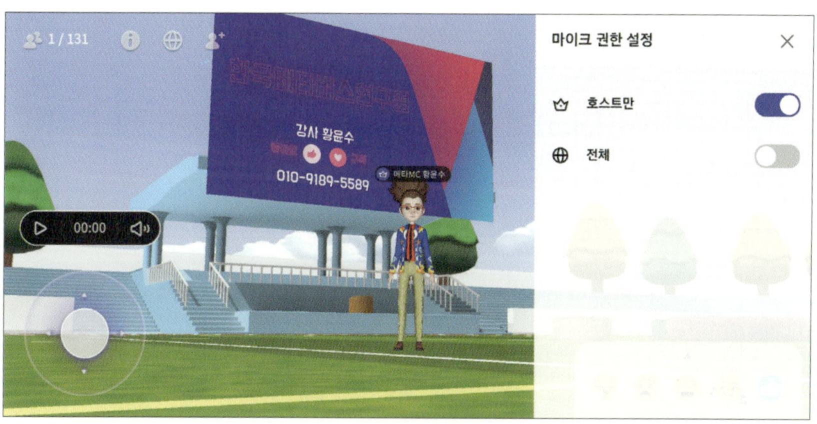

[그림15] 이프랜드에서 행사 시 자료영상의 소리가 작을 때 대처 방법

특정 이용자를 음 소거하거나 내보내기를 하고 싶을 때는 호스트만 가능하며 왼쪽 위의 사람 모양 인원 리스트 > 특정 이용자 > 더 보기(세로 점 세개) > 마이크 회수 또는 내보내기를 터치하면 된다.

[그림16] 특정 이용자 마이크 회수 및 내보내기 방법

이프랜드는 60개 이상의 이모티콘을 통해서도 소통할 수 있다. 손뼉 치기를 시작으로 음표가 함께 있는 이모티콘을 누르면 댄스를 추고, 음악에 맞춰 다양한 댄스동작을 연결해 군무를 맞추면 아이돌 그룹처럼 멋진 댄스가수도 될 수 있다. 실제로 지난 9월 말에 '메타 BTS(Meta Busking Team Spirit)'팀이 '돌섬 달빛축제'에서 100여 명이 참석한 가운데 무대에서 멋진 공연을 펼쳐서 좋은 반응을 끌어냈다.

[그림17] 이프랜드에서 댄스로 소통하기

울고 있는 이모티콘을 누르면 울음을 터뜨리는데 이러한 감정표현 이모티콘을 활용해 짧은 연극을 만들어 공연하는 동아리도 있다. 현실 남매와 같은 이야기를 구성해 관객들 앞에서 잔잔한 웃음을 선사하기도 하고, 현실적인 주제인 탈모를 주제로 관객들의 공감을 끌어낸 사례도 있다.

[그림18] 이프랜드 감정표현(출처 : 이프랜드)

행사 중 영상을 촬영하고 싶을 때는 스마트폰 화면녹화 기능을 활용할 수 있다. 삼성 스마트폰의 경우 화면녹화 → ☑ 미디어소리 및 마이크로 설정하면 된다.

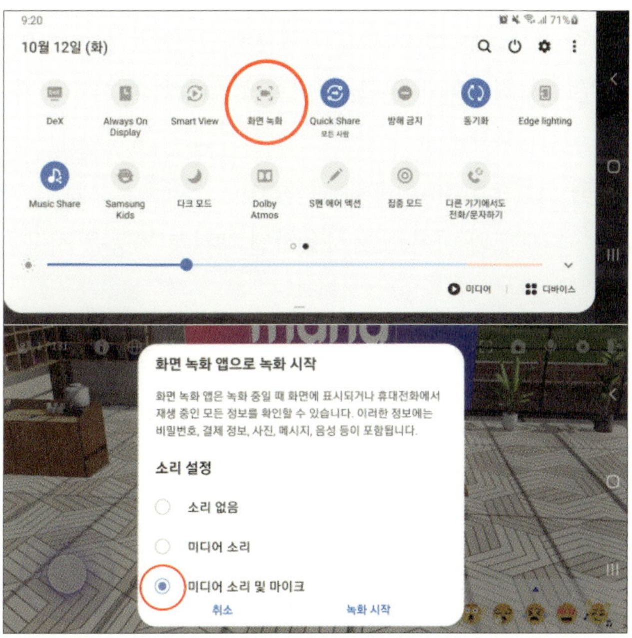

[그림19] 이프랜드에서 화면 녹화 방법

행사 중이나 행사 후에 단체사진을 촬영하고 싶을 때는 화면 오른쪽 위 카메라 버튼으로 사진 촬영이 가능하며, 참석자들이 한곳에 모여 재미있는 포즈를 동시에 취하면서 촬영하면 더욱 좋다.

[그림20] 이프랜드에서 사진 촬영하기(재미있는 포즈 선택)

(3) 게더타운(Gather town)

'게더타운(Gather town)'은 미국의 스타트 기업인 게더가 개발했고, 웹 기반의 온라인 화상대화 프로그램이라 프로그램 설치 없이 바로 참여할 수 있다는 것이 가장 큰 장점이다. 가상 오피스와 교육 분야에 최적화돼 있고, 전시회 및 다양한 행사진행이 가능하다.

접속은 PC를 이용해 크롬(chrome)으로 접속하며, 스마트폰으로도 가능하지만 사용에 제한이 있다. 블루투스 키보드와 마우스를 사용하면 대부분 기능을 사용할 수 있다.

[그림21] 게더타운 맵 제작(출처 : 최재현&최효심 교수 맵)

무료로는 25명까지 사용할 수 있으며 그 이상의 인원이 동시에 접속할 경우 유료결제를 해야 한다. 교육기관 및 비영리 단체의 경우 30% 할인된 가격으로 문의를 통해 사용할 수 있다.

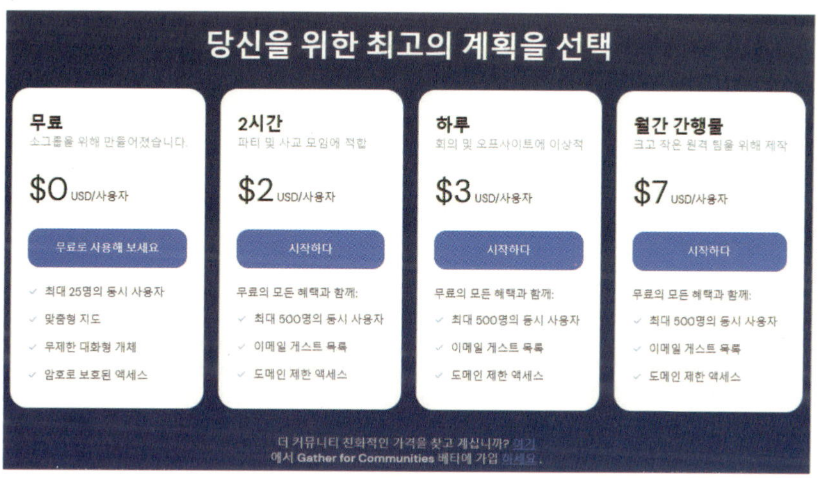

[그림22] 게더타운 유료 가격표(출처 : 게더타운 홈페이지)

행사준비를 하면서 예약된 인원보다 참가자가 많아질 경우 대시보드에서 늘릴 수 있다. 순서는 사용할 스페이스에서-홈 선택-업그레이드 스페이스 선택-사용시간에 따라 선택-결제 창 안내에 따라 입력하면 된다. 만약 늘이지 않으면 오디오 또는 비디오 성능문제가 발생할 수 있다. 유료 사용이 끝나면 내 공간은 15분 후 무료서버로 다시 이동하게 된다. 그리고 사용공간은 수동으로 삭제하기 전까지 계속 존재하며 사용할 수 있다.

동시 접속 자가 500명 이상일 때 spaces를 연결하기만 하면 사용이 가능하다. 예를 들어 1만 명이 사용할 경우 20개의 spaces를 만들어서 연결하면 된다. 자세한 사항은 게더타운 홈페이지에 문의를 통해 가능하다.

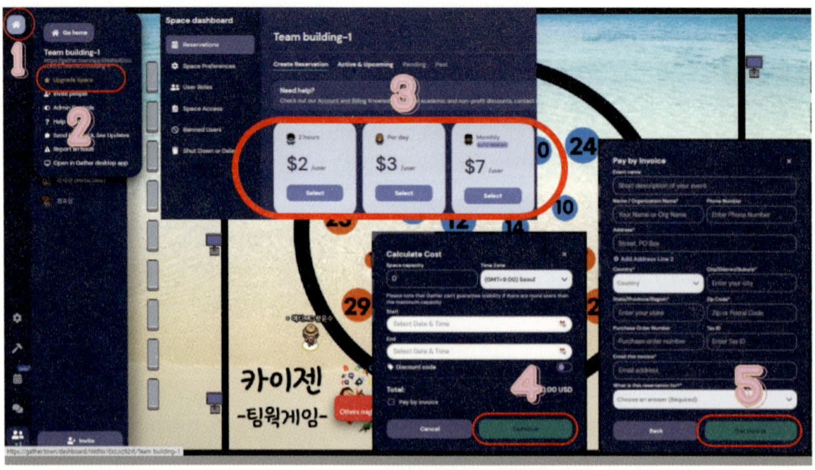

[그림23] 게더타운 유료 결제 방법

자료공유는 한글, PPT, PDF, MP4 등 대부분 파일이 가능하다. 발표 자료와 동영상에 음성이 첨부돼 있다면 공유 창 왼쪽 아래에 '☑ 시스템 오디오 공유'를 선택해 줘야 한다.

자신만의 아바타를 갖고 이동하면서 사람을 만나면 1:1 화상대화 창이 열리면서 대화할 수 있으며 아바타가 일정 수준 떨어지면 서로의 목소리가 들리지 않는다. '프라이빗' 기능을 이용해서 소그룹 대화가 가능하고, '스포트라이트' 기능을 통해 참가자 모두에게 목소리를 전달 할 수 있다. 채팅은 가까이에 있는 사람과 모두에게 전달할 수 있다.

게더타운이 매력적인 이유는 자신이 원하는 대로 맵을 구성할 수 있다는 것이다. 게더타운에서 제공하는 기본 맵을 사용할 수 있고 수정도 가능해 매우 편리하다. 맵 메이커를 이용해 방 탈출, 미로게임, 오징어게임 등 참석자들에게 참여형 프로그램을 제공할 수 있다.

(4) 브이스토리(V-STORY)

'브이스토리(V-STORY)'는 교육 및 업무, 가상 이벤트를 위한 플랫폼으로 3D 공간으로 구성돼있다. PC로 접속하고 브이스토리 프로그램을 다운로드(윈도우/맥)받아 3D 아바타를 꾸미고 입장한다.

[그림24] 브이스토리 메인화면(출처 : V-STORY 홈페이지)

전시, 콘퍼런스, 채용박람회, 각종 모임을 할 수 있고 회원가입이 간단하고 SSO(구글, 카카오) 기능이 있다. 프레젠테이션 보드활용 시 자료를 삭제하면 모든 히스토리에서 삭제된다.

[그림25] 브이스토리 장점(출처 : V-STORY 홈페이지)

왼쪽 위 메뉴에서 원하는 공간을 선택하면 그 장소로 순간이동 한다. 키보드(ASDW)로도 이동이 가능하며 마우스를 클릭 시 지정된 장소로 달리기를 할 수 있다. 유용한 기능으로 라인 안에 있는 사람들끼리 비밀대화가 가능한 '블루라인' 기능과 회의실 문 잠금, 웹보드가 있다.

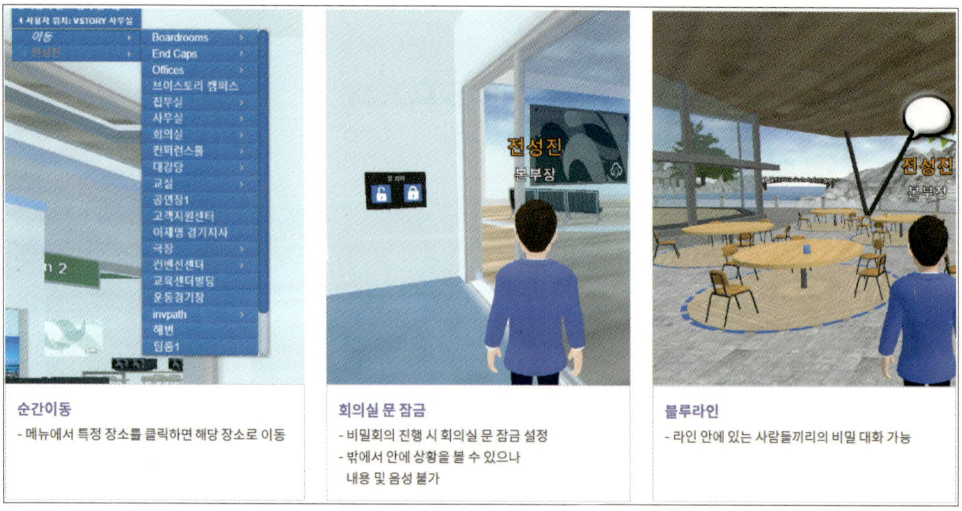

[그림26] 브이스토리 주요기능(출처 : V-STORY 홈페이지)

동시 접속자 최대 2,500명이 가능하며, 사용자에 따라 금액이 달라지고 내부를 꾸미는 오브젝트와 지원내용을 확인할 수 있다. 음성과 채팅, 이모티콘으로 상호작용이 가능하며 개인 맵 제작은 불가능하다.

컨퍼런스홀 (Conference Hall)

사회적 거리 두기에 대한 격차를 해소하는 가상 협업

발표, 학습 그리고 네트워크 기회와 같은 물리적 행사를 포함한 온라인 행사의 경험을 해보세요. 주요 제공물들, 패널 논제들, 작은 발생 분류들, Q&A 그리고 네트워킹으로 더 많은 참가자들을 격려 시킵니다.

- 항상 열린 캠퍼스를 특색으로 합니다.
- 3개의 웹 스크린과 설정(변경) 가능한 좌석들
- 홍보 가능한 전광판
- 관리자 게시판

관리자	가격	동시 사용자	내용 및 지원
10명 미만	150,000 원	10명	테이블 선택 / 3개의 웹 보드 및 이미지보드 / 컨퍼런스 홀 제어 / 사용자 원하는 시간에 사용 / 색상조절
20명 미만	300,000 원	20명	
30명 미만	450,000 원	30명	
50명 미만	600,000 원	50명	
80명 미만	1,200,000 원	80명	
100명 미만	1,500,000 원	100명	
200명 미만	3,000,000 원	200명	

[그림27] 브이스토리 유료결제 자료(출처 : V-STORY 홈페이지)

발표 자료는 무대에 올라가면 오른쪽 아래에 프레젠테이션 도구 창을 선택하면 한글, 이미지 파일, PPT 등을 공유할 수 있다.

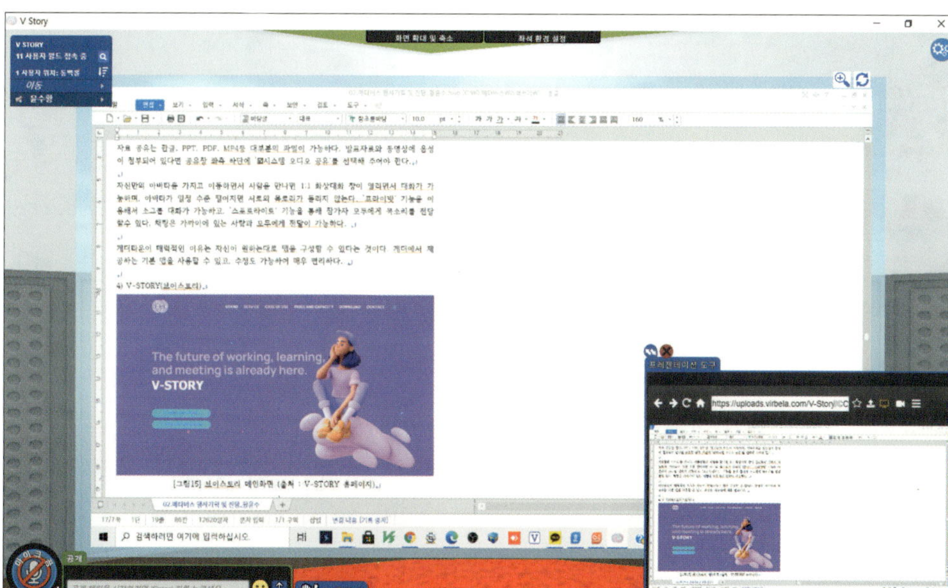

[그림28] 브이스토리 자료 공유화면

3) 소요 예산

(1) 견적 산출 방법

메타버스 행사에서는 오프라인 행사처럼 명확하게 정해진 가격이 없다. 그 이유는 콘텐츠 제작비용을 산정하면서 전시회나 축제의 경우 다양한 기능들의 추가여부와 동시 접속자 수 및 참여인원 증가 등 변화요인이 많을수록 견적이 상승하기 때문이다.

그래서 초기 상담 시 명확한 기획의도와 행사구성에 필요한 기능 및 정확한 범위를 정해야 하며 수시로 담당자와 의견을 주고받는 것이 필요하다. 제작 완료 전 중간에 계획이 바뀔 때 시간적 여유가 있으면 그래도 다행이지만 시간이 없을 경우는 서로의 입장이 난처해지며 그 비용이 증가할 수밖에 없기 때문이다.

견적을 산출하는 데 가장 중요한 부분은 동시 접속자가 몇 명인가에 따라 좌우된다. 그다음 행사목적에 맞게 플랫폼을 선정하고, 플랫폼 이용료, 의상 브랜딩, 공간 커스터마이징에 대한 비용을 상담을 통해 결정한다.

입학식과 졸업식 등 해마다 진행되는 행사의 경우 과잠(학과 점퍼), 학교 로고 및 마크 등 다양한 오브젝트를 제작해 필요한 행사에 재사용할 수 있다는 장점이 있다.

(2) 공연자 섭외

공연자 섭외는 메타버스에서 공연을 해본 경험이 있는 공연자를 섭외하는 것이 필수이다. 오프라인에서와 메타버스와의 차이점은 관객이 눈앞에 존재하지 않기 때문에 즉각적인 상호작용을 보여주지 못한다. 그래서 익숙하지 않은 공연자의 경우 자신의 실력을 100% 보여주지 못하는 경우가 있다. 그래서 공연자 섭외 대행사를 선택할 때는 실제로 메타버스 행사기획과 진행 경험이 많은 업체를 선택하는 것이 좋다.

이프랜드나 게더타운에서 진행하는 경우 공연자에게는 동영상을 함께 제작해서 보내줄 것을 섭외 시부터 미리 설명해야 한다. 서버가 불안정할 경우는 공연자가 렉이 걸려서 튕겨나가거나 공연자의 개인 인터넷 환경이 갑자기 끊기는 등의 상황이 발생할 수 있기 때문이다. 그때는 참가자들에게 양해를 구하고 다음 순서를 먼저 진행하거나 동영상으로 대체하는 방법으로 진행할 수 있다.

(3) 보조 요원(staff) 섭외

행사 보조 요원은 오프라인 행사를 경험해보고 메타버스 행사의 시스템을 이해하는 사람이 필요하다. 예를 들면 게더타운 행사의 경우 게더타운에 대한 기본적인 지식과 행사진행에 관한 기술이 동시에 있어야 한다. 메타버스 행사의 특성상 뜻하지 않은 상황과 질문들이 등장하기 때문에 해결하지 못하는 경우 참가자들의 불만이 상당하다.

행사 후기를 살펴보면 스팟마다 진행하는 보조 요원들의 친절한 안내나 대처에 따라 그 행사 전체의 평가가 달라지기도 한다.

3. 행사 사례를 통한 기획법

1) 제페토

(1) 행사목적

미래세대(MZ)의 눈높이에 맞춰 기후변화 주간의 주제와 탄소중립 사회로 전환하기 위한 기후 행동 홍보

(2) 플랫폼

네이버 제페토

[그림29] 메타버스 캠페인 '바로 지금, 나부터! 2050 탄소 중립'(출처 : 환경부 홈페이지)

(3) 운영계획

① 제페토 : 탄소 중립 품목 5종 아이템 무료 증정
② 기후 행동 인증 참여 행사
③ 기후 행동 홍보영상 제작 : 제페토에서 환경부 장관, 가수 폴 킴, 미래세대 인물들을 아바타로 구현

(4) 홍 보

환경부 홈페이지, 유튜브에 영상 공개, 각종 매스컴에 노출

(5) 효과성

이 행사는 '기후변화 대응 행동'에 대한 사람들의 관심이 부족한 것이 현실인데 그중에서도 MZ 세대와 눈높이를 맞추기 위해 메타버스 공간을 선택했다. 친숙한 가수 폴 킴을 기후 대사로 임명하고, 탄소중립 품목 5종 아이템을 무료로 배포해 아바타를 꾸며서 인증행사를 함으로써 국내뿐만 아니라 제페토 내에 있는 많은 전 세계의 사용자들이 함께 참여했다.

[그림30] 메타버스 캠페인 기후 행동 인증 참여 행사(출처 : 환경부 홈페이지)

2) ifland(이프랜드)

(1) 행사목적

대학 교육환경과 문화가 급격히 변화하는 상황에서 학생들이 메타버스 대학 캠퍼스에서 만나 소통하고 함께 즐기는 색다른 기회를 마련하기 위함.

(2) 동시 접속자 수

2,500여 명

(3) 플랫폼

이프랜드

[그림31] 순천향대학교 버추얼 입학식 행사(출처 : 순천향대학교)

(4) 운영계획

① 메타버스 입학식에 참석하도록 VR 헤드셋, 신입생 길라잡이 리플렛 등 '웰컴박스'를 사전 지급해 입학식 분위기를 조성한다.

② land에 57개 학과를 기준으로 150여 개의 월드를 개설한다.

③ 이프랜드에 접속해 과잠(학과 점퍼)을 아바타에 착용할 수 있게 한 후 과별로 개설된 방에 입장한다. 모든 land는 메타버스 대운동장 환경이 적용돼 어느 land든 동일한 입학식을 경험할 수 있다.

④ 총장님의 인사 말씀과 신입생 대표의 입학선서를 하고 아바타를 이용해서 교수, 동기, 선배들과 이야기를 나눈다. 모두 함께 달리기하고 이모지를 이용해 춤도 추며 메타버스 입학식의 자유로움을 만끽한다.

⑤ 입학식을 마치고 자유롭게 사진을 찍고, 친구들과 단체 사진과 영상촬영을 한다. land 개설은 일회성으로 끝나지 않고, 교수의 강의나 학생들의 프레젠테이션에 활용하며 같은 과 학생들의 친목 도모와 동아리 활동 등으로 활용한다.

(5) 홍 보

학교 홈페이지, 유튜브, SNS, 각종 매스컴에 노출했다.

(6) 효과성

순천향대학교의 '국내 최초의 메타버스 입학식'이 언택트 시대에 모범사례가 됐다. MZ세대로 대표되는 대학생들의 메타버스 경험을 넓히고, 순천향대학교의 브랜드 이미지를 높였다.

(6) ifland 문제점

① 이프랜드의 속도가 느려진 것 같은 때에는 업데이트 후 처음 사용하는 경우 느려질 수 있다. 앱을 다시 시작하거나 이후에도 같은 문제가 계속 반복되면 고객센터로 문의(SKT 고객 > 114 / 타 통신사 > 080-011-6000)하면 된다.

(7) land 활성화를 위한 진행 가이드

- 되도록 마이크는 음 소거로 해주세요.
- 진행 중에 발언기회가 있으면 마이크를 켜고 말씀해주세요.
- 박 수/ 좋아요/ 하트 등 다양한 표현을 많이 해주세요.
- 오른쪽 위 네모 버튼으로 화면을 크게 볼 수 있어요.
- 카메라 버튼을 누르면 기념 샷 촬영이 가능합니다.

- 왼쪽 위 참석자 리스트 열어서 함께 참석하신 분들 팔로우도 많이 해주세요.
- 화면 왼쪽 위 느낌표 또는 사람+ 버튼으로 지인에게 공유 많이 해주세요.
- 31번째 이후 입장한 사용자는 의자에 앉을 수 없거나, 손을 들어도 발언기회가 없다는 질문을 할 수도 있어요. Off Stage(음성참여)에 대해 간략히 설명해주세요.

3) 게더타운(Gather town)

(1) 행사목적

메타버스 숲속에서 기후 위기 시대 숲의 가치를 새롭게 배우며 환경보호에 동참하도록 한다.

(2) 동시 접속자 수

400여 명

(3) 플랫폼

게더타운

[그림32] 유한킴벌리 그린캠프 행사(출처 : 유튜브)

(4) 운영계획

- 그린캠프 참가자를 온라인으로 모집한다.
- 참가 시 혜택 제공 : 유한킴벌리 숲 인플루언서, 숲 환경강의, 환경 리더와의 만남, 그린 캠퍼 키트를 증정한다.
- 참가자들이 온라인 캠핑을 즐길 수 있도록 3일간 캠핑장을 개방한다.
- 주요 프로그램(그린타운을 구해줘, 내 나무를 찾아라, OX 퀴즈, 그린 벨을 울려라, 틀린 그림 숲 찾기, 숲 깅)에 참여할 수 있다.
- 숲 인플루언서 활동(숲 퍼히어로)을 통해 프로그램 이수자에게 유한킴벌리 수료증, 우수 참여자에게는 그린캠프 굿즈를 선물로 준다.

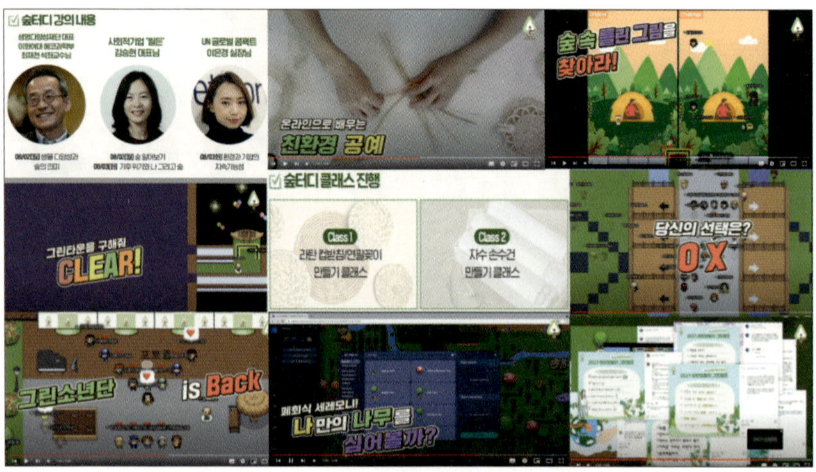

[그림33] 유한킴벌리 그린캠프 주요 프로그램(출처 : 유튜브)

(5) 홍 보

회사 홈페이지, 유튜브, SNS, 각종 매스컴에 노출했다.

(6) 효과성

참가자들의 가장 큰 공통점은 "꼭 또 참여하고 싶다", "친구들, 지인들과 함께 하니 더 좋았다", "숲과 환경뿐만 아니라 유한킴벌리에 관심을 두게 됐다" 등이다. 긍정적인 피드백의 요인들을 살펴보면 숲과 환경에 대한 유익한 강의와 참여형태의 프로그램들, 온라인과 오프라인의 장점을 살린 연동프로그램이 작용했다. 그리고 행사를 마친 후에도 숲 인플루언서 활동을 전개하며 생활 속에서 실천할 수 있도록 연계해 행사목적이 참가자들에게 잘 전달됐기 때문일 것이다.

또한 유한킴벌리의 적절한 홍보전략(브랜드 요소를 곳곳에 삽입하고, 폐회식 세레모니로 '나만의 나무 심기'를 통해 회사의 철학을 몸소 체험)이 적절하게 적용되면서 성공적인 행사로 마무리됐다.

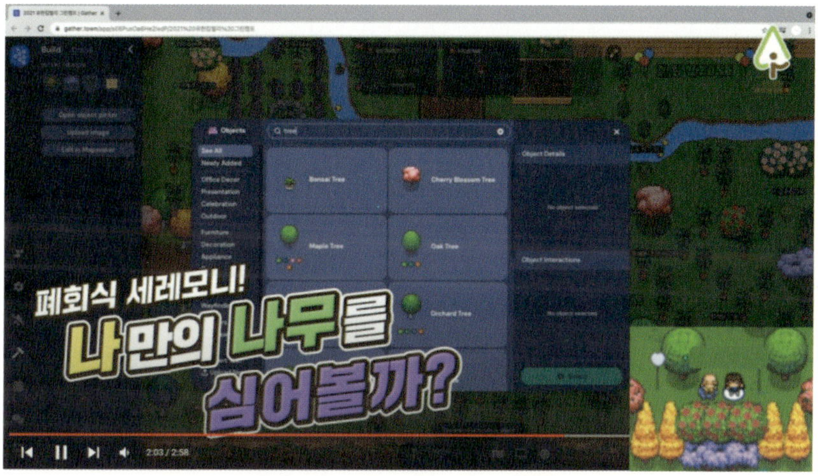

[그림34] 유한킴벌리 그린캠프 행사(출처 : 유튜브)

4. 메타버스 행사 진행의 실제

1) 게더타운

(1) 행사개요

① 행사 성격

행사는 팀 빌딩으로 진행한다. 행사목적은 코로나19로 만나지 못하는 사원들과의 화상만남, 사원들의 소통능력, 문제해결 능력을 향상시키고 조직의 효율을 높이는데 있다.

② 행사기획

- 장소 : 게더타운
- 인원 : 100명
- 접속공간 : 개인
- 맵제작 : 기존 맵 사용

③ 홍보 : 사내홍보를 활용했다.

④ 진행 : 메타버스행사연구소 강사 황윤수 진행

[그림35] 메타버스 행사개요

(2) 플랫폼 선정 이유

① 접근성이 좋다

② 재미+화상대화+채팅이 가능하며 이모티콘+자료공유를 할 수 있다.

③ 여러 가지 독립 공간(이벤트홀, 팀 빌딩 등) 활용이 가능하다.

④ 동시 접속자수 : 100명(인원 추가 및 수정 가능)

[그림36] 메타버스 플랫폼 선정 이유

(3) 소요 예산

① 기획 및 진행비 : 200만원

② 플랫폼 이용료 : 36만원

③ 영상촬영 및 편집(선택) : 100만원

④ 총 합계 : 236만원

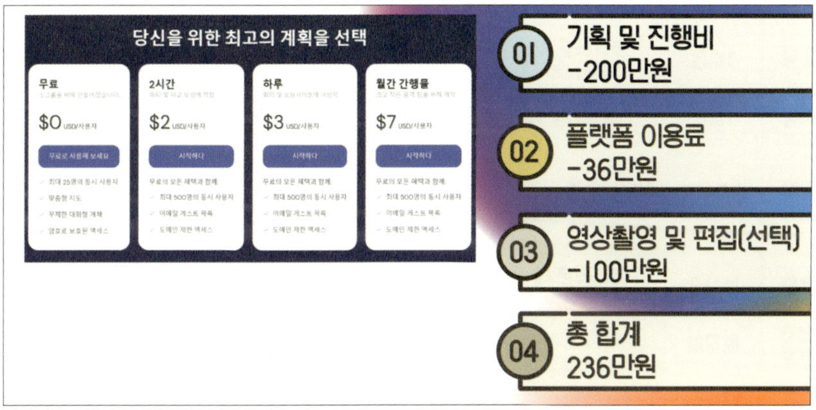

[그림37] 메타버스 행사 소요 예산

(4) 행사 진행계획

① 2주전(회사 담당자) : 카카오톡 단체방에 참가자 초대, 팀 구분 이름표를 안내한다.

② 1주전(행사 진행팀) : 카카오톡 단체방에 게더타운 사용설명서, 행사 순서지를 공유한다.

③ 1일전(행사 진행팀) : 카카오톡 단체방에 게더타운 주소를 발송한다. 게더타운에서 로비만 오픈 후 타 지역은 임파서블로 막아놓는다.

④ 시작 30분전(회사담당자/행사 진탱팀) : 카카오톡 단체방에서 게더타운으로 입장 못하는 인원을 지원한다. 게더타운에서는 입장 및 전체참가자 인원을 확인한다. 로비에서는 게더타운 사용법(마이크, 화면끄기/Follow/방향키/리스폰 등)을 설명한다. 임파서블로 막아놓은 장소를 열고 행사장으로 입장 시킨다. 게더타운 렉 발생 시 줌에 대체 장소를 개설해 진행한다.

⑤ 행사 중(행사 진행팀) : 카카오톡 단체방과 게더타운에서 행사지원(각종 문제해결)한다. 게더타운에서 강의 및 팀 빌딩을 진행한다(각 장소별 진행). 줌과 화면녹화 프로그램으로 녹화를 시작한다.

⑥ 마무리(회사담당자/행사 진행팀) : 게더타운에서 시상식 및 단체사진을 촬영한다.

담 당	시간	카카오톡 단체방	게더타운	줌
회사담당자	2주전	참가자 초대 팀 구분 이름표 안내		
행사진행팀	1주전	게더타운 사용설명서, 행사 순서지 공유		
행사진행팀	1일전	게더타운 주소 발송	로비만 오픈 후 타지역 임파서블로 막아놓기	
회사담당자 행사진행팀	행사시작 30분전	게더타운에 입장못하는 인원 지원	게더타운 입장 및 전체참가자 인원확인 게더타운 사용법 설명 (마이크,화면끄기/ Follow 방향키/ 리스폰)	게더타운 렉 발생시 대체장소 개설
행사진행팀	행사중	게더타운 내 행사지원 -각종 문제 해결	강의 및 팀빌딩 진행 -각 장소별 진행	녹화시작
회사담당자 행사진행팀	마무리		시상식 및 단체사진 촬영	

[그림38] 메타버스 행사 진행계획

(5) 팀 빌딩 진행순서

① 강의(1H) : 미션& 팀 빌딩이란? 메타버스는? 게더타운 기본 익히기 강의

② 팀 미션(2H) : 아이스 브레이킹, 팀 빌딩 진행

③ 피드백(1H) : 소통과 협업, 토론 및 소감발표, 마무리

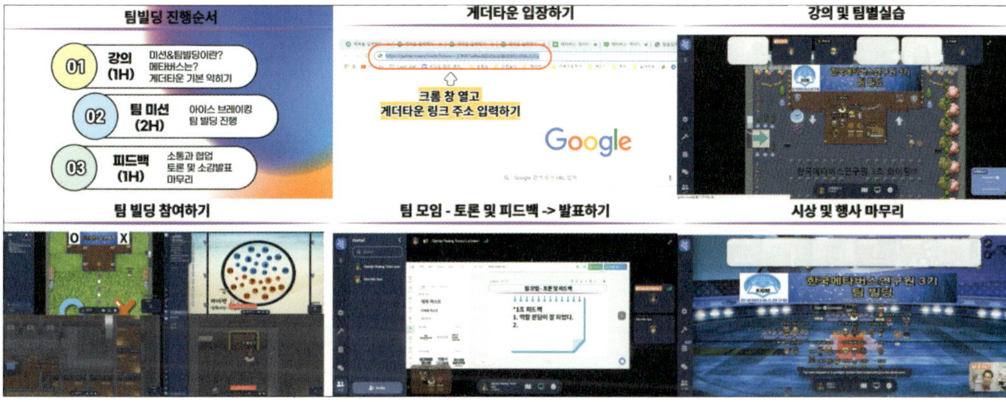

[그림39] 메타버스 팀 빌딩 진행 순서

(6) 게더타운(Gather town) 행사 시 참고할 부분

① 접속자가 한 장소에 갑자기 몰리면 서버가 멈출 수 있다.

② 행사 중간에 갑자기 튕겨 나갈 수 있다.

③ 기본조작이 서툰 참가자들의 질문이 쏟아진다.

④ 맵 제작 시 오브젝트(Object)가 많을 때 서버의 속도가 느려질 수 있다.

⑤ 발표 후 마이크 음 소거를 꼭 해달라고 안내한다.

⑥ 영상공유는 발표자 한 사람씩 돌아가며 공유하도록 한다. 한꺼번에 공유하는 경우 에러 메시지가 뜨면서(Sharing A/V with too many people) 화면이 멈출 수 있다.

⑦ 빌드잇 모드(글로벌 빌드 끄기)를 제한해야 한다. 설정-글로벌 빌드를 켜놓으면 참가자가 행사 중간에 오브젝트를 심고 게임을 하는 경우도 발생한다.

⑧ 행사 전에 꼭 '게더타운 주요 사용 설명서'에 대한 안내문을 배포해서 참가자들이 숙지해야 한다.

- 게더타운에 입장하실 때 오디오를 꺼주세요.
- 아바타를 움직이고 싶을 땐 : 키보드 ASDW, 방향키

- 아바타를 춤추고 싶을 땐 : Z를 계속 누르기
- 물체와 상호작용을 하고 싶을 땐 : X
- 사람들이 너무 많아서 지나가고 싶을 땐 : G
- 가고 싶은 곳을 더블 클릭하면 이동

⑨ 행사 중간마다 참가자의 동기부여를 위한 깜짝 이벤트 선물들을 배치한다.

- 미로 탈출 방에 보물 상자 찾고 인증사진 찍어서 단톡방에 올리기
- 임무 수행 후 기다리는 참가자를 위한 보물찾기 코너 마련

⑩ 대기 중인 참가자들을 위한 휴게 공간 마련하기(게임 존 및 영화 감상 등)

Epilogue

필자는 본문을 통해 메타버스 행사기획 및 진행에 관해 설명했다. 행사를 기획하는 담당자들이 초기 기안을 작성할 때 가장 고민하는 부분은 '도대체 어느 플랫폼을 선택해야 할까?' 하는 것이다. 플랫폼별 비교표와 설명을 잘 확인하면 그 고민은 어느 정도 해결될 것으로 생각한다. 또한 메타버스 행사를 진행하면서 경험한 다양한 팁들을 곳곳에 설명해 두었으니 도움이 되길 바란다.

최근 세계적인 문화의 흐름에서 국내의 가수(BTS, 블랙핑크 등), 영화, 넷플릭스 드라마와 같은 한류의 영향으로 국내에서 진행하는 행사에도 외국인들의 관심이 커지고 있다. 그렇다면 그 관심을 어떻게 자연스럽게 유입시킬 것인가는 바로 메타버스 행사를 통해 가능할 것이다. 메타버스 행사는 국내외, 섬 지역 어느 곳이든 온라인으로 접속할 수 있다면 누구나 참여할 수 있기 때문이다.

메타버스 행사는 온라인에서 진행되지만 그와 함께 중요한 부분이 있다. 온라인과 오프라인의 장점을 최대한 반영해 병행하는 행사를 진행하는 경우(보령 머드 축제, 유한킴벌리 그린캠프 참조) 오프라인에 참여하지 못하는 사람들(외국인, 국외 거주자 등) 각자가 자신이 원하는 편안한 공간에서 함께 참여할 수 있기에 그 효과성은 배가 될 것이다.

메타버스 행사는 일회성의 행사로 마치는 것이 아니라 지속적인 행사를 기획하고, 메타버스에서의 경험을 현실 속의 삶에서 적용할 수 있도록 연계(그린캠프, 돝섬 국화축제 등)한다면 참여자들의 재참여 의사는 더욱더 높아질 것이다.

최근 웃지 못 할 이야기 하나는 메타버스 행사를 온라인을 통해 홍보했더니 오프라인(실제 축제가 열리는 장소)에 사람들이 와서 "도대체 공연 시작은 언제 하냐?"며 문의를 하는 경우가 종종 있었다고 한다. 메타버스와 현실세계가 공존하는 현재를 살아가는 우리들의 삶의 이야기들이 훗날 즐거운 추억으로 자리할 것이다.

Chapter 6

메타버스 생산자와 소비자 그리고 새로운 직업

오용환

Chapter 06.
메타버스 생산자와 소비자 그리고 새로운 직업

Prologue

4차 산업혁명 시대에 상징인 '메타버스'를 먼저 타게 된 것은 행운이다. 메타버스를 공부하면서 가장 먼저 생각했던 것은 지역 인재양성과 초연결 신산업에 관련된 아이디어를 찾아 어려움을 겪고 있는 소상공인과 쇠락해가는 지역경제 활성화에 대한 대안을 찾고 싶었다. 메타버스의 다양한 활용사례를 살펴보고 '돝섬 메타버스 달빛축제' 개최를 통해 생산자와 소비자 어떤 위치에서 어떻게 살아갈 것인지 또 새로운 직업은 무엇이 있는지 살펴봤다.

1. 메타버스 함께 타고 가요!

1) 성큼 다가온 메타버스

아바타가 살아가는 디지털 화된 지구, 즉 초연결 세계를 우리는'메타버스'라 한다. 필자는 지난 2월 초 비대면 온라인 교육을 통해 메타버스에 탑승했다. '관광버스는 코로나 때문에 못 타고, 대선 버스는 능력이 안 돼 못 타지만 메타버스는 누구나 타고 갈 수 있는 버스(Meta +Universe=Metaverse)다'라는 유머가 기억에 남는다. 그만큼 멀리 있어 보이던 메타버스는 우리 곁으로 성큼 다가왔고 우리가 이제는 타지 않으면 안 될 시대 흐름의 상황에 직면하고 있다.

2) 컴퓨터 시대에서 메타버스 시대로

우리는 2000년대 1세대라 일컫는 컴퓨터 시대를 경험했고, 2010년부터 2세대라 불리는 스마트폰 시대를 살아왔다. 이제 2020년대 메타버스의 상징인 '제페토(zepeto)'가 상품화된 것을 계기로 그 변화와 성장속도는 더 빨라지고 있음을 실감하고 있다.

2020년 4월 오픈한 네이버 제페토는 지난해 말 기준 전 세계 유저 2억 명, 누적 크리에이터 가입자 수 약 70만 명, 누적 아이템 제출 개수 200만 개, 크리에이터 판매 개수도 약 2,500만 개로 향후 더 증가할 것으로 기대하고 있다.

정부는 2021년 7월 14일, 홍남기 기획재정부장관을 통해 코로나19 충격을 딛고 선도국가 도약을 위해 메타버스에서 '한국판 뉴딜 2.0'을 발표했다. 2022년 예산안으로 33조 7,000억 원을 편성했고, 예산 규모도 2025년까지 향후 160조 원을 확실히 이행하고 향후 5년간 220조까지 누적 예산을 늘리는 슈퍼울트라 정책으로 편성하겠다고 밝혔다. 정부가 발표한 뉴딜 2.0을 눈여겨보면 우리가 생각하는 디지털뉴 딜(메타버스)에 국한하지 않고 그린뉴딜, 휴먼뉴딜, 지역균형뉴딜도 포함돼 있음을 간과해서는 안 된다.

3) 초연결 신산업 급성장

특히 메타버스 초연결 신산업육성이 신설되면서 ICT 융합생태계 활성화를 위한 플랫폼 콘텐츠 기술개발 등에 8,000억 원의 예산을 배정했다. 9월 15일 정부가 메타버스 공간인 이프랜드에서 개최한 '제12차 디지털 뉴딜반회의'에서 임혜숙 과학기술정보통신부 장관은 "새로 연결된 신산업분야는 가상과 현실의 융합을 통해 대한민국의 경제영토를 확장할 새로운 기회이다. 메타버스, 블록체인 등 초연결 신산업에 오는 2025년까지 2조 6,000억 원을 투입할 것이다"라고 발표했다. PWC 자료에 의하면 메타버스 세계 기술시장 규모가 2019년 46조 원에서 2025년 470조 원, 2030년에는 1,700조 원에 이를 것으로 추정했다.

경남에서도 메타버스 활용이 활발하게 진행되고 있다. 경남경찰청이 전국 최초로 '메타버스 제페토 월드에서 경찰청'을 열고 8월 24일 워크숍을 개최했고 9월 15일 창신대학교 국제교류원 유학생을 대상으로 국내 최초로 범죄예방 교육을 진행했다. 경남은행도 '디지털 혁신리더 양성과정'을 개설해 운영하고 있고, 창원시도 메타버스를 통한 시정홍보, 기업유치 관광 등 메타버스를 활용한다는 방침이다.

4) 무한한 메타버스, 어디서 무엇을 할 것인가?

이처럼 메타버스 시장이 넓고 무한한 가능성이 있는 것은 사실이다. 하지만 아직은 뜬구름 잡는 기분이고 메타버스가 무엇인지 이해하는 사람도 많지 않다. 2020년 말 우리나라는 스마트폰이 6,700만 대나 보급돼 기반이 튼튼한 것처럼 보이지만 블로그나 유튜브도 제대로 활용하지 못하는 사람도 많다.

제페토의 전 세계 가입자 2억 명 중 국내 가입자는 약 10%로 미미하고 이용계층도 10대 비중이 80%를 차지해 산업적으로 수익모델을 만드는 데는 아직은 조금 이르다. 지금은 메타버스에 대한 이해를 넓혀야 하는 초기 단계이다.

그러나 삼성전자, 구글, 애플 등 글로벌기업 등이 플랫폼 구축사업에 적극적으로 나서고 있고 세계 굴지 기업들이 앞 다투어 관련 사업에 진출하고 있다. 무한한 기회인 메타버스를 타야 하는 것은 맞지만 어디서 무엇을 어떻게 할 것인가? 에 대해 생각해 봐야 한다.

2. 마케팅 포지션 5단계 생산자와 소비자

메타버스 마케팅 포지션은 5단계로 다음과 같이 분류한다. 1단계 인프라 구축, 2단계 플렛폼 사업, 3단계 디바이스 사업, 4단계 콘텐츠 생산 마지막으로 사람이 운영하는 5단계로 구성돼있다.

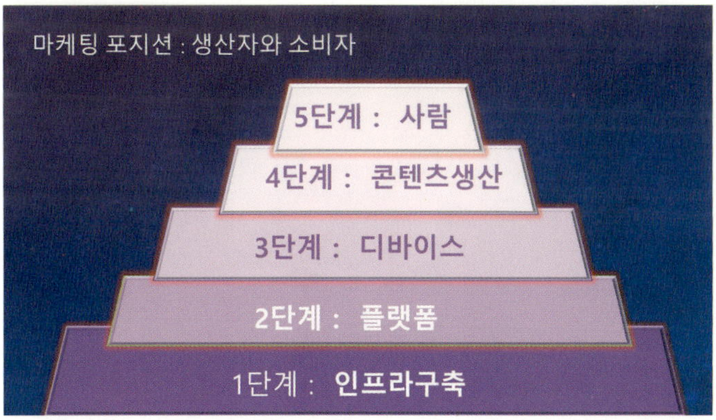

[그림1] 메타버스 5단계

1) 인프라(Infrastructure) 구축

현대사회의 경제활동에 있어서 인프라 구축은 정말로 중요하다. 아무리 좋은 아이템이라도 인프라가 제대로 구축되지 않는다면 그것은 활용하는데 많은 제약이 따르기 마련이다. 한국산업기술대학교(총장 박건수·이하 산기대)는 교육부 선정 대학혁신지원사업의 일환으로 지난 4월, 산기대 캠퍼스에서 국내 대학 최초 20여 명이 동시에 VR 실습이 가능한 메타버스 공학교육 실습실 '퓨처 VR랩'을 구축하고 수업시연회와 함께 개소식을 했다.

개소식과 함께 자체 개발돼 공개된 VR 교육콘텐츠는 메타버스 개념을 실시간 온라인 강의와 접목해 실제 강의실 수업과 유사한 새로운 형태의 강의방식을 제공해 홀로 가상공간에 접속해 학습하는 기존 VR 강의방식과는 크게 차별되는 메타버스 교육콘텐츠다.

산기대 박건수 총장은 "4차 산업혁명 핵심기술과 대학 전공교육을 접목해 산기대만의 차별화된 첨단 교육환경을 산기대 출신 연구진들이 직접 개발해 후배들에게 제공하게 된 것은 대학교육의 혁신이다. 지속적인 메타버스 교육 인프라와 콘텐츠 구축을 통해 미래 산업을 선도할 미래융합 형 인재양성의 산실이 되도록 최선을 다하겠다"라고 전했다.

메타버스를 기반으로 한 온라인과 오프라인이 결합 된 새로운 형태의 학습 인프라를 대거 구축하고, 창의적 교육체계를 바탕으로 세계의 인재를 미래의 리더로 키우는 국립대학 교육모델을 제시한다는 것이다(출처 : 나눔 경제 뉴스).

[그림2] 브이에이코퍼레이션(출처 : 브이에이코퍼레이션의 '브이에이 스튜디오 하남')

자이언트스텝은 지난 8월 LG전자와 LED 기반의 XR 스튜디오 관련 공동사업 협약을 체결하고, 혼합현실(XR) 기반의 버추얼 스튜디오 사업 경쟁력을 강화했다. 초고해상도 LED 월을 활용해 현실감 있는 공간구성이 가능한 XR 기반의 버추얼 스튜디오에서 물리적인 시공간의 제약을 극복한 연출을 통해 더욱 실감 나는 XR 콘텐츠를 선보일 예정이다.

또한 버추얼 스튜디오에서 리얼타임 엔진을 이용한 독자적 영상 콘텐츠 제작 솔루션으로 화보, 영상, 광고, 공연까지 다양한 영역으로 콘텐츠 제작사업을 확대할 계획이다. 뿐만 아니라 자이언트스텝은 최근 스마일게이트와 함께 인공지능(AI) 기반 버추얼 휴먼 솔루션 기술을 활용해 버추얼 휴먼 제작사업에 진출했다. 자체 기술력으로 개발한 버추얼 휴먼 셀럽 IP '한 유아'를 활용해 연기, 음반발매 등 디지털 셀럽 IP 비즈니스로 사업영역을 확장해 나갈 방침이다.

2) 플랫폼

플랫폼이란 무언가 타고 내리는 곳, 즉 버스나 기차를 타고 내리는 정거장이란 뜻이다. 기차표를 구입해 창원역에서 서울역까지 타고 내린다. 사람들이 이동하는 곳에 다양한 편의점, 커피숍, 식당, 자판기, 서점 등 여러 가지 형태로 부가적인 수입을 창출하고 있다. 다시 말하자면 교통수단과 승객이 만날 수 있는 거점, 교통과 물류, 가치교환과 거래발생을 포함한 수입을 창출하고 공급자와 수요자가 다양한 형태로 기업에 참여한다.

구글의 회장 에릭스미스(E.S)는 "자기만의 강력한 플랫폼 비즈니스만이 성공비결이다"라고 했다. 애플, 구글, 아마존, 페이스북은 절대강자 플랫폼 비즈니스 업계에서 성공한 대표적인 기업으로 손꼽히고 있다. 과거 방식으로 고집하다가는 급변하는 시대 경쟁사회에서 살아남기 어렵다. 플랫폼 기업만이 성공과 실패를 결정하는 핵심요인으로 관심이 뜨겁다. 한마디로 플랫폼 비즈니스는 기회이며 차별화된 플랫폼 사업을 하는 회사가 미래를 이끌어간다.

코로나19 시대를 맞아 우리의 현실은 플랫폼을 준비하는 자와 지금 그대로의 삶을 고집하는 자, 변화를 실감하면서도 준비하지 않는 자가 공존하고 있다. 2030년에는 의학의 발달로 초고령화 사회로 접어들 것으로 기대수명은 130세라 전문가들은 예측하고 있다. 개인의 풍요로운 삶과 노후대책을 위해, 우리 아이들의 미래를 위해, 어느 회사 플랫폼 비즈니스에 탑승할 것인가에 대한 고민을 할 시점이다.

코로나 팬더믹 시대인 지금 모든 것이 상상을 뛰어넘어 너무 빠르게 변해하고 있으며 교육, 문화, 환경, 통신, 정치, 경제, 산업, 직업 등 소소한 우리들의 일상까지 눈 깜짝할 사이에 가상공간인 온라인으로 대이동을 하고 있다.

[그림3] 메타버스 세상(출처 : 플랫폼은 비즈니스다 동영상 캡처)

플랫폼의 이해를 돕기 위해 카카오를 검색하면 [그림4]와 같은 플랫폼들을 만날 수 있다.

[그림4] 카카오 채널

자사 IP를 활용한 기업 중 대표적인 기업은 넥슨이다. 넥슨은 지난 5일 '프로젝트 MOD'를 진행하겠다고 발표하며 자사 유명게임인 '메이플스토리'를 지식재산권(IP)을 활용한 메타버스로 바꾸겠다는 계획을 밝혔다. 넥슨은 오는 2022년까지 1,000명 이상을 신규로 채용하고, 슈퍼 IP 연구개발(R&D)과 투자에 총력을 기울일 예정이다. 현재의 메타버스 생태계가 게임을 위주로 구성돼있기 때문에 넥슨의 진출 또한 성공적일 것이라고 보는 시각들이 많다. 또 향후 더 많은 넥슨의 게임 IP들이 메타버스 화 되면서 거대한 플랫폼 생태계 구축도 가능할 것으로 보인다.

SKT는 지난 7월 메타버스 플랫폼 '이프랜드(ifland)'를 출시했다. SKT가 처음 메타버스 플랫폼을 낸다고 했을 때 반응이 좋지만은 않았다. IP 기업이 아닌 통신사라는 한계가 있었기 때문이다. 하지만 출시 후 이프랜드는 파트너사의 IP를 활용해 독자적인 메타버스 생태계를 구축하며 순항 중이다. SKT는 이프랜드 이용자가 기존에 운영하던 메타버스 플랫폼 '점프버추얼밋업' 대비 일일 사용자는 약 2배, 체류시간은 약 5배 상승했다고 밝히기도 했다.

SKT 관계자는 "기본적으로는 제휴를 통해 파트너사가 가진 IP를 활용하는 경우가 많고, 필요에 따라서는 당사 주도로 저작권을 확보해 메타버스 콘텐츠 제작에 활용하고 있으며, 이프랜드 출시 후 제휴 문의가 많이 들어오고 있어서 앞으로 유명 IP를 가진 파트너와의 제휴를 적극 추진 할 계획"이라고 말했다(출처 : 메트로 신문 2021.8.23).

3) 디바이스

1990년대와 2000년대 WEB 1.0 PC 기반의 인터넷 시대는 소위 컴퓨터 시대라고 한다. 모든 컴퓨터의 시스템은 데이터의 중앙 집중화(CPU) 장치처럼 콘텐츠의 중앙집권화 시대였다. 시스테머가 만든 프로그램을 이용하거나 데이터를 활용해서 자료를 생산해내는 시대였다. 인터넷 사업자들이 콘텐츠를 보유하고 이용자들이 포털 등을 통해 제공하는 소비형태로 서버에 요청하고 응답을 받는다.

2010년대는 WEB 2.0 모바일 기준의 스마트폰 시대이며 2010년대에는 아이폰과 삼성 스마트폰이 나오면서 컴퓨터 시대에서 스마트폰 시대로 진입했다. 웹2.0도 마찬가지지만 디바이스가 스마트폰으로 바뀌게 된 것이 큰 변화다. 그래서 모바일 인터넷이라고 한다. 디바이스와 환경이 바뀌었을 뿐이지 전체구조는 웹 1.0과 비슷하다.

[그림5] 기기를 이용한 메타버스 체험(출처 : 플랫폼은 비즈니스다 동영상 캡처)

그동안 VR 기기는 주로 게임 분야에 수요가 집중됐다. 차세대 디바이스로 주목을 받았지만 낮은 범용성과 높은 가격, 부담스러운 착용감 등에도 불구하고 성장세를 보였다. VR 기기 역시 산업용으로 기업간 거래 분야에서 일부 시범적으로 도입됐다. 그러나 새로운 디지털 트렌드로 메타버스가 부상하면서 VR과 AR을 포함한 XR 기기 산업 전반이 폭발적으로 성장할 것이란 기대감이 커졌다. 스마트폰 시대를 주도한 애플과 삼성전자는 물론이고 구글, MS, 페이스북 등 글로벌 빅 테크 기업도 관련 디바이스 개발에 앞 다퉈 참여하고 있다.

VR 기기를 활용한 메타버스 사업에서 가장 앞선 기업은 페이스북이다. 페이스북은 2014년 VR 기기 개발업체 오큘러스를 20억 달러(약 2조 3,380억 원)에 인수했다. 2019년부터 오큘러스는 VR 기기 전용 플랫폼 '페이스북 호라이즌'을 비공개 테스트 중이다. 지난해 출시된 '오큘러스 퀘스트2'는 올해 상반기까지 450만대 이상이 판매됐다. 페이스북은 메타버스 업무 공간 '호라이즌 워크룸'을 선보이는 등 5년 내 메타버스 기업으로 변신을 선언한 상태다. 쇼트 플랫폼 틱톡으로 MZ 세대로부터 큰 호응을 받은 중국 바이트댄스도 VR 기업 피코를 90억 위안(약 1조 6,200억 원)을 들여 인수하는 등 페이스북과 유사한 행보를 보이고 있다.

[그림6] 호라이즌 워크룸(출처 : 페이스북)

AR 헤드셋 홀로렌즈로 B2B시장에 진출한 MS도 메타버스에 주목했다. 최근 선보인 VR, AR 플랫폼 'MS 메시'는 기업용 메타버스로 방향성을 설정했다. 홀로렌즈를 이용해 업무를 공유하거나 협업할 수 있다. 애플은 이르면 2023년 아이폰과 연동해 사용하는 AR 글라스를 선보일 전망이다. 지난해 하반기 AR 글라스 용 자체 통합 칩 설계를 완료했으며 시험생산을 준비하고 있다고 한다. 대용량 데이터 처리보다는 영상처리에 최적화, 부피와 무게를 줄이는 데 주안점을 뒀다는 분석이다.

기어 VR, 오디세이 플러스 등 VR 관련 기기를 개발한 경험이 있는 삼성전자도 AR 글라스를 연구개발 중이다. VR 기기 신제품 출시는 중단됐지만 텔레포탈, 오버울프 등 VR 관련 스타트 업을 지속적으로 발굴하고 투자하며 메타버스 시장을 준비하고 있다. 올해 초에는 '삼성 글라스 라이트'의 콘셉트 영상이 유출되면서 제품출시 가능성이 제기됐다.

	시판중인 주요 VR, AR 기기
VR 기기	오큘러스 퀘스트2(페이스북), 바이브 포커스 플러스(HTC), 리버브 VR G2(HP), 네오2(피코), 인덱스(밸브), 파이맥스 8KX(파이맥스)
AR 기기	홀로렌즈2(MS), 모베리오(엡손), 뷰직스M100(뷰직스)

[표1] 시판중인 주요 VR, AR 기기(출처 : 작은거인의 메인빅스 블러그)

4) 콘텐츠 생산자

콘텐츠 생산자들이 생산한 콘텐츠를 소비자들이 일방적으로 소비하는 형태로 크게 변한 것은 없다. WEB 2.0 후기부터 WEB 3.0으로 가면서 콘텐츠 탈중앙화가 되고 크리에이터 이코노미가 생기게 됐다. 2020년 코로나 영향으로 모바일 기능이 전화나 문자를 보내고 카카오톡을 하는 수준의 핸드폰 활용 수준에서 스마트폰 수준으로 활용도가 높아지면서 '스마트 워커'라는 직업이 탄생했다.

2020년 8월부터 시작된 '스마트 워커'라는 직업은 온라인에서 강사 활동을 하던 사람들에게는 생소한 분야였다. 코로나19가 곧 종식 될 것이라 생각했던 명강사들은 '스마트 워커'라는 직업에 관심이 없었다. 하지만 2020년 3월부터 7월까지 3개월 정도 절벽으로 추락한 오프라인 강사들에게는 너무 지루한 시간이었다. 이때 돌파구를 찾아 나선 것이 'ZOOM'을 활용한 강의였고 줌 강의가 비대면 온라인 교육시장과 SNS 소통 전문가라는 새로운 직업이 등장했다.

2020년 7월에 시작된 SNS 소통 플랫폼 시장은 2021년 4월에 정점을 찍었고 2021년 7월 메타버스 시장으로 전환됐다. 필자는 새로운 직업에 대한 관점에서 바라보기 위해 콘텐츠 생산자와 이용자 즉 생산자와 소비자 관계에 대해 강조하고자 한다. 메타버스와 케이팝 산업은 제페토 밖에서도 일어나고 있다.

NC소프트가 제작한 유니버스는 자신이 응원하는 그룹과 소통하고 그들의 오리지널 콘텐츠를 감상하며 자신의 모습을 꾸미기도 한다. 아바타 형식은 아니더라도 LG 유플러스는 SM 엔터테인먼트 전시관을 오픈했고, SK텔레콤은 'K-POP 메타버스 프로젝트'라는 이름으로 AR 콘텐츠부터 언택트 콘서트를 준비하고 있으며, KT의 지니뮤직 또한 VR 콘서트를 제작한다. 가장 빠르게 인프라를 활용할 수 있는 동시에 음악 산업과 연관이 큰 이동통신사가 먼저 활동을 시작했으며 SM엔터테인먼트는 메타버스 연구 협력을 위해 카이스트와 손을 잡았다.

5) 사람(메타버스 생산자와 소비자)

이러한 4단계의 모든 과정은 결국 사람이 해야 하는데 과연 이런 광대한 시장에서 우리는 어디서 무엇을 할 것인가를 생각해야 한다. 비용을 지불하고 즐기면서 소비자로 남을 것인가, 생산자로 활동하면서 경제적 부를 창출해 낼 것인가는 오로지 메타버스를 올바르게 이해하고 포지션을 제대로 찾아 자기만의 메타버스 세상을 만들어 갈 수 있을 때 가능하다. 그런 의미에서 볼 때 직업의 패러다임이 바뀌고 새로운 일자리가 창출될 메타버스 분야는 무엇보다 인재양성과 활용이 절실하다.

3. 메타버스 활용 어디까지?

요즘 모든 기업들이 준비하고 요즘 사람들이 많이 거론하는 키워드는 '메타버스'다. 메타버스에는 우리가 경험해보지 못한 새로운 세계가 펼쳐지고 있고 그 시장규모도 급속히 성장하고 있다. 그런데 1992년에 나왔던 메타버스가 한동안 잠잠하다가 왜 급부상하는 것일까?

우리는 2020년에 시작된 코로나19로 인해 멀리 떠나는 여행을 할 수 없고 새로운 사람과의 자유로운 만남을 가질 수도 없었다. 그런 상태에서 3D 기술과 4차 산업기술의 발달이 잘 맞아떨어졌다.

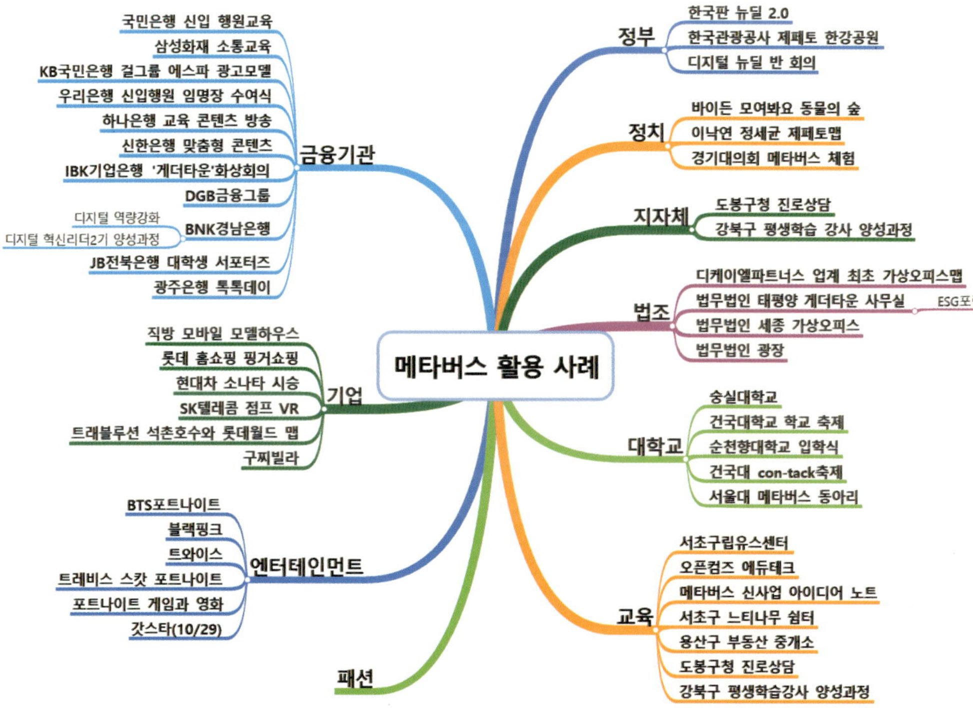

[그림7] 싱크와이즈를 활용한 메타버스 활용사례

1) 나이키의 사례

기업에서 라이프로깅 메타버스를 활용한 사례로 나이키를 들 수 있다. 처음에 나이키는 센서, 퓨얼 밴드 등 웨어러블 디바이스 개발을 통해 사람들의 운동 데이터를 확보하려고 했다. 그렇지만 곧 한계를 느끼고 하드웨어가 아닌 앱을 기반으로 나이키의 운동 메타버스를 만드는 전략으로 수정했다.

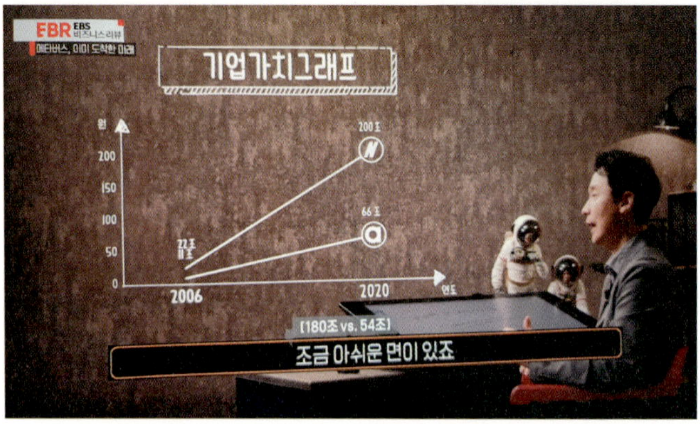

[그림8] 메타버스 이미 도착한 미래(출처 : EBS)

2006년 당시 나이키의 기업가치는 22조였다. 14년 뒤 2020년 기업가치가 200조로 180조가 증가했다. 나이키가 급성장한 힘은 바로 메타버스였다. 나이키는 15년 동안 메타버스를 꾸준히 연구하고 만들어가는 기업이다. 2006년 동전 500원짜리 크기의 작은 장치(물건) 하나를 개발해 운동화에 부착했다. 이 장치가 운동을 하고 오면 집에 있는 스마트폰과 연결돼서 운동을 얼마나 했는지, 지역에서 몇 등을 했는지 등 운동에 대한 욕구를 증가시키는 역할을 했다.

하드웨어가 아닌 앱을 기반으로 나이키의 운동 메타버스를 만드는 전략으로 달리기를 위한 앱인 '나이키 플러스 러닝(Nike+ Running)'으로 종합적인 운동을 관리하는 '나이키 트레이닝 클럽(Nike Training Club)' 앱이 그것이다. 나이키는 지구에서 지구인들의 운동정보를 가장 많이 보유한 기업이다. 그 데이터를 차곡차곡 쌓아 가장 빠른 속도로 수집하고 활용하는 기업이다. 16년 전에는 아이폰이 나오지 않았고 스마트폰은 상상도 못 했던 시절 메타버스는 상상도 할 수 없었다. 그런 상황에서 나이키는 메타버스를 활용했던 것이다.

필자는 이번 나이키의 기업가치 변화를 보고 깜짝 놀랐다. 운동 관련 기업 2위인 아디다스 시가 총액과 견줘 보고 왜 메타버스를 타야 하는지 알게 됐다. 아디다스는 2006년도에 11조 원에서 2020년도에 66조 원으로 50조원 증가했지만 나이키에 비하면 성장속도가 확연히 차이가 난다. 같은 기간 180조 원이 증가한 나이키의 성장비결은 메타버스의 힘이 아니고서는 이뤄낼 수 없는 성과이다. 이 데이터 하나만 보더라도 메타버스의 힘이 얼마나 큰지 알 수 있고 또 왜 메타버스를 타야 하는지 알려주고 있다.

2) 메타버스의 선거 활용 사례

지난 미국 대선에서는 조 바이든 대통령은 2001년 일본 닌텐도 EPD가 개발한 생활 시뮬레이션 게임 '모여봐요 동물의 숲'을 통해 선거유세 활동을 펼쳤다. 바이든을 지지하는 게임 내에서 활용할 수 있는 4종류의 간판 디자인을 출시했고, 바이든은 아바타를 통해 젊은 유권자들과의 거리를 좁혔다. 이 외에도 메타버스 플랫폼은 정치활동 무대로 각광 받고 있다. 국내에서도 정치인들의 기자회견, 팬 미팅, 유권자들과의 소통 등이 가상공간에서 이뤄지고 있으며 이를 통해 청년세대의 관심과 호감도를 얻고 있다.

[그림9] 미국대통령 선거 활용사례(출처 : 미국 대통령 선거 캠프)

3) 메타버스를 이용한 마케팅 사례

메타버스 경제생태계를 구분해보면 콘텐츠 소스를 보유한 사람인 창작자와 콘텐츠로 제작해 주는 프로그래머 또한 콘텐츠를 중개해주는 NFT 마켓 운영자, 여기에 추가해서 널리 알려주는 메타버스 마케터로 구분된다.

[그림10] 제페토 광고(출처 : 네이버 제페토)

우리나라 네이버 제페토 플랫폼의 경우 캐릭터에게 필요한 옷과 신발, 주얼리 등을 참여자 누구든 직접 디자인을 제작 판매해 자체 코인인 잼을 수익으로 얻을 수 있다. 수익금 잔고를 5,000ZEM 이상 취득할 경우 다음 달 25~30일 사이에 1회 한해서 현금요청이 가능하다. 2억 명이 가입한 네이버 제페토에서는 구찌, 현대자동차 삼성, CU 등 유명 브랜드들도 입점해 가상의 아바타들을 통해 각종 아이템을 판매하고 있다.

또한 네이버 제페토가 국내 메타버스(3차원 가상세계) 열풍에 힘입어 지난달 월간 순 사용자 수(MAU)에서 역대 최고치를 기록했다. 출시한 지 3년도 안 돼 2억 명에 달하는 글로벌 이용자를 끌어 모은 제페토는 국내에서도 이용자 규모를 키우며 메타버스 열풍의 중심에 있음을 입증하고 있다.

제페토는 실제 얼굴을 바탕으로 아바타를 만들고 다양한 가상현실을 경험할 수 있는 서비스이며 다양한 가상현실 서비스이다. 제페토에서는 현실이 아닌 가상공간에서 본인이 원하는 공간을 찾아다니고, 사람들과 만나 대화도 할 수 있다. 또한 AR 콘텐츠와 게임, SNS 기능을 모두 담고 있어 특히 10대 등 젊은 층을 중심으로 인기를 끌고 있으며 2021년 현재는 2억 명 이상의 이용자를 보유하고 있다.

지난 9월 23일 모바일 빅 데이터 플랫폼 모바일 인덱스에 따르면 지난달 제페토 월간 순 사용자 수(안드로이드+iOS)는 38만 명으로 집계됐다. 지난해 5월 네이버 스노우에서 분사해 독립법인으로 출범한 직후와 비교하면 1년 만에 40%가량 증가한 것으로 나타났다. 글로벌컨설팅 업체 프라이스워터하우스쿠퍼스(PwC)는 2030년 세계 메타버스 시장규모가 1조 5,429억 달러(약 1,765조 원)에 달할 것으로 내다봤다.

제페토 기업가치 역시 2019년만 해도 1,500억 원으로 평가받던 가치는 현재 2조 원에 육박한다는 게 업계 전언이다. 제페토에 문을 여는 가상 매장은 날로 늘어나고 있다. 편의점 CU는 제페토에 'CU 제페토 한강 공원 점'을 개설했다. 고객이 CU 상품을 주문하고 별도로 마련된 파라솔과 테이블 등을 이용할 수 있다. KT는 제페토에 메타버스 연구장인 '수원 KT 위즈파크'를 개장했다. 유명 연예인과 정치인들도 MZ 세대와 소통하기 위해 제페토에 문을 두드리고 있다(출처 : 이영아 기자 twenty_ah@techm.kr).

메타버스에는 지금까지 게임적인 요소들이 많았다. 그러나 점차 게임 속에서 공연을 하거나, 공간을 만들어 가상현실에서 행사를 하는 등 콜라보레이션으로 활용하는 사례가 많아졌다. 미국의 유명 힙합 가수인 트래비 스캇은 '포트나이트'라는 게임 내에서 콘서트를 개최했는데 이때 온라인 콘서트를 관람한 접속자 수가 1,230만 명이었다.

[그림11] 트래비 스캇 콘서트(출처 : 트래비 스캇 콘서트 동영상 캡쳐)

자신의 아바타를 제작해 콘서트를 열고 굿즈를 판매해 무려 216억 달러의 수익을 냈다. 아직까지 일반인들이 이해하기 어려울 수 있지만 YG엔터테인먼트는 제페토에서 소속 걸그룹 '블랙핑크' 멤버 각자의 캐릭터를 가상공간에서 만나 싸인, 촬영을 하는 등 팬 사인회를 개최했다. SM엔터테인먼트의 새로운 걸 그룹 '에스파'는 데뷔부터 각자의 캐릭터와 함께 데뷔했다. '방탄소년단(BTS)'을 영입한 빅 히트 역시 다이너마이트 댄스 버전을 포트나이트 게임 공간에서 공개했다. 이처럼 엔터테인먼트 회사들의 가상세계 진출은 이미 무대를 확장하고 있다.

'로블록스'는 생산자에게 게임 판매수익의 70%를 지급하고 게임 속 아이템 판매수익의 30%를 분배한다. 개발자에게 분배한 수익을 보면 2019년 4분기 약 3,980만 달러(약 466억 원), 2021년 2분기 1억 2,970만 달러(약 1,517억 원)으로 약 3배나 증가했다. 로블록스의 경제규모가 커지면서 로블록스 개발자도 늘어나는 추세다. 로블록스에서 활동하고 있는 개발자는 2021년 6월 기준 전업 개발자 수 127만 명, 이들이 만든 누적 게임 수 5,500만 개라고 한다. 2020년 6월 기준 과거 12개월 동안 수입은 이 중에서도 3명은 100만 달러(약 11억 원), 249명은 10만 달러(약 1억 원)이며, 1,057명은 1만 달러(약 1,200만 원)이다.

[그림12] 로블록스의 수익모델 사례(출처 : 로블록스)

이들이 천재 프로그래머라서 돈을 버는 것일까? 널리 알려진 로블록스 개발자의 사례를 보면 전혀 아니라는 것을 확인할 수 있다. 예를 들어 로블록스에서 '배드비즈니스 슈팅게임'을 만든 개발자는 한 달에 4만 9,000달러(약 550만 원)의 수익을 올렸다. 개발자 가브론 스키는 올해 갓 스무 살이 된 청년임에도 컴퓨터공학이나 게임프로그램을 전혀 모르는데도 로블록스 스튜디오만을 이용해서 게임을 만들었다. 한 달 최고 매출 25만 달러 수익을 올린 재일브레이크(JAILBREAK)는 로블록스의 최고의 인기 게임에서 성공했다.

4) 메타버스를 활용한 로펌 사례

법조계도 '메타버스 1호 로펌'의 문을 열었다. 현실과 유사한 수준의 사회·문화·경제활동이 가능한 메타버스가 미래상(象)으로 주목받으면서 법조계에서도 메타버스 공간에 1호 로펌이 출범하는 등 변화의 조짐이 보였다. 전문가들은 현실공간과 가상공간의 경계가 흐려지면서 아바타의 권리만이 아니라 가상공간에서 생산된 아이템에 대한 재산권 등을 둘러싸고 법적 쟁점이 다양하게 표출될 것으로 전망한다. 현재 법원도 가상공간의 1호 로펌 '디케이엘파트너스' = '법대로'가 확인한 바에 따르면 법조계는 아직 정치, 경제, 엔터테인먼트 분야에 비해 가상세계 구현이 미진한 단계다.

[그림13] 법률신문 아바타인 '법대로'가 12~13일 메타버스 세계를 탐방하면서 가상공간에 구현된 법조기관 건물 앞에서 셀카를 찍고 있다. 서울법원종합청사(왼쪽), 헌법재판소(오른쪽)(출처 : 법률신문)

사법기관 중에는 헌법재판소와 서울법원종합청사가 메타버스 공간에 구현했다. 변호사 업계에서는 선제적으로 진출하는 사례도 나타나고 있다. 본명과 직업을 아바타 명에 넣고

Z 세대와 직접 소통하는 변호사들도 눈에 띄었다. 특히 디케이엘파트너스 법률사무소(대표 변호사 권단)는 최근 국내 로펌 중 처음으로 메타버스 플랫폼에 사무실 공간(맵)을 열었다. 입법부에서는 박주민(48·35기) 더불어민주당 의원이 가상공간에 사무실을 만들고 이용자들과 활발하게 소통 중이다.

5) 부동산 활용사례

스마트폰이 생기기 이전에는 좋은 집을 구하기 위해서 시간과 비용을 투자해 부동산중개소를 돌아다니면서 발품을 팔아야 했다. 그러나 스마트폰이 보편화되면서 시간과 비용을 절약할 수 있는 서비스들이 등장했다. 우리가 잘 아는 부동산 관련 앱 '직방'이 2012년, '다방'이 2013년에 출시되는 등 오프라인 부동산중개사무소가 아닌 온라인 상 혹은 부동산 앱을 통해 집을 구하는 수요가 증가했다.

이제 집을 구하려면 '발품' 전에 '손품'을 들여야 하는 시대가 온 것인데 현재 직방과 다방 앱은 모르는 사람이 없을 정도로 유명한 부동산 앱이 됐다. 직방과 다방은 대표적인 '프롭테크'서비스다. 과거 '프롭테크' 시장은 원룸, 오피스텔 등의 중개 플랫폼이 중심이었지만 기술의 발전 등으로 다양한 영역으로 분야가 확대되고 있다.

그럼 메타버스 신기술을 장착하면서 부동산 미래의 거대한 변화를 가져올 '프롭테크'에 대해 알아보겠다.

(1) 프롭테크(Proptech)란?

'프롭테크'란 부동산 'Propety'와 기술 'Technology'의 합성어로 첨단정보기술을 접목한 부동산산업을 뜻하는 용어다. 2000년대에 등장한 1세대 프롭테크는 인터넷 부동산 시세 조회, 중개 서비스를 제공했다. 현재의 프롭테크는 인공지능, 빅 데이터, 블록체인 등 첨단 기술이 접목된 새로운 부동산 중개방식이라고 볼 수 있다. 2006년 설립된 미국 온라인 부동산중개회사 '질로'는 대표적인 프롭테크 업체로 평가받고 있는데 미국 3,000여 개 도시의 공공데이터를 바탕으로 집값을 실시간 산출하는 서비스를 제공하는 업체다.

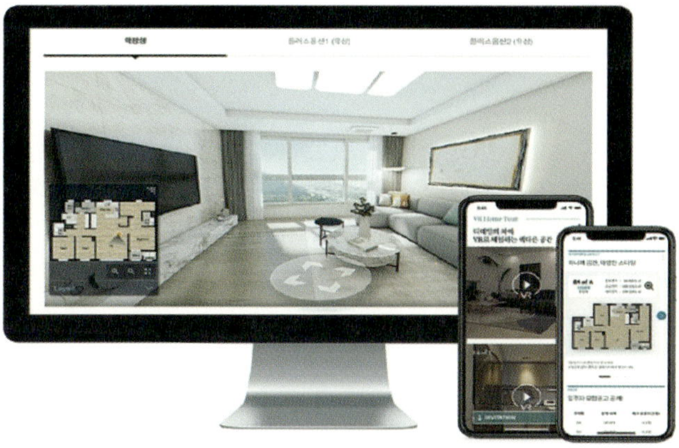

[그림14] 직방의 프롭테크 활용사례(출처 : 직방)

국내에서는 2012년 최초로 프롭테크 서비스를 선보였는데 최근에는 코로나19의 여파로 다수의 분양단지가 오프라인에서 견본주택을 공개하지 않고 '사이버 모델하우스'를 운영하고 있으며 수요자들에게도 큰 인기를 얻고 있다.

(2) 비대면 시대가 변화시킨 프롭테크의 사례

사이버 모델하우스는 쉽게 말해 오프라인 대신 집 안 내부를 컴퓨터 그래픽으로 만들어 가상으로 체험할 수 있도록 한 온라인 모델하우스다. 사이버 모델하우스는 수십억 원이 드는 오프라인 모델하우스의 1/10 가격으로 제작이 가능하다. 공급자들은 비용을 절감할 수 있고, 수요자는 직접 모델하우스를 방문하지 않아도 편안한 장소에서 온라인으로 확인할 수 있어 코로나19로부터 안전하고, 편안하게 구경할 수 있는 장점이 있다. 또한 VR 서비스를 통해 각 공간을 줌인, 줌아웃하고 360도 각도로 확인하는 등 다양한 시선에서 정보를 제공받을 수 있는 것이 특징이다.

[그림15] 직방의 프롭테크 활용사례(출처 : 직방)

4. 메타버스 시대 생산자와 소비자 그리고 새로운 직업

1) 월드빌더

요즘 메타버스 플랫폼에서 많은 행사들이 열리고 있다. 콘퍼런스나 신입사원 교육, 채용 박람회, 대학축제, 선거유세까지 사람이 모여야 하는 행사는 거의 다 메타버스에서 열린다고 해도 과언이 아니다. 이런 행사도 메타버스에서 플랫폼을 정하고 '몇 시까지 접속하세요'라고만 하면 되는 게 아니다. 오프라인 행사를 열 때 누가 사회를 보고, 의자는 어떻게 할 것인지, 어디에 배치할 것인지, 스크린은 어디에 설치할 것인지 등 메타버스 행사 역시 공간을 현실과 같이 정성들여 꾸며야 한다. 이런 일을 전문으로 하는 이가 '월드 빌더' 또는 '메타버스 빌더'라고 한다. 특정 메타버스 플랫폼에서 의뢰를 받아 주최 측이 원하는 공간을 만들어주는 직업이다.

[그림16] 오용환PD의 새로운 직업

2) 아바타 의류 디자이너

아바타는 메타버스 세상에서 또 다른 자아이자 나를 표현하는 중요한 수단이다. 메타버스 플랫폼 이용자들은 아바타의 의상에도 많은 투자를 하고 있다. 이런 아바타의 개성을 잘 드러나게 하는 의류를 디자인하고 판매하는 직업이 바로 '아바타 의류 디자이너'이다. 이들이 가장 활발하게 활동하고 있는 곳은 제페토 플렛폼이다. 디자이너들은 제페토 스튜디오를 이용해서 의류를 디자인한다. 제페토에서 디자인을 하고 있는 디자이너 수가 50만 명, 이들이 만들어 낸 누적 아이템 수가 1,500만 개 달한다고 한다.

제페토가 스튜디오 서비스를 처음 시작한 2020년 참여한 인원이 6만 명(렌지, 리쿠, 유리, 아루, 디디, ZDE 등), 실제 제작된 아이템이 2만 개 수준이었다고 한다. 그러니까 1년 사이에 크리에이터는 8배 아이템 수는 750배가 늘어난 셈이다. 실제 이런 아바타 디자이너를 직업으로 소개할 정도로 성공한 사례도 나오고 있다. 대표적인 것이 제페토 초기부터 활동하고 있는 제페토 크리에이터 '렌지'이다.

렌지는 인어공주, 거북이 옷 등 독특한 디자인으로 인기를 모았던 제페토 크리에이터로 2021년 6월을 기준으로 거의 130만 개에 달하는 아이템을 제작했다고 한다. 초기에는 아이템 하나에 20원, 지금은 300원 정도에 판매하고 있는데 덕분에 최근에는 월 1,500만 원 정도 수익을 올리는 것으로 알려졌다.

렌지가 지난해에는 월 300만 원의 수익을 올렸다고 해서 화제가 됐고 제페토 인기가 높아지면서 렌지의 수익은 거의 5배 가까이 증가했다. 렌지는 제페토 안에 디자이너를 위한 매니지먼트 회사까지 차리고 디자이너 교육, 협업 등을 진행하고 있다.

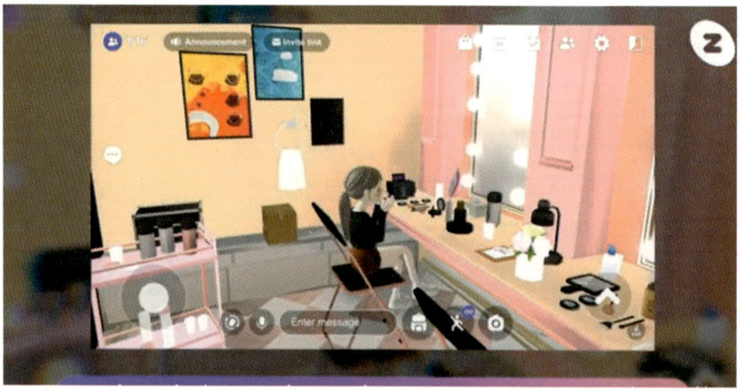

[그림17] "젬, 로벅스로 돈 벌어요", 메타버스가 여는 크리에이터 경제 동영상캡처
(출처 : 더피알)

3) 아바타 드라마 PD

드라마 한 편은 대개 10분 내외로 제작되는데 이미 몇몇 작품들은 유튜브에서만 조회 수가 100만 회를 넘을 정도로 인기를 끌고 있다. 이를 전문적으로 연재하고 기획하는 PD와 작가들도 등장하고 있다. 특히 이런 작가 PD들 대부분은 10대들인데 제페토에서 10대 이용자가 많다 보니 같은 감성을 공유하는 작가들이 만든 작품이 인기를 끌고 있다.

현실에서의 기술 전문성과는 무관하게 수익을 올릴 수 있다. 메타버스 세상은 아직 우리가 색칠해나가야 할 공간이 많은 백지상태나 마찬가지다. 또 메타버스가 확장하고 많은 영역에 적용되면 메타버스로 인해 새로운 기회를 찾고 폭발적으로 성장할 수 있는 기존의 직업들도 있을 것이다. 이런 직업이나 영역에서 다루는 다른 콘텐츠도 꾸준히 나올 것이라 예상된다.

4) 메타버스 크리에이터

제페토는 2018년 출시된 이후 2년 반 만에 2억 명 유저를 확보했으며 90%가 10대로 이들은 글로벌 유저들이다. 투와이즈 신곡 안무를 아바타 버전으로 발표했고, 블랙핑크는 제페토 블랙핑크 하우스에서 4,600만이라는 기록적인 팬 사인회를 즐겼다. 잠실 운동장 최대 수용인원이 10만 명이라고 하니 얼마나 큰 성공인지 상상이 된다. 그것도 국내뿐만 아니라 전 세계시장에서 함께 한 것이다. 국내에서 가장 성공한 메타버스 사례는 3억 5,000만 명 유저가 있는'포트나이트'에서 신곡을 발표한 방탄소년단이다. 해외에서는 힙합 가수 트레비스 스콧이 있다. 그는 아바타가 등장한 가상콘서트에서 1,200여만 명을 모았다.

이제 메타버스 세상에서는 누구나 그렇게 성공할 기회가 있다. 코로나19로 인해 국내에서는 2차원에서 줌(Zoom)을 하고 있을 때 지구상 10대, 20대 몇 억 명에 해당하는 청춘들은 3차원에서 게임을 하고 있었다. 10대, 20대가 만들어 놓은 메타버스는 지금도 성장을 거듭하고 있다.

[그림18] 2021.9월. 용산전자랜드 메타버스 크리에이터 경진대회포스터

10대, 20대들인 MZ 세대에서 백만(1억 만) 장자가 탄생했고 그 숫자는 점점 늘어나고 있다. 메타버스 규모가 커지는 이유는 기술이 발달되면서 누구나 메타버스 안에 들어갈 수 있기 때문이다. 안경, 모자, 액세서리 등 특수 장비를 아주 저렴하게 구입할 수 있고, 특별한 조건 없이 누구나 진입할 수 있는 시장으로 다가와 있다.

1·2차원 공간이 3차원으로 빨려 들어간다. 네이버 제페토에 CU도 들어왔으며 대기업들이 네이버 제페토에 입점하기 위해 줄을 서 있다. 너무 급속하게 3차원으로 빨려 들어가기 때문에 충격적일 만큼 성장속도가 빨라지고 있다. 그래서 정부에서도 다양한 정책을 내놓고 방안을 찾고 있다. 2020년 12월 국무총리는 '가상 융합경제 발전전략'을 발표했다. 메타버스는 경계가 없다. 전 산업 분야에 적용되고 있다. 또 세계화 돼 있어 누구든 세계시장으로 들어갈 수 있고 그 시장에서 생산자와 소비자로 활동하고 있다.

5) 메타버스 공간디자이너

제페토 스튜디오에서는 자신이 좋아하는 캐릭터를 커스터마이징해서 캐릭터에 어울리는 아이템을 제작하는데 디자인에 필요한 가상의 원부자재 판매업체도 생겼다. 서울 동대문시장도 원단 가상공간에 입점하는 등 이 분야의 판매와 수출이 현실에서 활발히 이뤄지고 있다. 제페토 빌드잇에서 제페토 월드를 제작해주거나 게더타운에서 맵을 제작해주는 직업이다. 이 분야는 많은 공공기관, 기업, 학교에서 의뢰가 끊이지 않고 있다.

제페토에는 '월드'라는 공간이 있어 제페토 공식 맵에 입점해서 홍보와 마케팅을 할 수 있다. 또한 제페토 빌드잇을 통해 직접 설계하고 만들 수도 있다. 이미 많은 대학과 학교 등에서 등교가 어려워지자 게더타운을 통한 수업으로 오히려 대면수업보다 더 교육적인 효과와 참여의 효과를 보이고 있다는 결과가 발표되면서 게더타운을 활용하는 분야도 늘어나고 있다. 따라서 게더타운 환경 제작의뢰도 만만치 않기 때문에 게더타운 관련한 공간디자이너 역시 유망 직종으로 떠오르고 있다.

6) 메타버스 강사

아직 일반인들에게 익숙하지 않은 현실에서 메타버스에 대한 교육은 절실한 시점에 와 있다. 코로나19 팬데믹의 영향으로 집안에서 모든 것을 해결해야만 하는 상황에 이르자 메타버스는 비대면과 관련한 모든 업무, 교육, 행사, 은행, 국방, 정치, 지자체, 기업, 엔터테인먼트 등 다양한 분야에서 폭넓게 활용하고 있는데 이런 시장에서 강사 역할은 그 무엇보다 중요하다.

5. '돌섬 달빛축제' 메타버스 활용사례와 인터뷰를 통한 평가

'메타버스에서 축제를 할 수 있을까?'라는 질문에서 시작한 '메타버스 돌섬 달빛축제'에 대한 필자의 체험을 이야기하고자 한다.

메타버스로 전국이 떠들썩한 가운데 학교와 기관 그리고 기업 등 메타버스 세계에서 행사를 개최한다는 소식을 듣게 됐다. 코로나19로 경직된 지역축제와 각종 행사를 가상공간에서 연다면 감성과 재미를 나눌 수 있을지 또 어떻게 활용하고 혜택을 얻을 수 있을지 혼란스러워하고 있는 시기에 돌섬 메타버스 달빛축제는 발상의 전환이며 빛이 될 것이라고 확신한다.

이번 돌섬 메타버스 달빛축제에는 오용환 메타버스 PD, 이송비 메타버스 지휘자, 김라미 메타버스 문화기획자, 황윤수 메타버스 영상감독 등 4명의 새로운 직업인이 프로젝트 파트너로 참여했다.

[그림19] 돌섬 메타버스 달빛축제 이프랜드 현장

1) 메타버스 스타트 업 크리에이터 PD

코로나19로 중단된 돝섬 달빛축제는 현실세계인 창원 돝섬과 가상세계에서의 돝섬을 메타버스를 통해 연결하기 위해 기획했다. 이프랜드나 게더타운 모두 시스템이 안정되지 않은 상태라는 것도 알고 문화예술 공연행사를 메타버스에서 상업화한다는 것이 시기상조지만 일단 체험해 보기로 결정했다. 메타버스는 물론 디자인과 문화기획에 탁월한 라미작가, 핑퐁 복화술의 1인 자로 활동하고 있는 이송비 대표에게 아이디어를 제안하고 도움을 요청했다. 이후 촬영감독으로 황윤수 메타버스 MC가 합류했다.

◇ 행사 준비과정 ◇

① 이프랜드 플랫폼 선정

이프랜드, 제페토, 게더타운 등 각각의 플랫폼마다 장단점이 있고 어느 플랫폼이든 불안정 요소는 있었다. 우선 축제 행사 규모와 취지에 알맞은 이프랜드에서 돝섬 메타버스 달빛축제를 해보고 10월 27일에는 게더타운에서 진행하기로 결정했다. 지속적인 공연은 모든 플랫폼을 이용하기로 했기 때문에 선정에 큰 어려움은 없었다.

② 축제 장소 선정

메타버스 지휘자로 공연을 기획한 이송비 대표는 달빛축제의 특성을 잘 살려줄 별빛 캠핑장으로 장소를 선정했다. 그러나 공연을 볼 수 있는 무대와 스크린 설치가 없어 동시에 100여 명이 입장할 경우 목소리만 들을 수밖에 없어 공연의 효율을 높이기 위해 센트럴파크로 변경했다.

③ 행사프로그램과 큐시트 작성

주제는 돝섬 메타버스 달빛축제로 정했고 공연 시간은 1시간~1시간 30분 이내로 구성했다. 공식행사인 만큼 큐시트를 작성하고 개막행사는 국민의례, 내빈소개, 축사 1.2.3으로 정해 20분으로 제한하고 1시간은 다양한 공연으로 구성했다. 기획단계에서는 1시간 10분으로 구성했지만 실제 진행과정에서는 1시간 30분 소요됐다.

④ 돝섬 달빛축제의 성과

"공연을 보기 위해 돝섬에 어떻게 버스를 타고 갈 수 있냐?"고 물어보거나 축제 당일 돝섬 터미널 현장에 도착해 "공연 언제 시작하느냐?"고 물어보는 분들도 있었다. 이번 돝섬 메타버스 달빛축제를 통해 메타버스를 많이 알리게 됐고, 실험적인 축제를 통해 메타버스 문화예술 공연에 대한 성공 가능성을 확인했다.

돝섬 달빛축제에 참석했던 일부 관객 중에는 유명 가수의 공연을 영상으로 올렸으면 더 좋았을 거라는 의견도 있었지만 "현실세계의 무대를 메타버스에 옮겨 놓은 것보다는 메타버스 안에서 공연하고 함께 즐기는 새로운 세상에서의 새로운 경험을 해보기 위함"이라고 답변했다.

[그림20] 돝섬 메타버스 달빛축제 홍보(출처 : 경남도민일보)

⑤ 돝섬 메타버스 달빛축제의 성공 요인

돝섬 메타버스 달빛축제의 성공 요인으로는 첫째, 스스로 새로운 메타버스 세계를 경험해보고자 하는 열정맨으로 팀워을 만들었다. 둘째, 1인 다역을 할 수 있는 창조적 혁신전문가로 구성했다. 셋째, 풍부한 스토리 구성과 혁신적 아이디어를 찾아냈다. 넷째, 든든한 후원자 그룹(경남신문, 경남도민일보, 경남매일, 경남도민신문, 시사코리아뉴스, 한국상인뉴스, MBC경남, 창신대학교 국제교류원, 유니세프 경남후원회 등)이다. 이들은 최고 수준의 홍보와 마케팅으로 신문 보도기사 10건, 신문 전면광고 3회, 블로그, 유튜브, 페이스북, 인스타그램 등 다양한 SNS를 활용했다.

2) 이송비 메타버스 지휘자 인터뷰

메타버스 지휘자 이송비 대표는 '핑퐁복화술 소리누리 예술원' 원장으로 오랫동안 구연동화와 핑퐁복화술 공연을 했던 경험자로 메타버스에서는 공연 기획자겸 지휘자, M.C로 최고의 적임자다. 이송비 지휘자는 "일어나니 아침에 스타가 됐다는 말이 남의 이야기가 아니라 내 이야기였다"라는 소회로 인터뷰를 시작했다.

[그림21] 돌섬 메타버스 달빛축제 행사관계자 기념사진

오랫동안 공연을 기획하고 디자인하면서 무대에 섰던 내가 제페토 게더타운도 만났지만 내 가슴속에 정착한 것은 이프랜드였다. 이프랜드의 강점은 SK텔레콤 답게 소통이다. 지난 7월 14일 이프랜드가 출시되자 메타버스 속으로 하나 둘 유저들이 모여들기 시작했다. 나이도 성별도 묻거나 따지지도 않았다. 그들과 그렇게 친구가 됐다. 그러다가 문득 이프랜드 유저들과 콘서트를 열어보고 싶다는 꿈이 생겼다. 유저들에게 나의 꿈을 이야기했더니 생각했던 것보다 훨씬 좋은 반응을 보였다.

가수 못지않은 실력을 가진 유저들! 가수가 꿈이었던 유저들, 실용음악을 하는 유저들, 무대를 만들어주면 마음껏 끼를 발산할 유저들이 친구가 돼 주었다. 열정만큼 현실은 여러 사람이 함께하다 보니 연습시간도 공연시간도 조율하는 게 쉽지 않았다. 그렇지만 포기란 생각지도 않았다. 얼굴도 모르고 성별도 모르는 우주에서 만난 사람들이기에 모든 것을 받아들이고 인정하면서 그렇게 살아가야 한다는 것도 알게 됐다. 이프랜드가 출시된 지 딱 한 달인 8월 13일 처음으로 유저들과 'The New World Music Concert'를 열었다.

[그림22] 메타버스 돌섬 달빛축제 김라미 문화기획자 무대 점검 장면

[그림23] 돌섬 메타버스 달빛축제 엔딩장면

이프랜드 유저들과 함께한 Music 콘서트 성공에 이어 이프랜드 인싸로서 여는 돝섬 메타버스 달빛 축제행사를 기획하고 진행하는 것은 또 하나의 세계탐험으로 좋은 기회였다. 상업화를 위한 메타버스 속에서 축제를 한다는 건 새로운 시도이기에 더 많은 노력이 필요했다.

프로그램을 만드는 것은 그동안 경험과 노하우를 활용하면 되지만 출연진을 섭외하는 일은 보통이 아니었다. 연습시간이 저녁 늦은 시간이라 어린 친구들은 가능한 배제했다. 이름 없는 소속사가 길거리 캐스팅하는 기분이 들 만큼 거절도 당했다. 출연하겠노라 약속해 놓고 나타나지 않는 사람, 연습하다가 가버리는 사람, 출연시켜 달라고 찾아오는 어린 친구들, 연습하는 동안 단 한 번도 제시간에 오지 않는 사람들, 영혼이 자유로운 사람들의 축제처럼 자유로운 연습 기간이었다.

자기 일처럼 도와주시는 분들도 많았다. 출연진들을 섭외해 주시는 분들, 다른 랜드에서 즐기고 있는 출연진을 일일이 찾아다니며 연락을 취해주시는 분들, 1인 다 역을 해주시는 고마운 분들이 있었기에 축제를 성공시킬 수 있었다.

[그림24] 돝섬 메타버스달빛축제 공연장면

◇ 돋섬 메타버스 달빛축제의 스토리 구성

① 토리 형제

지구에 독수리 5형제가 있다면 메타버스에는 '토리 형제'가 있다. 토리 형제는 서로 함께 하면서 매일 하루도 빠짐없이 메타버스를 순찰하고 있다. 제 2의 지구 메타버스는 토리 형제가 지킨다.

② 뿌리교

현실 세계에 기독교, 불교, 천주교가 있다면 메타버스에는 '뿌리교'가 있다. 어느 날 유저들은 모닥불 가에 둘러앉아 도란도란 이야기꽃을 피우다가 그들은 문득 계시를 받은 것처럼 모닥불을 향해 큰절을 올렸다. 그리곤 그들의 역사가 시작됐다.

③ 현실 남매

오빠 여동생 간의 티격태격하는 현실 남매가 이프랜드에 떴다. 현실 남매는 가상세계에서 어떤 모습으로 존재할까요? 귀여운 현실 남매는 가상세계에서도 눈물겨운 남매다.

④ 미이라

수만 년 동안 잠들어 있다가 돋섬 달빛축제를 위해 홀연히 깨어났다고 한다. 피라미드 속에서 깨어난 미이라가 우리에게 전할 메시지가 있었다.

⑤ 피오나 공주를 사랑한 외계인

21세기에도 풀리지 않는 숙제 외계인. 그 외계인이 메타버스 속에서 정체를 드러냈다. 외계인이 그 모습을 드러낸 까닭은 오직 사랑 때문이었다. 피오나 공주를 사랑한 외계인. 그들의 달달함은 어디까지일까? 그들의 사랑은 이뤄질까?

⑦ 태권 소년단

가장 한국적인 것이 가장 세계적이다. 메타버스에서도 우리의 태권도는 빛을 발했다. 메타버스 속 유단자 태권소년단의 국악에 맞춰 추는 태권무는 흥을 돋는데 충분한 무대였다.

⑧ 행사를 통해서 찾아낸 문제점

신문보도와 전면광고 그리고 MBC경남을 통해 가상공간에서 진행되는 공연이라 알렸지만 당일 돝섬 터미널로 찾아와 “공연이 취소됐냐?”며 항의하거나 “어떻게 돝섬에 버스를 타고 가느냐?”고 물어본 사람들이 제법 있었다. 사전 예약 시 전화 안내를 했음에도 불구하고 이런 상황은 축제 당일까지 이어졌다.

[그림25] 돝섬 메타버스 달빛축제 리허설 장면

◇ 메타버스 이프랜드 공연장 입장방법 안내

① 입장객을 위한 별도의 단톡방 개설

다양한 홍보 영향으로 신청자가 너무 많아 입장 인원을 제한해야 했고 이프랜드 앱을 설치하지 않은 사람들은 줌을 통해 4회에 걸쳐 입장방법을 안내한 후 행사참여자만을 위한 ‘돝섬 메타버스 달빛축제’ 비공개 카톡방을 개설해 입장을 유도했다.

② 입장방법 안내

이프랜드 앱을 설치 한 다음 행사장에 입장할 수 있도록 SNS를 통해 안내했다.

③ 행사 당일 입장은 오프라인 행사와 달라

이프랜드에서 무료사용 공간 활용은 131명까지 입장할 수 있다. 그래서 30분 전인 7시 30분에 출연자, 내빈을 먼저 초대하고, 10분 뒤인 7시 40분에 일반인들에게 문을 열기로 했다. 그런데 여기서 중요한 것은 출연진과 무대에 오를 내빈들이 31명이 초과하는 상황이 발생했다. 부득이 일부 공연을 취소하고 내빈을 입장토록 했다.

또 131명 중 31명이 먼저 입장한 뒤 나머지 관람객이 입장해야 하는데 출연자와 내빈이 공연 시작 30분 전까지 입장하지 않고 게스트가 먼저 들어오는 상황이 발생했다. 강제 퇴출이 안 돼 기존의 공연장을 폭파하고 새로운 공간을 만들어 입장할 수 있었다. 다행히 가까스로 공연 시간 3분을 남기고 7시 57분에 일반인이 입장할 수 있도록 방을 개방했다.

④ ON Stage 와 OFF Stage

131명 중 31명까지는 ON Stage로 화면에 아바타가 보이지만 31명 이후에 입장하는 유저들은 OFF Stage로 의자에 앉을 수 없다. 함께 춤추고 이모지를 활용할 수도 있지만 단 화면에는 보이지 않았다. 본인에게만 본인의 아바타가 보였다. 이프랜드 유저들 사이에서는 유령관광객이라고 불렸다. 이것이 100여 명 관객이 함께했음에도 사진이나 영상에는 빈자리가 많은 것처럼 보인 이유였다. 이프랜드의 활용 시 가장 큰 아쉬움이었다.

의자에 앉아 공연도 관람하고 댄스를 하거나 자유롭게 이동할 수 있지만 31명 이후 입장한 나머지 100명은 주변 사람들과 춤추고 무대에 올라갈 수 없이 화면만 볼 수 있었다. 그래서 일반 관람객은 참여할 수 없었고 일반 영상으로 보는 효과만 있었다. 따라서 필자가 봤던 이프랜드 공연이 전부를 본 것이 아님을 강조하고 싶었다.

[그림26] 돌섬 메타버스 달빛축제 가수 윤이의 막걸리 한잔 공연장면

⑤ **개인의 스마트폰 용량 정리 필요**

일부는 입장했는데도 무대는 보이지 않고 목소리만 나오는 상황이었다. 그것은 본인 소유 스마트폰 용량이 부족하거나 기능을 제대로 발휘하지 못해 발생하는 현상이었다. 이는 일부 참여자가 화면이 나오지 않고 목소리만 들린다고 해 방송 사고인 줄 알았다. 메타버스 공연 실황을 볼 때 다양한 기능사용으로 스마트폰 용량을 많이 사용하기 때문에 사전에 불필요한 데이터는 삭제하는 것이 좋다. 때로는 스마트폰이 과 부화 되면 화면이 흐리거나 현장 음이 제대로 들리지 않을 수도 있기 때문이다.

⑥ **행사 진행 시 발생 되는 문제점**

행사에 참여하는 사람들이 스마트폰의 음 소거를 요청했음에도 불구하고 종종 현장 음이 들리는 상황이 발생했다. 또한 초대하지 않은 게스트가 들어와 행사 진행 중에 질문을 하거나 공연이 일시 중단되는 상황이 발생하기도 했다. 특히 영상과 화면을 프로그램에 맞게 올려야 하는데 진행자가 다운되는(튕겨 나가는) 상황이 발생하기도 했다. 그런 문제를 해결하기 위해 필수 진행자인 김라미 문화기획자는 스마트폰과 아이패드 2곳으로 입장해서 프로그램을 지원해 돌발 상황에 대처했다.

이번 돝섬 메타버스 달빛축제는 현실세계에서 하는 축제 이상의 다양한 무대디자인과 영상처리로 새로운 가상세상에서의 축제를 성공적으로 이끌었다. 종합엔터테인먼트 역할을 톡톡히 해준 문화기획자 김라미 작가의 역할이 컸다.

3) 메타버스 문화기획자 김라미 작가 인터뷰

아무도 가보지 않은 메타버스에서 메타버스 문화기획자로서 찐하게 놀아보기로 했다. '돝섬 달빛축제' 경남도민일보 전면광고가 축제의 시작을 알렸다. 기획자는 표현할 수 있어야 하고, 홍보할 수 있어야 하며 뉴스 생산자다. 기획과 진행에 참여하고 있는 문화기획자가 메타버스 축제 광고의 주체가 되는 것이다. 행사 참여하는 곳곳에 기획 김라미, 디자인 라미작가, 이프랜드 닉네임 라미로 노출했다. 기획자는 모든 것을 꿰뚫고 있어야 해서 다양한 방법으로 가까이 다가가 그들의 필요한 것을 찾아 나서야 했다.

[그림27] 돌섬 메타버스 달빛축제 하트공연 장면

① 메타버스 문화기획자의 역할

문화기획자는 보일 듯 말듯 한 곳에서 일했다. 어디선가 툭 나타나도 이질감이 안 들었다. 팔색조이자 카멜레온 같은 존재자가 돼야 했다. 출연자들의 입장에서 볼 수 있어야 하고, 관객의 입장, 내빈의 입장, 사회자, 주관사, 후원사들의 입장에서도 바라보아야 했다. 또한 행사 바깥의 세상에 있는 사람들의 마음도 헤아려야 했다. 그래서 여기저기 뛰어다녀야 했다. 리허설 현장에서는 숨죽여 바라보다가 아이디어와 대비책을 함께 기록했다. 현장감 있는 목소리는 바로 그곳에 있었다. 그리고 여차하면 긴급 투입될 수 있도록 뒤에서 연습을 거듭했다.

② 무 대

메타버스의 무대는 현실 장소처럼 그곳만의 장점도 있으나 제약점도 공존한다. 가능한 범위에서 최대의 효과를 낼 수 있는 방안은 직접 가 보아야 나온다. 아무리 도면을 들여다보고 고민해도 직접 밟아보고, 서보고, 관계자의 체험을 들어보는 등 꾸준한 연구가 필요했다. 연습하는 곳에서 함께 숨 쉬는 것도 그런 이유에서다.

③ 홍 보

신문과 방송 그리고 SNS를 통해 10월 7일, 돌섬 메타버스 달빛축제 소식이 메타버스 세계에 알려지게 됐다. 지휘자 겸, 감독, 사회자인 이송비 대표는 이프랜드와 SNS에서 생생한 이야기를 해주고, 출연진 역시 개인 SNS를 통해 세상에 알렸다. 우리는 참여자 모두가 실시간 홍보대사다. 메타버스 문화기획자는 이들이 자신 있게 홍보할 수 있도록 상황에 맞는 홍보물을 준비해줬다. 직접 나서기도 하고 디자이너의 손을 빌리기도 했다. 매 순간 관찰하며 작은 중얼거림도 놓치지 않고 반영해야 했다. 그리고 열심히 듣고 행동으로 옮겼다.

이번 달빛축제는 프로토 타입의 개념이기도 해서 이 모든 것을 최소의 인원으로 했으나 다수의 역할을 하는 인원이 필요했다. 또 예상보다 예산이 더 소요될 수도 있었다. 홍보 역시도 각각의 팀원이 적극적으로 하겠지만 이를 조직적으로 지휘하는 것도 필요해 보였다. 그런 의미에서 홍보는 시작과 끝까지 전 과정에 걸쳐 모든 구성원이 참여해야 하는 부분이다. 이번 홍보에서는 처음부터 신문방송의 도움을 받아 출발할 수 있었다.

[그림28] 돌섬 메타버스 달빛축제 김라미 작가 랜선 전시회

④ 바깥세상

메타버스는 플랫폼별로 세계가 다르기에 상호 오갈 수 없음이 아쉽지만 가능해지는 날도 있지 않을까 상상해 본다. '메타버스 여권'이 발급되는 시대도 올 것이다. 제페토 별에 사는 까멜레온 라미도 이프랜드 별에서 진행하는 돌섬 메타버스 달빛축제에 가고 싶었다. 이번 돌섬 메타버스 달빛축제는 영상으로나마 이프랜드 무대에 초대해 함께 했지만 앞으로는 세상과 세상을 이어갈 날이 올 것이다. 생각하는 바를 영상과 가상으로 보여주는 것이 메타버스! 또 다른 시작이다(참고영상https://youtu.be/edio-tgwvyY).

⑤ 출연자 지원 사항

오로지 메타버스에 함께 탑승해 함께 즐겨보자는 순수한 의도로 참여했는데 공연을 연습하는 과정은 순탄치 못했다. 메타 BTS와 메타 액터스가 매일 저녁 연습에 연습을 계속해야 했다. 때로는 공연 참가자가 갑자기 나가기도 하고 들어오기를 반복했다. 처음으로 아바타를 통해 율동을 선택해야 하는 것 또한 쉽지 않았다.

국내 최초로 시도하는 아바타 댄스그룹! 한 동작을 백 번은 맞춰보는 것 같다. 전체 출연자 동작과 대사를 맞춰보고, 최고의 무대를 찾기 위해 장소를 이동하며 함께 연구했다. 연습 시간이 지속될수록 이송비 메타 지휘자의 괴력을 보며 준비 인원들은 점점 안정됐다. 연습 과정을 보면서 현실 세계의 배우들과 가수들이 얼마나 연습을 진지하게 공들이고 무대에 오르는 것인지 상상해 보았다.

메타버스에서도 다를 것이 없었다. 무대를 설치할 때도 출연자와 관객 사이를 오가면서 여러 번 걸쳐 뗐다 붙였다 반복하며 무대를 만들어갔다. 현수막 역시 대 여섯 번 디자인을 바꿔야 했다.

세미나장에서 하던 일을 메타버스에서도 똑같이 하고 있다는 생각이 들어 마치 현실에 있는 것처럼 착각한 순간도 있었다. 기본 무대 세팅을 마치고 나니 연습도 현장에서 행사하는 것 같이 긴장감도 있고 멋스러웠다. 현장이나 메타라는 가상공간에서나 느끼는 것은 매한 가지였다.

[그림29] 돌섬 메타버스 달빛축제 태권무 공연장면

⑥ 영상 제작은 공연의 핵심이면서 놀이터 역할

간단한 영상은 아이디어를 표현하는 데에 매우 유용하다. 특히 메타버스 세상에서는 보이는 것, 들리는 것이 주를 이룬다. 주관, 주최, 후원, 출연하는 사람들을 돋보이게 하는 영상을 만들 수 있으면 좋다. 행사의 분위기와 참여하는 사람들에 대한 이해가 필요하며 메타버스 세계라고 해서 다르지 않다.

메타버스 플랫폼 역시 개인들이 자신의 캐릭터(본캐, 부캐)로 활동하고 SNS에도 적극 활용하고 있으므로 사진을 찍고 싶어 할 수 있는 영상을 준비해 볼거리, 즐길 거리, 찍을 거리를 제공해줘야 한다. 영상은 행사용이기도 하면서 유튜브를 통해 다시 살아난다. 유튜브 역시 메타버스의 한 부분이다.

영상은 출연자 지휘 및 영상 촬영 및 편집자 역할을 하는 이송비 메타버스 지휘자가 손수 만들어줬다. 공연의 핵심이 영상이므로 세심하게 제작할 필요가 있다. 특히 이프랜드에서 공연 도중에 영상 제작은 역시 쉽지 않았다. 영상을 촬영할 전문가가 있고 별도의 스마트폰이나 아이패드를 활용하는 것이 좋다.

⑦ 메타버스 월드 만들기

플랫폼에서 제공하는 툴을 사용해 직접 랜드를 만들어 보고 그 안에서 머무를 사람들을 위한 최적의 공간을 만들어야 하며 랜드를 만드는 과정에서 중요한 부분은 유저들이다. 유저 익스피리언스(UX) 디자이너가 돼야 한다. 경험하는 사람 입장에서 만들 수 있도록 고려하는 자세가 필요하다. 실제 개발자들에게도 이러한 철학과 원칙을 갖고 소통하며 월드를 만드는 제작자들과 적절한 접점을 만들어 시너지를 낼 수 있으면 좋다.

더 나아가 여러 가지 분야에 관심을 갖고 대화하고 의견을 개진할 수 있을 정도의 이해력과 실행력이 있다면 플러스 요인이다. 1인 다역 N잡러 시대 다양한 관심과 다양한 이해력이 요구되기 때문이다. 월드를 만들어 놓고 보니 태권소년단의 영상을 시청하던 우리 집 유단자들(딸은 태권도 4품, 아들은 태권도 3품)이 품 띠를 저렇게 매면 안 된다고 지적했다.

가상세계라고 해도 현실세계의 룰을 적용하는 것이 필요하다. 함께 만들어가는 메타버스 세상이기에 이프랜드에 직접 이메일을 보내 문제를 함께 풀어보고자 했다. 바로 수정은 못 해도 적용하겠다는 답변을 받았다.

[그림30] 돌섬 메타버스 달빛축제 축사하는 이길연 창신대국제교류 원장

⑧ 메타버스 진입 장벽 낮추기

여기서 진입장벽이라 함은 참여하고자 하는 사람들의 접근을 말한다. 하룻밤 자고 나면 바뀌어 있는 세상이라 느낄 정도로 급격히 변화하고 있다. 기술적인 지식이나 경험이 없더라도 쉽게 접근할 수 있도록 여러 방향에서 바라봐야 할 때다. 그리고 매 순간이 도전이다. 또 현재 진행 중인 프로젝트에만 시선을 두기보다는 경계나 한계를 두지 않고 다각적으로 접근하는 자세를 가져야 한다.

친근한 것에서 시작해서 함께 즐길 수 있도록 하는 선한 영향력을 발휘하는 것도 메타버스 기획자의 역할이다. 낙서에서 시작해서 메타버스 플랫폼까지 들어올 수 있게 문을 열어 놓고 싶다. 사람마다 좋아하고 잘하는 게 다르므로 문화기획자의 벽을 낮춰 누구나 쉽게 뛰어드는 문화로 자리 잡도록 하고 싶다. 어느 특정한 집단의 전유물이 아니라 누구든 창작자와 소비자가 돼 동시에 즐기고 쉴 수도 있는 메타버스 문화로 정착할 수 있도록 노력할 것이다.

⑨ 메타버스에서 가장 중요한 것

메타버스 공연에서 제일 중요한 것 중 하나가 '순발력'이다. 시스템적인 문제는 예상되는 것도 있지만 행사 도중에 알게 되는 것도 있다. 이번 돌섬 메타버스 달빛축제를 진행하면서 각 플랫폼들의 제약사항, 이를 적절히 대비하고 활용하는 방법도 여러 번의 시행착오를 통해 알게 됐다. 동료들이나 경험자들의 조언, 소통과 신속한 결정이 필요하다.

그리고 늘 백업플랜이 있어야 한다. 메타버스는 유저로서 컨트롤 할 수 없으며 렉이 걸려서 출연자가 갑자기 사라질 수도 있기 때문에 노련한 진행자와 지원자가 필요하다. 촬영 역시 여럿이 진행해 서로 보완하고 만약의 사태에 대비해야 하며 행사용 기기를 따로 관리해야만 돌발 상황 발생 시 즉시 대처할 수 있다.

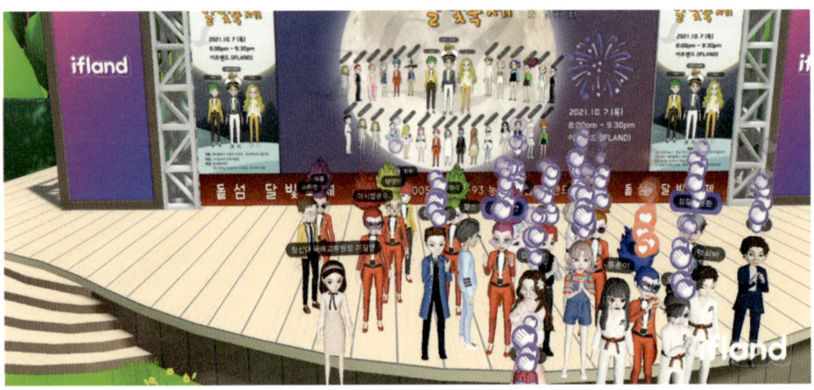

[그림31] 돌섬 메타버스 달빛축제 이모지 활용 박수장면

[그림32] 돌섬 메타버스 달빛축제 복화술 이송비 공연장면

⑨ 이송비 대표의 명품 공연 유치하기

공연을 유치하는 것은 이송비 대표가 세심하게 준비하고 진행했다. 맑고 고운 목소리 주인공으로 진행이 매끄럽고 공연 스토리 구성도 탄탄했다. 무엇보다도 메타버스에서의 명품 복화술 공연은 관객들의 흥을 돋우기에 충분했다(참고영상 https://youtu.be/PTOBJlM6PsE).

또한 메타버스에서 공연할 수 있는 가수를 초대했다는 것도 좋았다. 메타버스에서 활동하는 가수는 손에 꼽을 정도로 아직 미지의 세계다. 그래서 가수를 섭외하기도 쉽지 않았다. 현실에서 공연할 때 여러 번의 리허설을 통해 음향을 체크 하는데 메타버스는 그런 상태에서 아바타까지 움직여야 하니 가수들이 메타버스에 탑승하는 것 또한 쉽지 않았다.

그래서 최상의 음향보다도 최선의 음향을 찾고자 했다. 가수 윤이, 최병윤 가수의 노래를 메타버스 세계에 앉아서 들을 수 있어서 감동이었다. 이프랜드 유저인 나그네 님의 감미로운 목소리로 듣는 '돌섬 연가'는 모르는 노래인데도 열심히 연습해서 부르는 열정에 박수를 보내지 않을 수 없었다.

하루 전날 코로나19 백신주사를 맞고 출연자가 부득이 출연하지 못하게 됐을 때 KBS-N 잡러 스타트 업 크리에이터 노래천사 성정숙 교수를 급히 모시기도 했다. 메타버스는 상상하고 생각하는 대로 할 수 있는 세상이라는 것을 실감했다.

[그림33] 돌섬 메타버스 달빛축제 후원한 유니세프경남후원회장

4) 메타버스 MC 및 촬영감독(황윤수)

이프랜드에서 첫 선을 보인 만큼 모든 것을 기록으로 남기고 현장에 참여하지 못한 분들을 위해 유튜브 라이브 생중계를 시도했다. 메타버스 전문가들은 이 부분에 대한 관심이 높았다. 영상을 녹화하려면 누군가 한 사람은 전담해야 하고 비상시 대처 방법도 수립해야 한다. 이프랜드 특성상 31명까지만 현장 상황을 생생하게 볼 수 있으니 더욱 신경이 쓰였다. 항상 새로운 세상과의 만남으로 설레게 해주는 메타버스! 이번 축제를 유튜브로 방송하기 위해 메타버스 MC 황윤수 대표가 참여했다.

스마트폰에서 LIVE가 안 돼 줌 강의 때 활용하는 OBS 방송 시스템을 도입했다. 노트북으로 새로운 시도를 했다. 그런데 리허설에서는 가능했지만 송출속도가 느려 버퍼링 현상이 나타났다. 이런 것처럼 아직 정착되지 않은 메타버스 시스템에서 공연기획과 연출은 항상 새로움과의 만남이었다. 그래서 더 매력적인지도 모른다. 사전 준비를 철저히 했지만 문제는 행사 당일 현장에서 또 발생 됐다. 하루 종일 영상편집을 하고 이프랜드에서 테스트해 보고 스마트폰 과부하가 생기는지 여부도 완벽하게 점검했는데도 결정적인 순간에 아주 제한적인 기능만 사용할 수 있는 바람에 식은땀이 났다.

온 스테이지 모드로 유지하고 있어야 해서 다시 나갔다 들어올 수 없는데 화면 오류로 하얀 화면이 오버랩 돼 무대가 전혀 보이지 않았다. 모든 수단을 동원해서 대처하긴 했지만 미세한 조정은 하지 못하는 상황이 되니 참 답답했다. 기기를 점검하고 백업할 수 있는 대안을 늘 준비해야 한다.

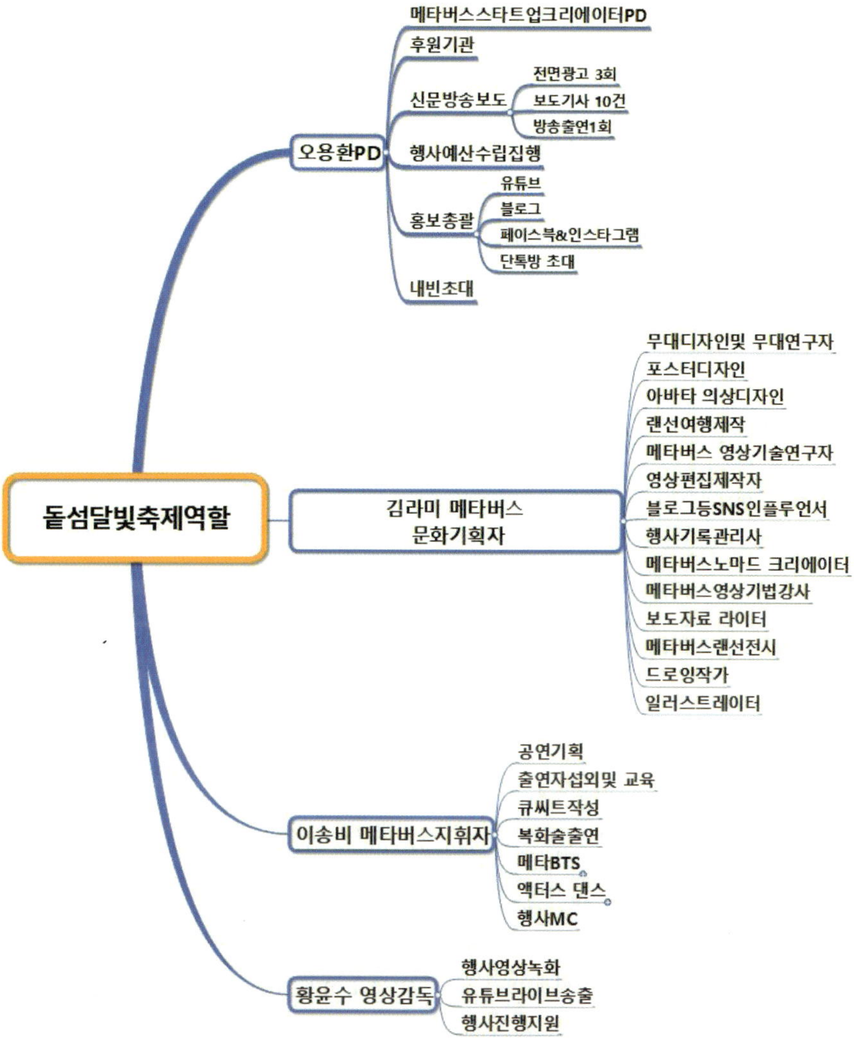

[그림34] 돌섬 메타버스 달빛축제 조직과 역할

Epilogue

메타버스에서 돌섬 달빛축제를 한다는 것은 그리 쉬운 일은 아니다. 시스템이 안정되지 않았고 메타버스에서 공연하는 가수, 공개적으로 활동하는 출연자도 없다. 그런 상태에서 새로운 세계로 떠나는 돌섬 메타 버스 달빛축제는 출발했다.

아무도 없는 미지의 세계 메타버스 이프랜드에서 섬장 오용환은 메타버스 스타트 업 크리에이터 PD로, 디지털 비주얼라이져 라미작가는 메타버스 문화기획자, 핑퐁 복화술 소리누리예술원 이송비 원장은 메타버스 지휘자, 감정 디자이너이면서 메타버스 행사기획자인 황윤수 대표는 영상촬영 감독으로 참여해 메타버스 이프랜드에서 지금까지 시도해보지 못한 새로운 경험을 톡톡히 겪어냈다.

코로나19로 인해 삶의 대부분이 비대면으로 전환되면서 메타버스는 오히려 코로나19라는 날개를 달고 비상을 시작했다. 메타버스 상에서 돌섬 달빛축제를 개최할 수 있었던 것 자체가 코로나19의 영향 때문이다. 비대면이기에 메타버스라는 가상현실세계가 더 현실적으로 가슴에 와 닿았고 축제 역시 성공적으로 마무리할 수 있었다.

필자에게 있어서 메타버스는 꿈을 실현시켜 주는 가상현실세계이다. 가상에 가까운 것인지 현실에 가까운 것인지를 가늠하기보다 말 그대로 가상현실세계로 나에게 다가왔다. 그 안에서 현실세계에서 보다 더 실감나는 축제를 구성해야 했고 축제를 관람하는 관객들에게 즐거움과 감동을 안겨줘야 했다.

처음 시도해 보는 것이기에 실수도 많았고 한계점도 느꼈지만 그래도 가장 기쁜 것은 비대면 시대 속에서 메타버스를 통해 축제를 치러낸 성취감과 순간순간 스쳐지나가는 위기 속에서 느낄 수 있었던 짜릿한 스릴이다.

많은 사람들이 이야기할 것이다. 현실에서의 축제와 메타버스 속에서의 축제 어느 것이 더 멋지고 재미가 있냐 라고. 나는 이렇게 대답하고 싶다. 축제는 멋짐이 중요한 것이 아니라 그 하나를 만들어 내기까지 참여자 모두의 수고와 헌신이 바로 축제이고 멋진 과정이다 라고. 현실이라고 해서 더 멋지고 재미있지 않을 것이고 메타버스라 더 재미와 만족도가 떨어지고 현장감이 감소되지도 않는다. 어떻게 구성하고 어떤 구성원들이 함께 하느냐에 따라 가상이 현실을 따라잡을 수도 있을 것이라 생각한다. 그것이 또한 메타버스를 연구하는 이들이 이뤄내야 할 몫이기도 하다.

또한 이번 축제를 통해 우리가 담당했던 부분들이 바로 메타버스 시대 속에서 새로 생겨날 수 있는 직업이 될 것이다. 코로나19로 가장 직격탄을 맞은 분야가 바로 엔터테인먼트, 연예계, 예체능계일 것이다. 비대면이라 일터를 잃었다고 낙심하지 말고 비대면이라서 더욱 필요한 새로운 직업으로의 도전을 시도해 보자. 이것이 바로 메타버스 시대 새로운 직업의 탄생이다.

한편 아직 메타버스가 넘어야 할 산은 높다. 이번 축제에서도 언급했듯이 이프랜드가 갖는 많은 제약들만 봐도 그렇다. 만족한다고 말할 수는 없지만 그럼에도 시도했다는 자체가 절반의 성공을 가져왔다고 자부한다. 그래서 그 다음은 더 나아질 것이고 그러는 가운데 시간은 흘러 더 훌륭한 기능을 탑재한 플랫폼이 우리를 기다리고 있을 것이라고 확신한다.

끝으로 오는 10월 27일 경남 마산 돝섬에서 개최되는 가고파 국화축제는 아무도 경험해보지 못한 또 다른 메타버스 세계인 게더타운에서 역사를 만든다. 메타버스는 내가 생각하고 상상하는 꿈을 현실로 만들어 갈 수 있기 때문이며 이것 또한 현실세계와 동일한 하나의 역사로 남을 것이다.

Chapter 7
메타버스를 활용한 창업의 기회

김 일

Chapter 07.
메타버스를 활용한 창업의 기회

Prologue

메타버스가 대세인 시대에 돌입했다. 메타버스를 올라타지 않고는 사람들과 대화할 수가 없다. 그렇다면 어떻게 메타버스를 타야 할까? 내가 타고 갈 메타버스는 어디에서 나를 기다리고 있는 것일까? 내가 탈 메타버스는 나에게 미래의 어떤 희망을 만들어 줄까?

과거에는 공상과학 만화영화에서만 볼 수 있었던 가상공간이 이제는 현실과 연결돼서 사람들의 소통 공간이 돼가고 있다. 더군다나 코로나19로 인해 세상은 완전히 바뀌었다. 4차 산업혁명으로 인해 다가올 AI 시대가 코로나19로 인해 5년 앞당겨졌다고 한다.

2020년 강원대학교 김상균 교수의 「메타버스: 디지털 지구, 드는 것들의 세상」에서 소개한 이후 세상은 빛의 속도로 메타버스 세상 속으로 빠져들어 갔다. 얼마 전까지만 해도 청소년 또는 게이머들의 세상으로만 알려졌던 곳이 지금은 누구나 함께 하는 공간이 돼 버린 것이다.

메타버스 이제는 더 이상 게임 공간이 아니라 우리가 더불어 살아가야 하는 세상이 됐다. 메타버스를 알지 않고는 미래를 생각할 수가 없다. 필자가 몇 개월 전 메타버스에 대해 이야기를 들었을 때만 해도 이렇게 빠른 속도로 성장할 줄은 몰랐다. 아들이 "아빠 〈메타버스〉 책 좀 읽어보세요.", "그게 뭔데!" 이런 대화를 했었다. 그런데 불과 몇 달 지나지 않아서 필자는 한국메타버스연구원 스파르타 강사과정을 마치고 인증강사가 됐다. 그리고 지금은 다양한 기관에서 강의를 진행하고 있다.

‘나에게 이런 기회가 올까? 나도 메타버스에 탑승할 수 있을까? 메타버스에 탑승한다고 세상이 바뀔까?’라고 생각했었다. 그러면서 또 생각했다. ‘내가 탈 메타버스는 나에게 미래의 어떤 희망을 만들어 줄까? 어떻게 나의 희망이 그 세상에서 뿌리를 내릴까?’. 그런 생각 속에서 나는 이미 새로운 세상 속으로 빠져들어 있음을 발견하기까지 그리 오랜 시간이 필요하지는 않았다.

지금까지 오프라인과 온라인으로 1대 1 코칭을 통해 만난 사람들의 욕구 속에서 메타버스가 미래 희망의 중심에 자리하고 있을 것이라는 확신이 들었다.

「메타버스 새로운 기회」에서는 인터넷, 스마트폰에 이은 세 번째 혁명을 메타버스라고 한다. 메타버스 세계는 상상하는 모든 것이 가능한 세계이다. 이러한 메타버스 관련 시장은 2025년 537조원에서 203년 약 1,700조원 규모로 급성장할 것으로 전망된다고 한다. 인류는 이제 디지털 지구에 산다고 한다. 사람들이 가상현실에 열광하는 이유는 유망산업들은 모두 메타버스에 속하고 있기 때문이다. 기존 산업과 메타버스가 만나서 생긴 변화이기도 하다. 메타버스와 관련된 산업을 찾아야 한다. 거기에 인류의 희망이 있고 미래가 있다.

미래의 희망, 메타버스 어떻게 타고 가야 할까? 메타버스에는 어떤 창업의 기회가 있고, 어떤 일자리를 만들어 갈 수 있을까? 이것에 대해 필자는 다음과 같이 6가지 영역에서 살펴보고자 한다.

첫째, 메타버스 공간의 이해
둘째, 기업에서의 메타버스 활용
셋째, 대학 및 교육기관에서의 메타버스 활용
넷째, 공공기관에서의 메타버스 활용
다섯째, 스타트 업, 메타버스를 활용한 창업 기회
여섯째, 프리랜서와 메타버스를 활용한 수익 창출

이글의 전체적인 이야기의 전개는 위의 6가지 영역에서의 활용사례를 살펴보고 이를 통해 스타트 업 및 프리랜서로 활동하는 사람들의 지식창업의 기회를 찾아보는 것이다.

1. 메타버스 공간의 이해

메타버스를 통한 희망을 이야기할 때 먼저 알아야 할 것이 메타버스 공간에 대한 이해이다. 메타버스의 다양한 공간을 이해해야만 활용을 어떻게 할 수 있을지에 대해 생각할 수 있기 때문이다.

메타버스(Metaverse)란 가상, 초월 등을 뜻하는 영어 단어 'Meta'와 우주를 뜻하는 'Universe'의 합성어로 만들어졌으며 현실 세계와 같은 사회·정치·경제·문화 활동이 이뤄지는 3차원의 가상세계를 말한다.

메타버스는 아래의 그림처럼 가상세계(Virtual Worlds), 거울세계(Mirror Worlds), 증강현실(Augmented Reality), 라이프로깅(Lifelogging) 등 4가지의 세계로 구성되어 있다.

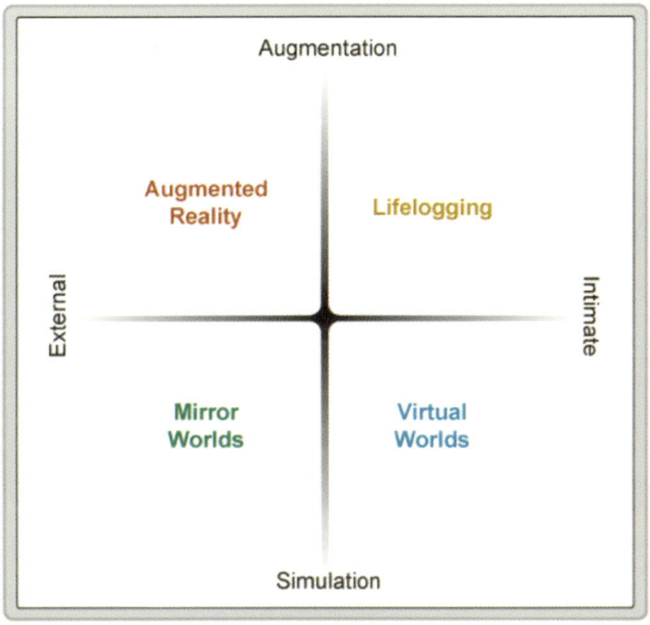

[그림1] 메타버스의 4세계(출처: Metaverse Roadmap(pathway to the 3D web)

1) 가상현실(Virtual Worlds)세계

가상세계(Virtual Worlds)는 물리적 세계로 공동체의 경제적·사회적 삶을 점점 더 증대시키고 있다. 많은 가상 및 물리적 세계 구분은 앞으로 사라질 것이다. 가상현실은 실제로 존재하지 않는 가상공간이지만 실제처럼 느끼게 시뮬레이션 한 디지털 가상공간이다. 2018년 개봉된 '레디 플레이어 원' 영화 속의 오아시스와 같은 공간이다. 가상현실에서는 현실에서 할 수 없는 다양한 것들을 직접 이뤄 볼 수 있는 꿈의 공간이라고 볼 수도 있다.

2) 거울세계(Mirror Worlds)

거울세계는 정보가 강화된 가상 모델 또는 물리적 세계의 '반사'이다. 이러한 구성에는 정교한 가상 맵핑, 모델링 및 주석 도구, 지리 공간 및 기타 센서, 위치 인식 및 기타 라이프로깅(이력 기록) 기술이 포함된다.

거울세계는 실제 세상에 존재하는 것을 디지털 가상세계로 옮긴 것을 말한다. 거울세계의 대표적인 예로는 네이버 지도, 구글 맵, 카카오 맵 등이 있다. 이는 디지털 세상에 실제 세상에서 존재하는 사물, 장소 등을 그대로 반사했기 때문에 더 정확하게 연결돼 앞으로도 계속 발전할 것이다.

3) 증강현실(Augmented Reality)

증강현실에서 메타버스 기술은 세계에 대한 일상적인 인식 위에 네트워크 정보를 처리하고 계층화하는 위치 인식 시스템 및 인터페이스의 사용을 통해 개인의 외부 물리적 세계를 향상시킨다.

증강현실은 현실세계에 있는 물리적 대상에 디지털 데이터를 겹쳐 보여주는 것이다. 영화 '마블 어벤저스'의 '아이언 맨'이 사용하는 안경을 보면 쉽게 알 수 있다. 아이언 맨이 세상을 보는 안경에 데이터를 투영한 장면이 있다. 이는 가상세계에 현실 세상의 실제 데이터를 맵핑한 것을 말한다.

4) 라이프로깅(Lifelogging)

라이프로깅에서 증강기술은 유저의 기록, 관찰, 소통 및 행동 모델링을 지원해 사물과 사용자의 친밀한 상태와 생활의 기억을 기록하고 보고한다. 사용자 라이프로그를 통해 사람들은 자신의 삶을 비슷한 기록으로 남길 수 있다. 유저라이프 로그는 AR 시나리오와 겹치며 둘 다 AR 정보 네트워크와 유비쿼터스 센서에 의존한다.

라이프로깅 기술은 우리가 생활에서 직접적으로 사용하는 소셜미디어 서비스(SNS)가 대표적인 예가 될 것이다. 페이스북, 인스타그램, 카카오톡, 라인 등의 소셜미디어 서비스를 통해 사용자가 직접 자신의 글이나 사진을 직접 작성하고 전달하고 있다. 이것은 5G와 함께 사물인터넷의 활성화로 일상 정보를 데이터화 해 수집하고 저장하고 묘사하는 서비스로 발전하게 될 것이다.

메타버스의 4가지 세계는 우리가 느끼던 느끼지 못하던 우리의 생활에 밀접하게 다가와 있다. 이러한 세계를 제대로 이해하는 것이 앞으로 미래에는 어떤 직업이 필요한지, 어떤 직업이 사라지고 새롭게 만들어 질지, 새로운 일자리를 어떻게 만들어 낼지 알아가는 데 매우 중요하다. 또한 변화하는 세상을 빨리 읽어내는 것이 필요한 이유이다.

2. 기업에서의 메타버스 활용

메타버스의 세계를 대표하는 플랫폼이 로블록스, 제페토, 이프랜드, 게더타운 등이다. 이러한 플랫폼은 MZ 세대의 전유물처럼 느껴져 왔다. 그러나 최근 코로나19로 인해 비대면 활동이 증가하고 직장에서도 재택근무가 늘어나게 되고 기업들도 적극적으로 메타버스를 활용하게 됐다.

네이버의 제페토의 누적가입자 2억 명 중 10대 비중이 80%정도 차지하고 있다. 이렇기 때문에 국내외 아이돌 기업과 제휴를 통해 MZ 세대의 소비층을 묶어 두기 위한 일들을 이어가고 있다.

MZ 세대들이 가장 활발하게 활동하고 있는 로블록스, 제페토, 이프랜드 등을 통한 다양한 아이템이 거래되고 있고 이들을 고객층으로 한 마케팅이 계속 등장하고 있다. 지금까지는 게임이라는 분야에 한정돼서 진행됐지만 최근 들어서는 게임의 아이템뿐만이 아니라 다양한 아이템들이 거래되고 있다.

게임과 메타버스의 특성을 비교한 아래의 자료를 보면 어떤 아이템이 메타버스에서 더욱 유용할지를 예측할 수 있다.

구 분	기존 게임	기존 SNS	메타버스
유희 /자유도	높음/플랫폼 내 제약	게임보다 낮음/플랫폼 내 제약	높음/제약 적음, 현실세계 대체
소통	SNS보다 낮음	높음	높음
예시	리니지, 애니팡 등	인스타그램, 페이스북	로블록스, 제페토

[표1] 게임과 메타버스의 특성 비교(자료 : DB금융투자)

현재까지의 메타버스와 관련한 성장 기업들은 제페토 서비스를 운영 중인 네이버나 AR·VR장비 업체 등이 성장을 주도하고 있다. 메타버스 관련 국내의 상장사 및 비상장사의 현황을 살펴보자.

[그림2] 필자의 제페토 아바타 프로필

메타버스 관련 국내 상장사의 현황은 다음과 같다.

네이버의 콘텐츠, 엔터, 플랫폼을 활용해 증강현실(AR) 아바타 서비스인 제페토를 운영 중이다. 제페토는 현재 2억 명의 유저가 있다. 하이브는 엔터, 플랫폼기업으로 멤버십 기반 글로벌 팬덤 플랫폼 위버스를 운영 중에 있다. 엔씨소프트는 멤버십 기반의 글로벌 팬덤 플랫폼 유니버스를 운영 중이다. 에스엠은 엔터, 플랫폼 기업으로 메타버스 세계관 아이돌 에스파가 활동 중이다.

SKT는 콘텐츠와 기술을 개발하고 있으며, 증강현실(AR)과 가상현실(VR) 등 혼합현실 사업 강화에 힘쓰고 있다. 이프렌드 서비스를 통해 순천향대학교 신입생 입학식을 진행했으며 현실과 가상을 넘나드는 모임과 소통을 할 수 있도록 개발하고 서비스하고 있다. KT는 홈쇼핑 3사의 채널에서 방송하고 있는 상품을 스마트폰과 TV화면에 3D 콘텐츠로 구현한 AR 소품을 런칭하고 있다. LGU+는 5세대 통신 증강현실(AR) 글라스 U+ 리얼 글라스를 출시했다.

[그림3] 필자의 이프랜드(ifrand)

CJENM은 XR콘텐츠 제작업체 애니펜 등과 업무협약으로 가상현실 키즈 콘텐츠를 제작 예정이다. 위지웍스튜디오는 메타버스 콘텐츠 제작을 위한 밸류체인 구축에 노력하고 있다. 자이언트스텝은 VFX를 바탕으로 실감형 영상 콘텐츠 제작역량을 갖고 있다. 덱스터는 아시아 최상위권 VFX 기업으로 다양한 AR, VR 콘텐츠 제작 레퍼런스를 보유하고 있다. 알

체라는 신체의 빠른 움직임까지 정교하게 실시간으로 가상환경에 복제하는 실시간 전신 인식기술, 스노우에 3D 얼굴 분석기술을 공급하고 있다.

메타버스 관련 국내 비상장사는 미라지소프트의 VR 낚시 게임, 어반베이스의 부동산 VR·AR플랫폼을 활용한 어반베이스 운영, 룩시드랩스의 VR·헬스케어, 애니펜의 AR, 콘텐츠, 플랫폼 개발, 맥스트의 3D 공간지도, AR 커머스, 버넥트의 산업용 AR, 레티널의 스마트 그랄스렌, 한국 가상현실의 인테리어, 요요인터렉티브의 전시회 VR, 콘텐츠, 어메이즈 VR의 VR 콘서트 등이 있다.

현재의 메타버스 기업들은 대부분 스타트 업이기 보다는 대형 상장사나 상장을 준비하는 AR, VR 관련 회사들이 대부분이다. 특히나 최근 2년 가까이 이어지는 코로나19로 인해 초·중·고와 대학은 온라인 수업으로 학생들이 서로 만나지 못하게 됐다. 대학에서는 학교의 사활을 걸고 메타버스에서 신입생 환영회를 여는 등 메타버스를 적극적으로 활용하고 있다.

이렇게 유행처럼 이어지는 메타버스가 단순한 재택근무자들을 위한 활용을 넘어 비즈니스의 창업에까지 활용될지 매우 기대된다. 이에 최근에 발행한 기사들을 정리하고 내용을 분석해 메타버스가 새로운 창업의 기회가 될 수 있을지 알아보고자 한다.

윤종원 IBK 기업은행장은 지난 9월 6일 기업은행 본점에서 혁신창업기업의 대표들과 온라인 메타버스 플랫폼에서 소통했다고 한다. 이제는 지방자치단체뿐만 아니라 금융기관에서도 창업관련 기업과의 소통을 메타버스라는 가상공간을 적극적으로 활용하고 있다. 자본조달을 책임지고 있는 금융권에서도 시대의 흐름을 읽고 메타버스 플랫폼에 관한 관심을 기울이고 있다.

우리은행장은 메타버스를 타고 MZ 세대 직원들과 만남을 가졌다. MZ 세대를 중심으로 빠르게 성장하고 있는 메타버스는 새로운 기회의 장이 될 것이다. 메타버스를 활용해 고객에게 기회를 제공하고 새로운 상품개발의 필요성을 이야기했다.

[그림4] 권광석 우리은행장이 '전광석화'라는 닉네임으로 메타버스에서
MZ 세대 직원들과 직접 셀프카메라를 찍고 있다.
(사진 : 우리은행, 출처 : 데일리임팩트 http://www.dailyimpact.co.kr)

하나은행장은 신입사원 연수도 메타버스 공간에서 진행했다. 이제는 메타버스 공간에서 직원들과 소통하고 있다. 오프라인의 연수원이 온라인 세계인 메타버스 세계로 들어온 것이다. 이는 기업의 연수문화를 바꿀 수 있는 모멘텀이 될 것이다.

DGB 금융그룹은 메타버스에서 타운홀 미팅, 및 경영현안 회의, 음악회, 전시회, 채용설명회 등을 진행했다. NH농협생명은 직원 업적평가 및 우수 직원 시상식을 메타버스에서 진행했다.

이처럼 금융기관에서도 메타버스의 활용은 이제 일반화돼가고 있다. 이는 메타버스라는 영역을 담당하는 직원들을 더 많이 필요로 하게 되고 새로운 직업군의 탄생을 가져오게 될 것이다.

페이스북이 메타버스 기업이 된다고 한다. 페이스북 창업자 마크 저커버그는 5년 내 메타버스 기업으로 탈바꿈한다고 선언했다. 페이스북은 VR 사무실 '인피니트 오피스', 아바타 세계인 '호라이즌' 등에 집중투자로 메타버스 선점에 나섰다. 현재의 사진, 글, 영상으로 소통하는 페이스북을 AR과 VR을 활용한 가상세계로 들어가는 관문으로 탈바꿈시키겠다고 한다.

이처럼 페이스북은 메타버스에 집중해 투자하고 있다. 가상현실(VR) 일터 '인피니트 오피스'를 개발했고 2019년에는 VR 제품 개발업체 '오큘러스'를 인수했다. 이용자들끼리 가상공간에서 아바타를 만들어 어울리고 채팅할 수 있는 'VR 소셜미디어 호라이즌'도 출시했다.

[그림5] 페이스북 호라이즌 워크룸
(출처 : ZD 넷 코리아 https://zdnet.co.kr/view/?no=20211020143413)

세계 10대 기업 중 7대 기업이 메타버스에 투자한다고 하는 것은 그만큼 시장은 메타버스 세계로 들어가게 돼 있다는 것이다.

이상에서 보는 것과 같이 이미 세계 최고의 기업들은 다가올 메타버스 세상을 준비해 놓았고, 앞으로 더욱 확장시켜가기 위해 계속 투자를 아끼지 않고 있다. 기존의 대기업들은 다가올 메타버스 세상에서 모든 활동기반을 마련하고 큰 그림을 그려가는 데 앞 다퉈 개척해 갈 것이다. 세계적인 기업들이 메타버스의 기반을 마련해 놓으면 다음으로 작은 기업들이 계속 시장을 확대하게 될 것이다.

4차 산업혁명이 시작되고 인공지능(AI)을 통한 디지털이 세상을 이끌어 갈 것이라고 한 것이 불과 몇 년 전이다. 이제는 인공지능을 탑재한 메타버스 세상이 이를 선도해 나갈 것이다. 따라서 앞으로의 세상은 더 이상 가상공간으로만 치부하고 바라볼 수 없게 될 것이다.

대기업은 길을 만들고, 중소기업들은 이러한 기반 위에 계속 콘텐츠를 만들어 제공할 것이다. 수많은 유저들은 이를 활용해 새로운 일자리를 만들어 가게 될 것이다. 따라서 대기업의 역할은 메타버스 세상이 제대로 성장해 갈 수 있는 사회적 기반을 만드는 일에 앞장서서 나아갈 것이다. 특히 대기업의 적극적인 참여는 앞으로 다가올 메타버스 세상의 성장가능성을 이야기해 주고 있다. 대기업들의 적극적인 참여는 이를 따라가는 사람들이 어떻게 미래를 준비해 갈지를 적극적으로 생각하고 준비해야 할 것이다.

3. 대학 및 교육기관에서의 메타버스의 활용

메타버스는 MZ 세대에게는 아주 익숙한 개념이라고 볼 수 있다. 인터넷 네트워크의 보급과 함께 살아온 세대이기 때문이다. MZ 세대란 1980년대 초부터 2000년대 초까지 출생한 밀레니얼 세대와 1990년대 중반부터 2000년대 초반 출생한 Z 세대를 아우르는 말이다. 기준에 따라 다르게 정의를 하지만 MZ 세대는 10대 후반에서 30대의 청년층으로 구성돼 있다. 이들은 휴대폰, 인터넷 등 디지털 기기에 익숙하며 앞으로 사회의 중추적인 역할을 하게 될 MZ 세대의 메타버스 세계에 대한 빠른 적응을 볼 수 있다.

MZ 세대가 주축을 이룬 대학가에서도 이러한 환경을 반영하듯 빠르게 변화하고 있는 것을 볼 수 있다. 순천향대학교는 이프랜드에서 입학식을 필두로 대학축제, 창업동아리 등 코로나19로 인해 대면이 사라진 대학가의 소통 채널로 메타버스가 채워가고 있다.

특히 창업과 관련해 전국 대학생들이 아이디어를 나누고 있다. 한국산업기술대학 외 6개 대학(경남대, 군산대, 동국대 동명대, 연세대, 충북대)으로 구성된 초광역권 사회맞춤형 산학협력 선도대학 육성사업단(LINC+)의 '2021 초광역 메타버스 아이디어톤'을 대표적인 사례로 들 수 있다.

[그림6] '2021 초광역 메타버스 아이디어톤'에 참가한 학생들(사진 : 동국대학교,
출처 : 동아일보 https://www.donga.com/news/article/all/20210709/107881290/1)

'2021 초광역 메타버스 아이디어톤'은 동국대학교와 LINC+사업단이 주관하고 교육부와 한국연구재단이 주최했다. '2021 초광역 메타버스 아이디어톤'의 개최는 신규 창업자들이 만들어 낸 아이디어에 대한 산업화를 지원하고 창업혁신성장 플랫폼의 발굴을 지원하며 산학협력 강화를 위해 진행됐다.

대구경북과학기술원(DGIST)에서는 지난 8월 27일 국내대학 최초로 메타버스 스타트 업 투자행사를 진행했다. 메타버스 플랫폼에서 기업투자 IR 행사를 진행하고, 기술기반 창업 기업의 비즈니스 모델을 소개하고, 창업관계자들과 소통했다.

지난 2월에 동국대학교에서는 국내 최초로 전국 규모의 대학생 창업경진 대회를 메타버스 가상공간에서 진행했다. MZ 세대들에게 메타버스는 전혀 낯설지 않은 공간이기에 대화와 소통이 쉽고 무엇이든지 메타버스 공간에서 적용할 수 있기 때문이다. 위의 두 대학의 사례에서 보듯이 대학들도 적극적으로 나서서 메타버스를 활용한 창업에 대한 아이디어를 계속 만들어 내고 있다.

코로나19의 영향은 교육계에 아주 막대한 영향을 가져왔다. 특히 대부분 대학은 2년 가까이 비대면 수업을 진행했다. 전문대학의 경우에는 학교에 가보지 못하고 졸업을 하는 진

풍경이 벌어지기도 했다. 이에 대학들도 변화를 시작했다. 메타버스 가상공간을 캠퍼스 안으로 들여간 것이다.

순천향대학교의 대대적인 신입생입학식을 계기로 많은 학교가 신입생입학식, 재학생 MT, 창업박람회, 학술대회, 비대면 수업 진행 등을 메타버스에서 진행하고 있다. 이를 통해 위드코로나 시대가 되더라도 메타버스는 대학가에 깊이 들어가서 앞으로의 대학 교육에 함께 활용될 것이다.

[그림7] 순천향대학교 메타버스 플랫폼 이프랜드에서 개최한 신입생입학식(사진 : SK텔레콤, 출처 : AI타임즈 http://www.aitimes.com/news/articleView.html?idxno=141016)

온라인 교육시장은 이미 메타버스 세상으로 들어왔다고 해도 된다. 지금까지 이어져 왔던 온라인 교육이 비대면 시대에 들어와서 완전히 자리를 잡게 됐다. 사교육의 정점이었던 강남의 학원가가 코로나19로 무너져가고 있지만, 오래전부터 온라인 교육을 준비해온 온라인 교육 기업들은 코로나 시대에서 잘 성장해 가고 있는 것이 이것을 반증해 주고 있다.

온라인 교육시장이 더욱 확대됨으로 인해서 지역적인 한계를 갖고 있었던 오프라인 교육시장은 전국을 넘어 전 세계로 확대돼 가고 있다.

4. 공공기관에서의 메타버스의 활용

서울시에서는 국내 최초로 메타버스에 스타트 업 지원 공간인 '서울창업허브 월드 창동'을 개관했다. 이곳을 통해 서울의 유망스타트 업을 널리 알리는 일을 적극적으로 진행하겠다고 한다. 또한 '서울창업허브 월드'를 글로벌 메타버스 플랫폼인 제페토(Zepeto) 내에 오픈한다고 한다.

[그림8] 메탑스 플랫폼 '제페토'에 개관한 '서울 창업허브 월드' 모습
(사진 : 서울시 제공, 출처 : https://www.sedaily.com/NewsView/22MIVN3H4K)

제페토는 글로벌 2억 명의 유저를 확보한 국내 기업 네이버에서 만든 메타버스 플랫폼이다. 서울시에서는 메타버스 스타트 업을 지원하기 위해 적극적으로 나서고 있다. 이것은 메타버스를 통해 새로운 사업의 기회를 계속 만들어내겠다는 서울시의 의지를 보여주고 있다. 이를 통해 많은 메타버스 스타트 업들에게 기회가 돌아갈 것이다.

세종시에서는 '세종스타트 업위크 2021 세종나래 메타버스+'라는 이름으로 가상현실 창업박람회를 진행했다.

부산제일경제 21년 9월 9일자 신문에 보면 '부산에 있는 공공기관 메타버스 활용 활발'이라는 기사에서 한국주택금융공사, 한국남부발전, 부산항만공사 등 지역 공공기관들이 메타버스를 활용해서 신입사원 교육을 진행했고 명사 초청 특강도 메타버스에서 진행했다고 한다. 기존에는 줌을 활용했다고 하면 바뀐 형태는 게더타운, 이프랜드 등 다양한 메타버스 플랫폼을 활용하고 있다고 했다.

[그림9] 최준우 한국주택금융공사 사장이 메타버스 플랫폼을 통해 신입직원 수료식에 참석해 신입직원과 소통하고 있는 모습
(사진 : 한국주택금융공사 제공, 출처 : 부산제일경제 https://www.busaneconomy.com)

파이낸셜뉴스 21년 9월 23일 자에 의하면 '메타버스 서울로 가상세계 영토 넓힐 것'이라는 기사 제목에서 오세훈 시장의 '서울비전 2030'은 '메타버스 서울'이라고 소개했다. 기자는 서울시 스마트도시 정책관의 이야기를 빌어 "서울시는 메타버스 기술발전에 따라 공공수요와 민간기술을 결합해 메타버스 시정 활성화와 기술발전에 맞춰 전 연령층이 메타버스를 이용할 수 있도록 법·제도 마련도 병행해 나가겠다"라고 강조했다고 소개했다.

국토일보 21년 8월 2일자 '경기도, 메타버스 기업 매개체 역할 나서'라는 제목의 기사를 보면 "메타버스의 핵심기술인 가상현실, 증강현실 기업들과 수요고객 및 유통사와 연결을 지원하고 있으며 그 첫 번째 결과로 지원기업 이모션웨이브(주)가 공연기획사인 (주)하늘이엔티와 '인공지능(AI) 및 사물인터넷(IoT) 기술 응용 메타버스 초실감 미디어 공연 콘텐츠 서비스 업무협약'을 체결하는 등 기업의 매개체 역할을 하고 있다고 보도했다.

공공기관에서도 메타버스의 시대에 맞게 다양한 창업관련 행사의 진행뿐만 아니라 스타트 업들이 시작할 수 있는 다양한 공간을 만들어서 제공하고 있다. 이는 기업의 수준을 넘어서 국가 및 지방자치단체에서 적극적으로 다가올 메타버스 세상을 지원하고 있다는 것이다. 이는 스타트 업뿐만 아니라 메타버스를 활용한 비즈니스나 직업이 생겨나는 데 큰 역할을 하게 될 것이다.

5. 스타트 업, 메타버스를 활용한 창업 기회

매일경제 뉴스에 보면 메타버스 관련 비상장 스타트 업들 중에 헬스 케어, 부동산 분야의 콘텐츠가 빠르게 부상하고 있으며 XR 관련 디바이스 업체들도 상장을 준비 중이고 다양한 신생 기술을 가진 스타트 업들의 성장세가 기대된다고 한다.

홀로그램 콘텐츠 제작 스타트 업 (주)더블미는 자체 제작해서 서비스를 시작한 '트윈월드'를 통해 세계 최대 쇼핑몰인 브랜드 웨스트필드의 바르셀로나 지점 글로리에스에 메타버스 서비스를 시작했다고 한다. 이는 메타버스 플랫폼으로 해외 유통기업에 적용한 국내 최초 사례라고 한다. 국내의 스타트 업도 해외시장에서 메타버스 플랫폼으로 경쟁력이 있음을 보여주는 사례이다.

최필식 테크G 기술 작가 겸 발행인은 '메타버스(Metaverse) 시대 스타트 업에게는 어떤 기회가 있는가?'라는 기고에서 메타버스는 소설 속 메타버스의 모습과 논의된 요소를 결합해 각각 다른 세계관을 가진 낱개의 디지털 공간을 연결하는 데 필요한 경제적, 기술적 호환 시스템을 제공하는 영속적 차세대 컴퓨팅 포털이라고 정의하고 있다. 때문에 스타트 업에게는 메타버스는 어려울 수 있다고 한다.

하지만 어떤 위험이라도 감수하고 목적지를 찾아가는 스타트 업이 분명히 존재할 것이라고도 한다. 이들은 메타버스에 어울리는 세계관을 가진 독자적 공간을 만들 수 있고, 메타버스에서 요구하는 데이터를 손쉽게 사용할 수 있는 기술적 시스템 자원을 공급하거나 감각을 확장할 수 있는 도구를 만들 수도 있다. 또한 메타버스 세계의 일원으로 역할을 하고 싶은 기업이나 공공기관을 돕는 작업도 할 수 있다. 따라서 메타버스의 성장 동력을 가진 거대산업으로 본다면 곳곳에 도전할 만 한 포인트는 널려 있다고 한다.

메타버스 산업에 참여할 스타트 업이 나아갈 방향을 콕 짚기는 어렵지만 한 가지는 확실하게 말할 수 있다. 어떤 공간을 만들더라도 그 공간은 우리의 현실을 초월하는 세상일 수 있다는 것이다. 공간뿐 아니라 당연히 시간도 포함되고 우리의 모습도 다를 수 있다. 우리 세상에 갇힌 인식의 한계를 깨는 것. 아마도 메타버스 스타트 업의 출발점은 이것에서 시작해야 하는 것 아닐까 생각한다(최필립, 21.03.08).

오아시스 비스니스 '잇땅'은 메타버스 세계에서 가상 부동산을 창업하고 해당 상권의 환경과 매출을 파악할 수 있는 플랫폼이다. 현실에서는 막대한 비용이 드는 창업을 쉽게 시작하지 못하는 예비 창업가들의 고민을 해결하기 위해 상권분석 리포트 서비스를 시작했고 지금은 가상 창업서비스를 오픈했다. AI 빅 데이터 기반의 상권분석 시스템을 통해 실제 시세를 반영한 매출분석을 제공하고 유저들은 원하는 상가에 원하는 업종으로 가상공간에서 개업을 할 수 있다.

[그림10] 잇땅 어플

잇땅의 오아시스 비즈니스는 현실 세계에서는 불가능한 활동을 가상공간에서 이룸으로써의 성취감을 느끼게 해 주고 있다. 이러한 비즈니스는 앞으로 다양한 형태로 등장할 것으로 예상이 된다. 영화 '레이플레이어 원'에서 보면 현실세계에서 이루지 못한 것들을 메타버스 안의 오아시스에 가면 모두 이룰 수 있다. 이러한 가상공간에서 이뤄지는 모든 일이 앞으로 살아가는 메타버스 공간에서 이뤄질 것이다. 이러한 메타버스 공간은 어마어마한 창업의 공간으로 다가올 것이다.

뉴스핌 21년 7월 3일 자 〈"가상으로 옷 입는다고?" 패션업계 '메타버스' 마케팅 열풍 뜨겁다〉라는 기사를 정리하면 이제는 MZ 세대를 끌어들이기 위해서 패션업계에서도 3D 가상공간에서 액세서리 등을 착용하고 자신의 모습을 360도에서 볼 수 있다고 한다. 더욱이 코로나19로 인해 비대면으로 접어들면서 메타버스 마케팅에 적극적으로 들어서고 있다고 한다.

최근 들어 메타버스 기반의 스타트 업들이 다양하게 창업을 하고 있다. 이들이 창업하는 영역은 AI 기술의 활용, AR·VR·XR의 활용, 가상교육, 3D 기술 활용, 의료 시뮬레이션 교육프로그램, NFT 활용, 업무 공간 가상화, VR 영상, 딥러닝 기술 등 다양한 기술을 활용한 메타버스 스타트 업이 출현하고 있다.

기사를 통해 살펴본 메타버스 스타트 업이다. 이들의 사업영역을 보면 앞으로 어떤 분야에서 스타트 업이 창업의 기회를 찾을 수 있을지 예측할 수 있을 것이다. 아래의 기업들이 우리나라에 있는 모든 메타버스 스타트 업은 아니다. 하지만 이들의 업종분석은 향후 스타트 업이 어떻게 메타버스에 탑승해서 기업을 경영해 갈지 작은 지표로써 활용될 수 있을 것이다.

리콘랩스는 AI 기술을 활용해 판매자와 소비자가 누구나 AR·VR을 쉽고 빠르게 사용할 수 있도록 한다. 엑스알터치는 메타버스 기반 가상교육장 & 가상교구재 임대 플랫폼 XR touch/중소벤쳐기업부 창업진흥원 21년 비대면 스타트 업 사업자로 선정됐다.

엔닷라이트는 3D 기술혁신을 통해 누구나 상상을 현실로 창작할 수 있도록 돕는 메타버스 플랫폼기업이다. 증강지능AKG는 AI 기반의 XR(AR·VR·MR) 플랫폼과 콘텐츠를 바탕으로 Digital Twin을 제공하는 메타버스 서비스 기업이다.

[그림11] 엔닷라이트가 메타버스로 구현한 전시회장
(사진 : 엔닷라이트, 출처 : 내외경제TV http://www.nbntv.co.kr)

평행공간은 실사 기반 부동산의 메타버스를 만드는 평행공간이다. 공간의 3D 데이터를 획득해 온라인 가상공간에서 서비스를 구현한다. 뉴베이스는 메타버스에서 디지털 환자를 진단하고 처치할 수 있는 의료 시뮬레이션 교육프로그램을 SaaS 방식으로 제공한다.

모핑아이는 인공지능과 블록체인 융합기술로 탈중앙 투자&거래 플랫폼 운영, 모핑 인텔리전스의 AI 솔루션 서비스가 함께 한다. 에코버스는 이브를 베이스로 다양한 스킨의 아트토이와 NFT를 제작해 한국 사회에 대중화시키고 한국의 브릭베어가 되겠다고 한다.

와이드브레인은 업무 공간 가상화와 비즈니스를 위한 메타버스 플랫폼 기업이다. 스튜디오엑스코는 메타버스 기반 스마트시티 솔루션과 가상공간 마케팅 플랫폼 사업을 진행하고 있다. 믐은 K-ART가 성장할 수 있도록 선순환 환경을 만드는 문화예술계 메타버스 제작 회사이다. 노스텔라는 서바이벌 게임 메타버스 플랫폼인 '머니게임 더아레나'를 개발하고 있다. 세컨프라이스는 소셜커뮤니티 기반의 C2C 커머스 플랫폼 '우주공간'을 서비스한다.

어메이즈VR은 카카오 초기멤버들이 2015년에 창업한 VR 기술을 활용한 가상 콘서트 제작 및 유통 플랫폼 회사이다. 데이터킹은 메타버스 플랫폼 사업을 전개하는 K-글로벌 300 기업이다. 엔서는 빅 데이터, AI 기반 기술과 블록체인, VR 기술을 더해 메타버스 기반의 헬스 케어 플랫폼을 개발하고 있다. 쉐어박스는 문화와 교육 중심으로 VR·AR·실감영상 콘텐츠를 제작하고 그에 맞는 솔루션을 개발하는 회사이다.

렛시는 웹 기반 증강현실 기술개발 기업으로 웹 연동이 가능한 AR 콘텐츠 저작·배포·개발도구인 WebAR SDK 개발을 하고 있다. 알파서클은 8K 3D 초고화질 VR 영상을 구현하는 영상엔진을 개발·공급하고 있으며 글로벌 표준을 목표로 하고 있다. 겜브릿지는 게임의 긍정적인 요소를 접목한 메타버스 기반 가상 오피스를 개발 중이다.

이매지니어스는 AR 스트리밍 플랫폼 '파라버스'를 운영하고 있다. 루씨드드림은 실사기반의 VR·AR(증강현실) 콘텐츠 제작과 관련 소프트웨어를 개발하는 스타트 업으로 VR 뮤지엄 플랫폼을 구축하고 있다. 애니펜은 증강현실(AR), 확장현실(XR) 그리고 딥러닝 기술 등 흥미진진한 기술로 가득 찬 차세대 메타버스 플랫폼을 개발하고 있다.

위즈스쿨은 넥스트 유튜브를 꿈꾸며 누구나 원하는 앱과 게임을 창작하고 공유할 수 있도록 새로운 SW 크리에이터 생태계를 만들어 가고 있다. 트라이폴리곤은 메타버스 크리에이터를 위한 실시간 3D 콘텐츠 제작 서비스를 개발하고 있다.

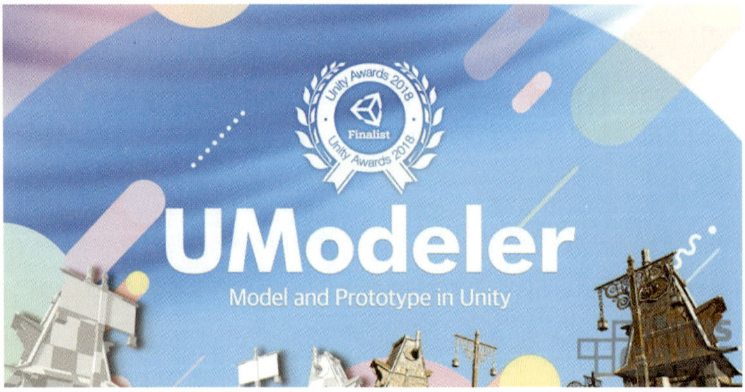

[그림12] 유니티용 3D 모델링 플러그인 UModeler를 개발해서 유니티 에셋 스토어를 통해서 판매하고 있는 트라이폴리곤(사진 : 트라이폴리곤, 출처 : 디스이즈게임 https://www.thisisgame.com/webzine/special/nboard/5/?n=104814)

이상에서 보는 것과 같이 메타버스 공간에서 AR, VR, XR 및 다양한 형태의 플랫폼을 활용한 스타트 업이 창업을 시작하고 있다. 2장에서 본 것처럼 대기업들이 메타버스에 적극적으로 뛰어들면서 큰 틀의 기반을 만들어 가고 있다. 이에 작은 기업인 스타트 업들이 대기업이 만들어 놓은 기반에 새로운 콘텐츠들을 쏟아내고 있는 것은 메타버스 세상의 확장을 가속해 줄 것이다.

메타버스 가상세계가 우리의 일상으로 다가오는 길에 스타트 업이 있게 될 것이다. 그만큼 스타트 업에게는 기회가 될 것이다. 하지만 한 가지 주의해야 할 것이 있다. 세상이 넓어진다고 바로 기회가 되는 것은 아니다. 나의 강점을 파악하고 내가 가진 영역에서 고객의 욕구를 파악하고 고객이 필요로 하는 가치를 제공하는 일을 해야 메타버스 세계에서 살아남을 것이다. 메타버스 세계에서 스타트 업이 살아남고 성공으로 이어지려면 반드시 자신만의 차별화 포인트가 있어야 한다.

6. 프리랜서와 메타버스를 활용한 수익 창출

디니털지능연구소 노진경 대표는 "프리랜서가 메타버스에 올라타면 기업체와 기타 조직을 대상으로 비즈니스 스킬과 업무역량 관련 강의 및 상담을 줌이나 웹 엑스 등을 활용해 온라인, 비대면 강의를 진행한다"라면서 "메타버스에 올라타면 새로운 형태의 직업으로 수익을 창출할 수 있다"고 한다.

「메타버스의 시대」라는 책에서는 '아바타 의상을 만드는 프리랜서 디자인이 있고, 가상공간에 집을 짓고 직장에 다니면서 게임을 즐기는 주부도 있으며, 화성처럼 꾸민 가상공간의 오피스에 아바타를 출근시키는 직장인도 있다. 투자가 허용된 지 반년 만에 완판 된 메타버스 속의 강남땅도 있다'라고 이야기하고 있다.

코로나19로 AI 시대가 5년 이상 당겨졌다고 한다. 코로나의 지속은 우리 삶의 전반적인 부분을 바꿔놓고 있다. 이와 더불어 메타버스 시대가 더욱 가까이 다가오고 있다.

미국 게임업체 로블록스는 이용자가 직접 게임을 개발하고 수익을 얻고 있다. 이용자 중 소득 상위 300명이 약 10만 달러의 수익을 얻고 있다. 2025년 메타버스의 시장 규모는 현재의 6배인 311조 원 이상으로 성장이 예상된다. 앞으로 20년은 메타버스가 시장을 주도하게 될 것이다. 글로벌 시가 총액 10대 기업 중 사업 방향을 메타버스로 향하는 기업이 7개나 된다. 이를 보면 앞으로의 시대가 어느 쪽으로 향할지 가늠할 수 있다.

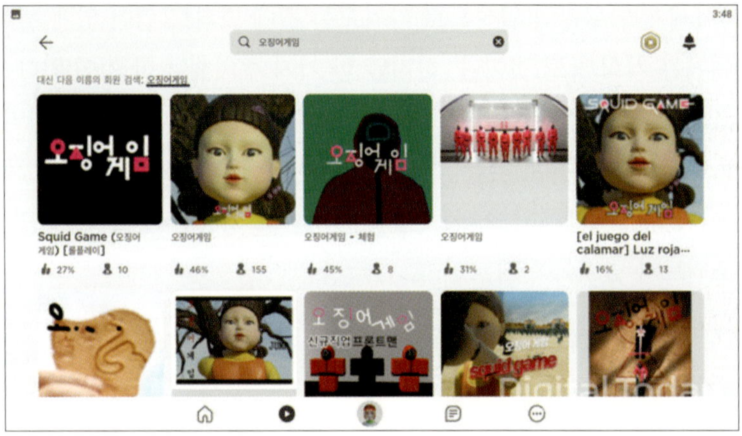

[그림13] 로블록스에서 검색한 오징어게임 로블록스 화면 갈무리
(출처 : 디지털투데이 http://www.digitaltoday.co.kr)

지금은 메타버스 세상에서 일자리는 아주 한정적이라고 볼 수 있다. 하지만 계속 변화해 메타버스 세상으로 들어가게 되면 모든 환경이 바뀌게 될 것이다. 이제는 창업의 기회도 메타버스 세상으로 들어가야 한다.

미국의 게더타운은 창업 1년 만에 2조 원에 달하는 기업 가치를 인정받고 있다. 사람들이 화상회의에서 느끼는 피로감을 해결하기 위해 가상세계로 사무실을 집어넣었다. 배경이 2D 그래픽 배경이지만 사람들에게 꼭 필요한 경험을 제공해 성공을 거뒀다. 게더타운은 앞으로도 언택트 시대 기업들의 재택근무를 대체할 매우 유용한 도구가 될 것이다. 따라서 이러한 플랫폼들은 앞으로 빠른 속도로 꾸준한 성장을 이어갈 것이다. 따라서 이러한 곳에 기회가 있다.

[그림14] 필자의 게더타운에서의 맵 제작 활용 화면

지금도 기업 또는 기관으로부터 다양한 게더타운 맵 제작 의뢰가 들어오고 있다. 이것은 새로운 직업 세계를 만들어가고 있다. 이를 통해 새로운 스타트 업의 등장이 기대된다. 지금은 개인 연합으로 구성된 프리랜서 팀 형태로 맵 제작이 이뤄지고 있지만 곧 1인 기업 형태의 스타트 업이 매우 빠르게 생겨날 것으로 예상한다.

대기업이나 자금이 있는 기업은 대부분 메타버스 세계를 이끌어갈 플랫폼을 만들고 있다. 자금이 원활하지 않은 1인 기업을 운영하는 사람들에게도 메타버스는 기회가 될 수 있다. 그것은 바로 메타버스 영역에는 다양한 사업의 기회가 있기 때문이다. 특히 1인 지식기업 들은 다양한 디지털 환경을 활용하기 때문이다. 강의를 하는 사람들 대부분이 지금은 줌이나 유튜브 또는 메타버스를 활용해서 진행하고 있다.

어떤 유형의 상품을 전달하는 것만이 비즈니스가 아니다. 무형의 지식을 전달하는 것도 상품으로 충분한 가치가 있고 그 자체가 바로 상품이다. 지식산업은 보이지 않지만 이것은 인터넷 등 디지털 공간에서 공간을 초월해 소통의 도구로 사용되고 있다.

코로나19로 인해 언택트 시대가 되고 강의 시장은 오히려 지역을 초월해서 전국, 전 세계로 확대돼 나가고 있다. 필자도 지금 강의와 코치 의뢰가 미국, 홍콩, 일본, 유럽 등 전 세계 모든 지역에서 광범위하게 들어오고 있다. 이들과 소통하는 도구는 모두 디지털 도구이다.

또한 소통을 위해서는 대기업에서 운영하는 플랫폼을 활용하고 있다. 스타트 업이나 1인 기업들에게 이것은 무한한 창업의 기회로 작용하고 있다.

개인에게 있어서 메타버스 시대에는 급부상하는 신직업, 창업, 부캐 등 새로운 기회를 발굴하고 활용해야 한다. 메타버스 플랫폼 안에서는 디자이너도 되고, 게임개발자도 되고, 건축가도 된다. 이들은 블로그나 유튜브를 통해서도 새로운 창조자가 되고 있다. 메타버스 공간에서는 디자이너, 게임개발자로 끝나는 것이 아니라 자신이 가진 기술을 나눠줌으로써 강사의 길로도 확장해 나갈 수 있다.

예전에는 강사의 능력을 소유해야 했지만 디지털 세계에서는 자신이 가진 재능을 활용해 다른 사람에게 전달하는 것만으로도 충분히 강의할 수 있게 됐다. 강의 기술보다는 디지털을 활용한 기술이 더 중요하게 다가오고 있다. 디지털 활용능력이나, 새로운 기술을 전달하는 데에는 강의력이 중요하지 않은 경우가 많다. 자신이 알고 있는 것을 유저가 따라 할 수 있도록 잘 전달하기만 하면 되기 때문이다. 이러한 모든 것이 창업의 기회 안에 있는 것이다.

1인 기업가들은 소비자와의 접점에서 그들이 필요로 하는 것을 잘 찾는 것이 중요하다. 메타버스의 세계에서는 모든 것이 기회라고 생각한다. 고객의 필요를 파악하고 틈새시장을 찾으면 된다.

메타버스 세계에서는 가상화폐의 유통이 일반화될 것이다. 따라서 대체 불가능한 토큰(NFT) 기술을 활용한 산업도 매우 유망하리라고 생각한다. NFT 보완기술은 이미 우리의 일상생활에 보이지 않는 사이에 깊숙이 들어오고 있다.

제페토나 로블록스, 이프렌드 등 메타버스 플랫폼에는 크리에이터들이 활동하고 있다. 이들은 다양한 아이템들을 직접 제작해 판매함으로써 수익을 올리고 있다. 메타버스 공간에서는 크리에이터들뿐만 아니라 다양한 직업들이 생겨날 것이다.

대기업이 메타버스를 메인 시장으로 생각하고 준비한다면 당연히 스타트 업에게도 메타버스는 메인시장이 될 것이다. 이는 스타트 업에게도 메타버스는 엄청난 기회로 다가올 것이다. 시대는 변한다. 코로나로 인해 AI 시대가 빨라지고, 대면의 기회가 줄어들고, 비대면의 시대가 확대됐다. 기업에서는 사무실 근무보다 재택근무를 확대하고 있다. 초·중·고·대학 모두 비대면 수업을 확대하고 있다. 코로나19가 진정된다고 하더라도 이 추세는 계속 이어질 것이다. 그리고 메타버스의 4세계가 존재하는 모든 공간은 현실세계로만 존재하지 않을 것이다. 메타버스 세상으로 바뀌게 되면 우리의 일자리도 메타버스의 세상 속으로 이동할 수밖에 없다.

스타트 업 및 프리랜서가 메타버스에 올라타면 다양한 방법으로 수익을 창출할 수 있다. 지금까지 설명했던 내용을 갖고 정리하면 스타트 업 및 프리랜서들은 다음과 같은 일들을 할 수 있을 것이다. 크리에이터, 메타버스 강의, 제페토 월드건설, 게더타운 맵 제작, 메타버스 내 광고, 아이템 제작, 게임 제작, 각종 회사 기관과 연계한 프리랜서, 코칭, 스마트폰 활용, 컴퓨터 활용, 보조 아이템 제작, 온라인 강의, 원격 강의, 패션, 부동산, 대학 강의, 각종 행사 대행 등 다양한 직업을 만들어내어 수익을 창출할 수 있다.

[그림15] 필자가 제작한 순천 동덕여대 메타버스 세미나 게더타운 맵

Epilogue

이상에서 알아본 것처럼 메타버스라는 가상공간은 무궁무진한 잠재력이 있다. 범위도 넓고 메타버스 관련 기반기술을 갖추는데 스타트 업이 쉽게 접근하기는 어려울 수 있을 것이다. 그러나 대기업이 관련 기반기술을 마련해 놓고 있어서 스타트 업은 대기업의 기반기술을 활용해 일반 유저들이 활용할 수 있는 다양한 콘텐츠를 개발해서 보급하면 많은 창업의 기회로 활용될 것이다.

지금까지의 내용을 정리해서 스타트 업 및 프리랜서에게 다가올 기회는 다음과 같은 것이 될 것이다.

첫째, 대기업들이 적극적으로 메타버스 세상으로 들어오고 있다. 세계 최대 기업들이 메타버스에 적극적으로 투자함으로써 기반을 넓혀가고 있다. 대기업이 적극적으로 투자를 한다는 것은 중소기업뿐만 아니라 스타트 업에게는 새로운 기회가 만들어질 수 있다. 스타트 업은 기반기술을 만들어낼 자금력이 없다. 하지만 대기업들이 기반기술을 넓혀간다면 이를 활용한 콘텐츠의 제작은 훨씬 수월할 수 있기 때문이다.

둘째, 코로나19가 만들어낸 비대면 언택트 시대가 계속 이어질 것이다. 비대면 시대가 되면서 지역의 한계를 넘어서게 됐다. 메타버스에는 무한한 공간이 존재한다. 그 공간에 새로운 것을 만들어 나가는 것을 통해서 새로운 스타트 업이 탄생할 것이다. 분명히 그 공간은 우리의 현실을 넘어선 가상공간이 될 것이다. 메타버스 공간의 무한한 세계가 무한한 가치를 창출할 수 있는 공간으로 다가올 것이다.

셋째, 메타버스가 새로운 시대를 만들었다. 따라서 새로운 창업의 기회는 우리의 생각의 틀을 깨는 데서 시작될 것이다. 과거에서는 공상과학이라고 생각했던 것들이 지금은 모두 현실이 됐다. 지금도 생각의 틀을 깨는 일은 지금도 계속 만들어지고 있다. 다양한 직업들이 메타버스 세상에서 만들어지고 있다. 자신의 강점을 살려서 메타버스 세계에서 할 일을 찾아보면 수많은 기회가 생길 것이다. 메타버스 세계는 앞으로도 계속 세상에 없는 직업을 만들어 낼 것이다.

지금 우리가 살아가고 있는 현실세계와 메타버스라는 가상세계와의 연결고리에서 무수한 직업이 탄생하게 될 것이다. 이러한 기회는 스타트 업 및 프리랜서, 1인 기업인에게는 엄청난 기회로 다가올 것이다. 새로운 세계 메타버스의 세상은 새로운 창업의 기회를 만들어 줄 신판 미국의 서부개척과도 같으리라 생각한다.

[참고문헌]

- 메타버스 새로운 기회, 김상균, 신병호, 2021
- 메타버스 - 디지털지구, 뜨는 것들의 세상, 김상균, 2020
- Metaverse Roadmap Pathways to the 3D Web. A Cross-Industry Public Foresight Project
- 더블미, 세계 최대 쇼핑몰 브랜드 웨스트필드 바르셀로나 지점 글로리에스에 메타버스 서비스, 매거진한경, khm@hankyung.com
- 서울시, 국내 최초로 메타버스에 스타트 업 지원공간 〈서울창업허브 월드〉 개관, https://news.soeul.go.kr/economy/wp-contents
- 메타버스 플랫폼서 혁신 창업 기업 소통, 정보통신신문, 2021.09.07
- 국내 대학 최초 메타버스 스타트 업투자행사 열린다, 아시아경제, 2021.08.24
- 창업 경진도 이제는 메타버스로.. 가상현실에 푹 빠진 대학가, dongA.com, 2021.07.09
- 오아시스비즈니스, 메타버스 활용한 '가상 창업' 서비스 오픈, Platumposted on 2021.08.17
- 마블러스 홈페이지 www.marvrus.com
- 메타버스 시대, 스타트 업에겐 어떤 기회가 있는가? 최필식, 2021.03.08.
- 프리랜서가 메타버스에 올라타면? 조세일보, 2021.09.06.
- "가상으로 옷 입는다고?" 패션업계 '메타버스' 마케팅 열풍 뜨겁다, 뉴스핌, 21.07.03.
- 메타버스 서울로 가상세계 영토 넓힐 것, 파이낸셜뉴스, 21.09.24.
- 금융권 CEO의 슬기로운 메타버스 생활, 조세일보, 21.09.14
- 메타버스 속 "가상 부동산"과 "가상 창업"의 차이점 비교, 잇메거진, 21.09.06.
- 경기도, 메타버스 기업 매개체 역할 나서, 국토일보, 21.08.02.

Chapter 8

게더타운 소개 및 공간 제작방법

박시은

Chapter 08.
게더타운 소개 및 공간 제작방법

Prologue

코로나19로 인해 수많은 분야가 온라인 환경으로 옮겨왔다. 재택근무가 활성화됐고 원격수업은 일상으로 자리 잡게 됐다. 하지만 짧은 시간에 빠르게 온라인으로 확산되면서 대다수가 줌 같은 화상회의 플랫폼을 사용하고 있지만 굉장한 피로감을 느끼는 것도 사실이다. 오직 모니터만 바라보고 있어야 하며 상호작용에도 제약이 있기 때문에 온라인과 오프라인 경계의 단점을 극복하기도 쉽지 않다. 현재 줌을 대체할 수 있는 화상회의 플랫폼으로 떠오르고 있는 것이 바로 메타버스 플랫폼인 '게더타운'으로 이에 대해 상세히 알아보도록 하자.

1. 게더타운의 정의 및 특장점

1) 게더타운의 정의

'게더타운(Gather Town)'은 2020년 5월에 쿠마일 재퍼, 사이러스 타브리지, 필립왕이 미국 스타트업 '게더(Gather)가 창립한 회사이다. 오프라인에서 만나는 것처럼 나의 캐릭터를 사용해 가상공간에서 대화도 나누고 함께 회의도 할 수 있는 '활동형 온라인 플랫폼'이다. 회의 성격과 관계없이 일괄적인 줌 화면에서 진행하는 것과는 다르게 사용 목적에 따라 나만의 가상공간을 꾸밀 수 있기 때문에 더욱 몰입할 수 있다.

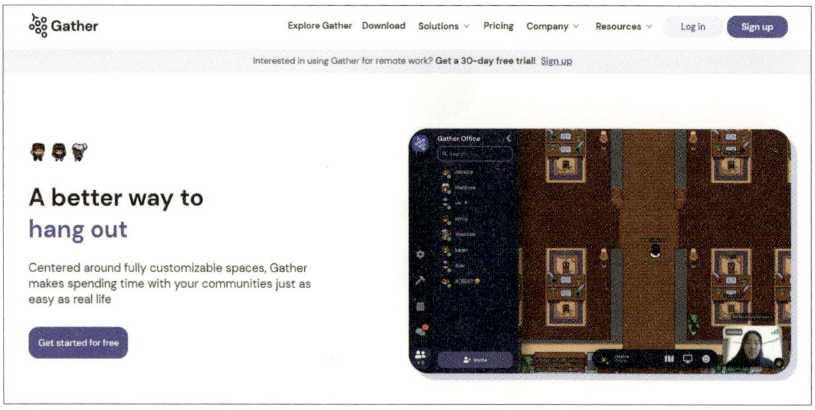

[그림1] 게더타운 메인화면

2) 게더타운의 특장점

게더타운은 온라인 화상회의 플랫폼과 메타버스 요소가 함께 결합된 플랫폼이다. 접속을 하기 위해서는 '크롬'이 가장 최적화 돼있으며 모바일보다는 PC에서 사용해야 보다 많은 기능을 제한 없이 사용할 수 있다.

게더타운의 가장 큰 특징은 다음과 같다.

- 내 캐릭터를 사용해 맵 안을 자유롭게 이동할 수 있고 및 다른 캐릭터를 만났을 때 캐릭터 간 대화 및 채팅을 나눌 수 있다는 점이다.
- 기존의 온라인 플랫폼은 운영자가 공유를 해줬을 때만 상호작용을 할 수 있었던 반면 게더타운은 운영자가 설정해 둔 요소들에 자발적으로 참여할 수 있다. 예를 들어 화이트보드를 적는다던지, 링크를 통한 영상을 시청한다던지 메시지나 이미지를 확인하는 부분들이다.
- 회의 목적에 맞게 스스로 구성을 할 수 있으며 운영자의 설계에 따라 참여자들이 소그룹 모임 및 단체 활동들을 할 수 있다.

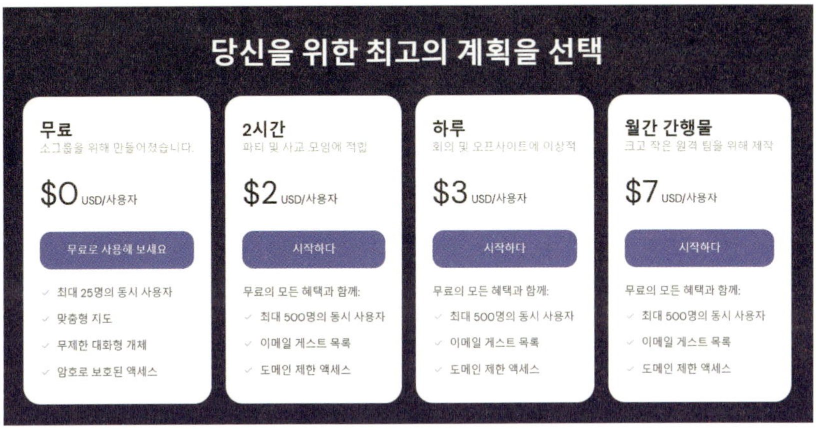

[그림2] 게더타운 요금제 안내

게더타운을 무료로 이용하는 경우 한번에 25명까지 한 공간에 접속할 수 있다. 하지만 그 이상이 넘어가는 경우 반드시 요금을 지불해야 하는데 2시간 이용 시 한 명당 2불, 하루 이용 시 한 명당 3불이다. 참고로 27명이 참석하는 경우 25명까지 무료라서 2명만 비용을 지불하는 것이 아니라 27명의 비용을 일괄 지불해야한다.

2. 게더타운 접속 및 회원가입

앞서 언급한 바와 같이 게더타운을 접속하기 위해서는 반드시 '크롬'으로 들어와야 하며 '마이크로소트 엣지'와 '파이어폭스'도 사용이 가능하다.

1) 게더타운 접속 및 회원가입하기

먼저 크롬을 열어 게더타운으로 접속한다(https://www.gather.town). 회원가입을 하기 위해서 우측 상단의 Sign up을 클릭한다.

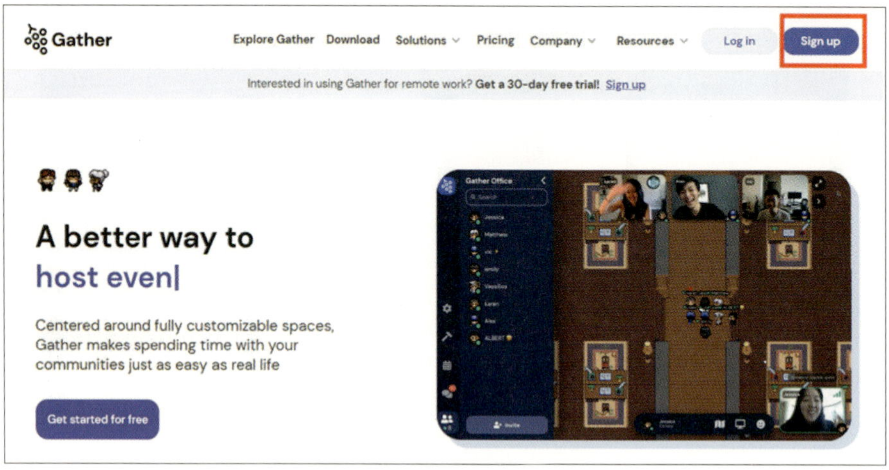

[그림3] 게더타운 회원가입

회원가입을 하기 위해서는 구글아이디가 필요하다. 구글 이외의 아이디는 하단에 이메일을 입력해 가입해도 되지만 매번 로그인 할 때마다 해당 이메일에 발송된 6자리 보안코르를 입력해야 하는 번거로움이 있기 때문에 구글 아이디를 사용하는 것을 추천한다.

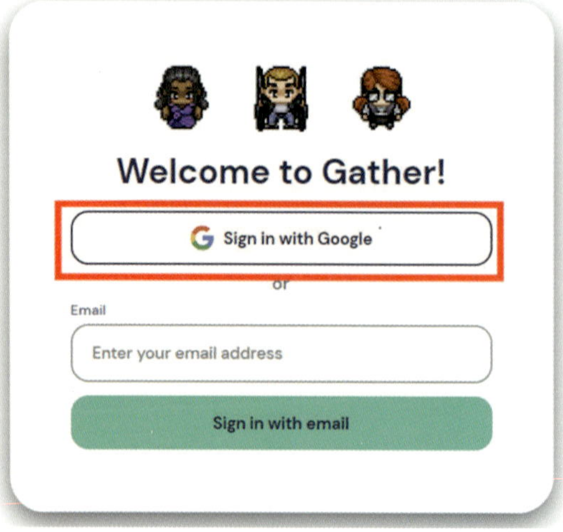

[그림4] 구글아이디로 회원가입하기

구글아이디로 가입하기를 누르면 바로 구글 이메일을 입력하는 창이 뜨고 하단의 다음을 눌러준다. 이어서 해당 이메일의 비밀번호를 입력 후 다음을 누르면 게더타운 회원가입이 완료된다.

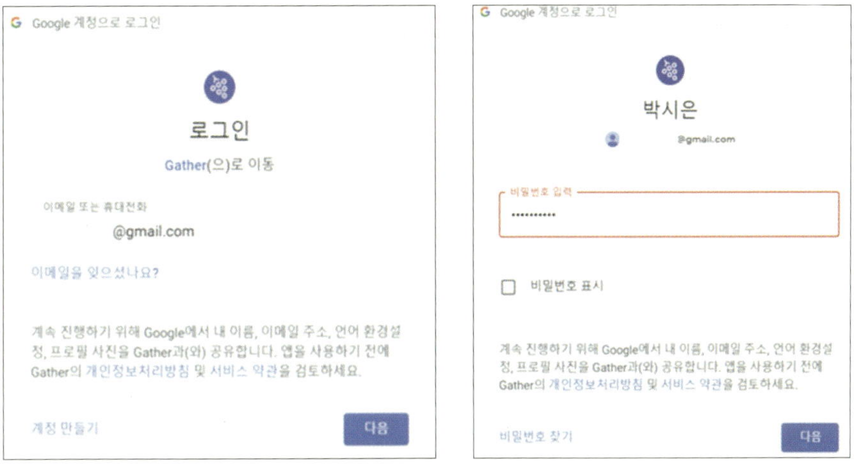

[그림5] 구글 로그인

2) 나만의 캐릭터 설정하기

회원가입을 완료하면 이어서 내 캐릭터를 설정하는 창이 뜨게 된다. 여기서 의상, 헤어, 액세서리 등 내 개성에 맞게 변경할 수 있다.

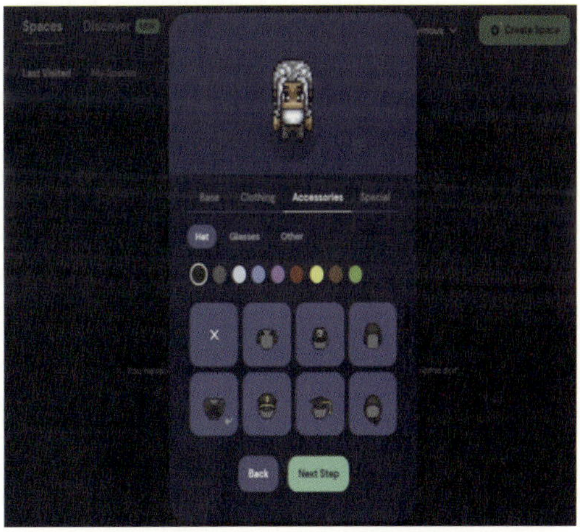

[그림6] 나만의 캐릭터 설정하기

가장 왼쪽의 Base를 누르고 Skin을 눌러 피부색을 변경할 수 있고 중간의 Hair를 누르면 내가 원하는 머리 스타일로 바꿀 수 있다. 하단의 컬러바를 누르면 해당 색상으로 변경이 된다. 또한 오른쪽의 Facial Hair를 선택하면 수염도 만들 수 있다.

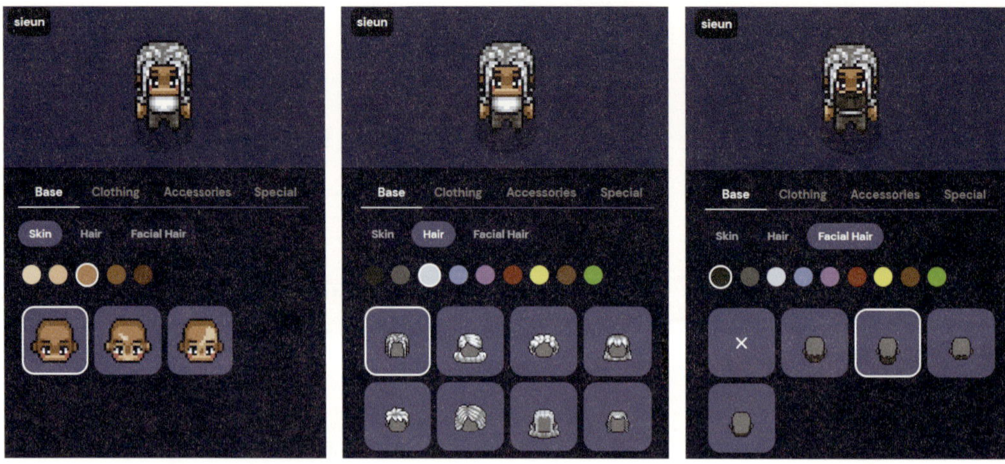

[그림7] (좌) 캐릭터 피부색상 변경, (중) 헤어 변경, (우) 수염 만들기

Base 옆의 Clothing을 누르면 의상을 바꿀 수 있고 상의, 하의, 신발도 선택이 가능하다. Accessories에는 모자, 안경 등이 색상별로 있기 때문에 원하는 부분을 클릭해 나만의 캐릭터를 완성해보도록 한다.

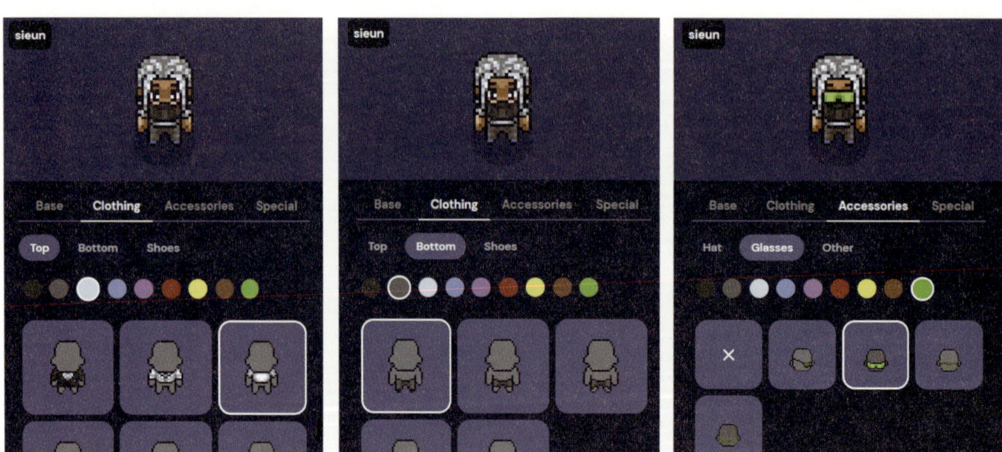

[그림8] (좌) 의상 변경, (중) 상의 변경, (우) 액세서리

캐릭터 선택이 끝났으면 하단의 Next Step을 클릭한다. 이어서 캐릭터 이름을 설정해야 하는데 모임성격에 따라 본인의 본명을 넣어도 되고 아니면 닉네임을 넣어도 된다. Finish를 눌러 설정을 완료한다.

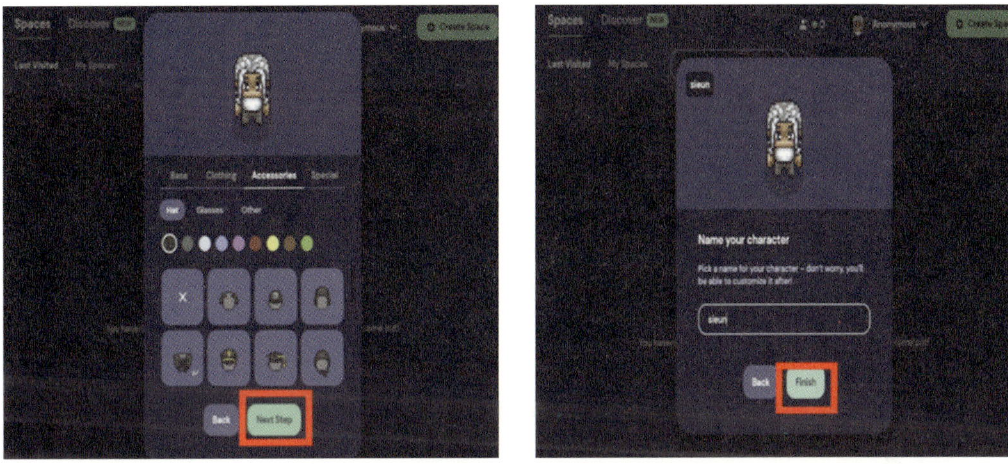

[그림9] (좌) 캐릭터 설정 완료, (우) 이름 설정하기

3. 게더타운 사용방법

자 지금까지는 게더타운 사용을 위해 회원가입 및 나만의 캐릭터 설정하는 법을 알아보았다. 이제는 본격적으로 게더타운을 활용하기 위해 나만의 방을 개설하는 방법을 알아보자.

1) 방 만들기

게더타운의 좋은 점 중 하나는 바로 기본 템플릿이 아주 다양하게 있다는 점이다. 템플릿의 종류는 현재 Office, Seasonal, Experience, Social, Conference, Education, Blank를 확인할 수 있다.

사무실 템플릿이 필요하다면 Office를, 교육이 목적이라면 Education을 선택하는 등 내 목적에 맞게 템플릿을 선택해 방을 개설한다.

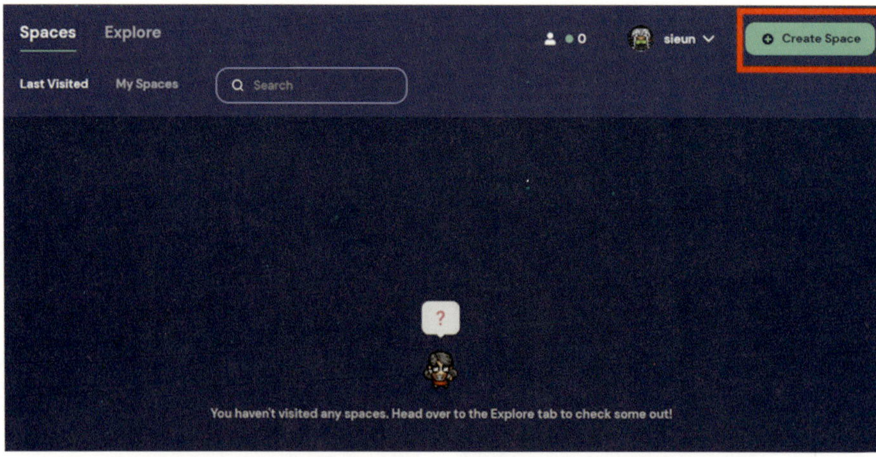

[그림10] 방 새로 만들기

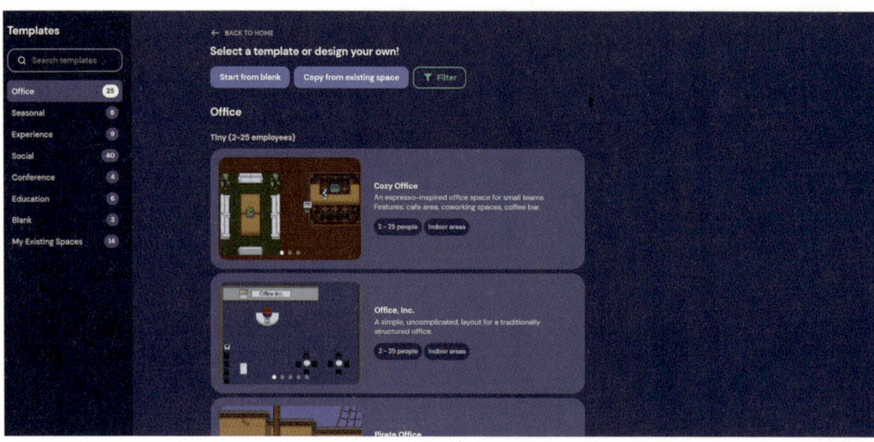

[그림11] 템플릿 설정하기

(1) 템플릿 선택하기

예시에서 목적에 맞는 템플릿을 골랐다면 마우스를 클릭해 오른쪽 부분의 Name your space 영역에서 방의 이름을 설정하도록 한다. 방 이름은 영문이나 숫자로만 가능하다. 방 이름은 개설되고 난 다음에는 수정을 할 수 없으며, 방을 개설 할 때 공개 방이 아니라면 비밀번호도 설정을 하자.

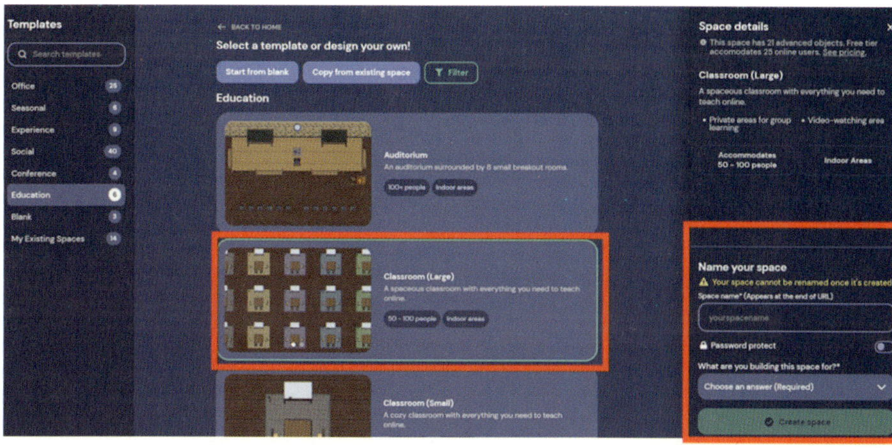

[그림12] 템플릿 선택하기

마지막으로 이 방을 만드는 목적을 선택해야 하는데 예를 들어 교육용이라면 Classroom을 선택한다. 사무실이나 회의용 등은 Office, Conference / 이벤트 및 행사용은 Event / 연습용은 Just trying Gather out을 선택한다. 여기까지 완료했으면 하단의 Create space를 눌러 방을 만들어보자.

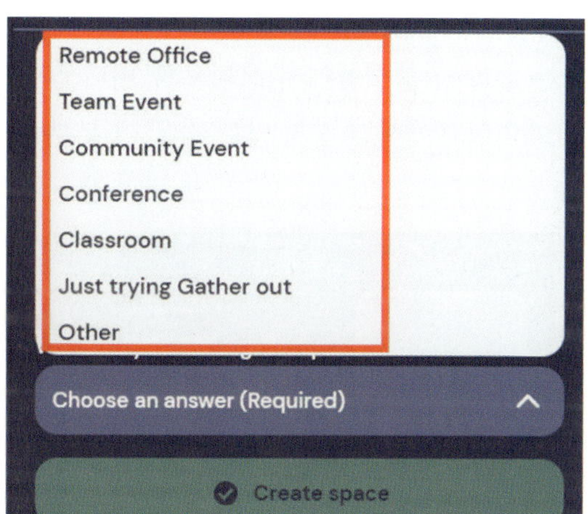

[그림13] 방을 개설하는 목적에 맞게 선택하기

(2) 빈 공간 선택하기

게더타운에서 제공되는 템플릿이 아닌 아무것도 설정돼 있지 않은 빈 공간에서 시작을 하고 싶은 경우는 Blank를 선택해보자. 벽과 바닥만 만들어져 있는 상태로 내가 원하는 대로 구성할 수 있다.

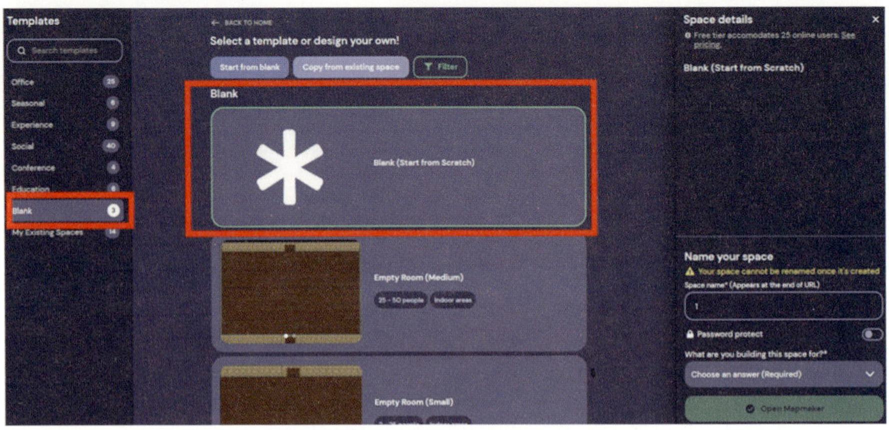

[그림14] 빈 공간 선택하기

방을 개설하고 Create space를 누르면 다음과 같이 카메라와 마이크를 설정하는 창이 열린다. 만약 줌과 같은 다른 온라인 플랫폼에서 오디오와 비디오가 켜져 있는 경우 동시에 열리지 않기 때문에 만약 게더타운에서 켜지지 않는 경우 이 부분을 확인한다.

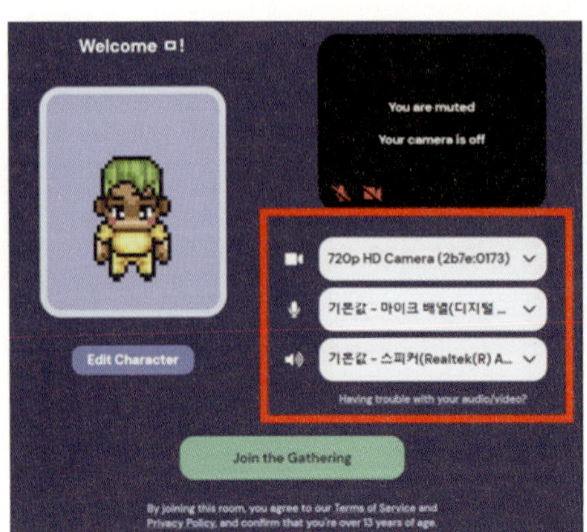

[그림15] 입장하기 전 카메라와 마이크 확인

또한 '마이크에 엑세스하려면 권한이 필요합니다.'라는 오류문구가 뜨는 경우는 주소창의 자물쇠버튼을 눌러 마이크와 비디오를 허용으로 바꿔줘야 한다.

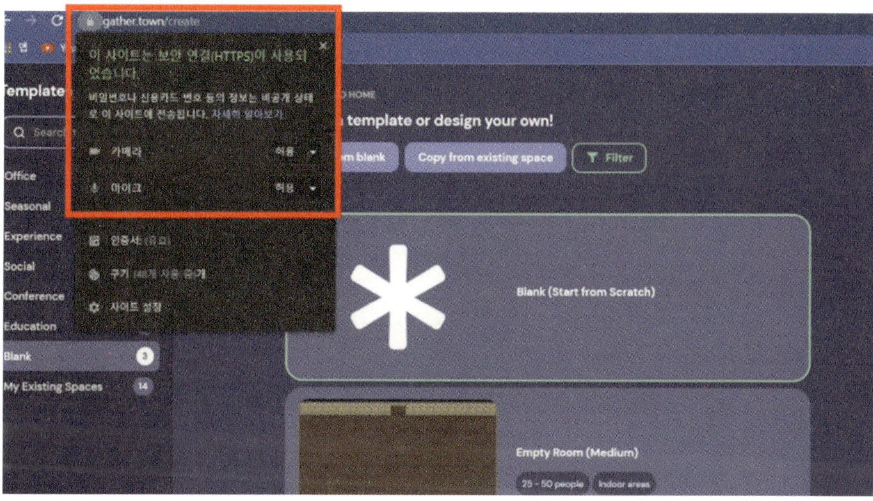

[그림16] 비디오, 소리가 안 되는 경우 해결방법

[그림17]은 게더타운을 처음 접속하는 경우에 나타나는 화면이다. 혹시라도 홀로 섬에 떨어졌다고 당황하지 말고 게더타운에서 사용되는 가장 기본이 되는 사용법을 익히는 공간이라고 이해하면 된다. 이동하는 법, 음소거 및 해제하는 법, 상호작용하는 법을 확인했다면 Skip Turorial(튜토리얼 건너뛰기)을 눌러 다음으로 넘어가자.

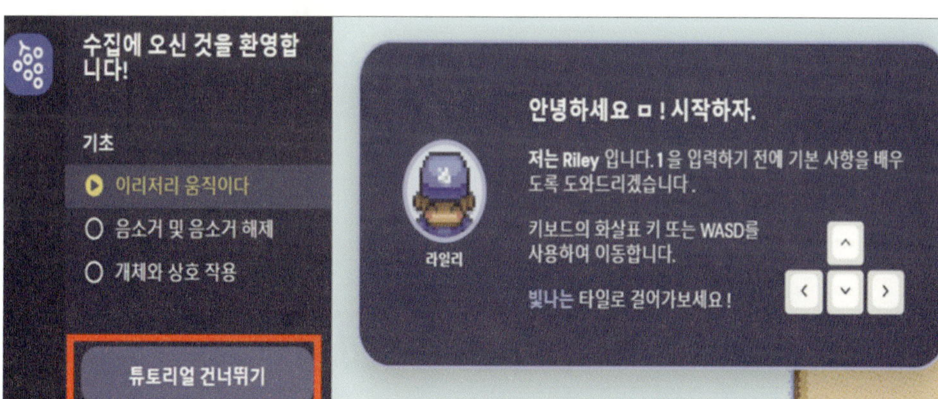

[그림17] 튜토리얼 확인

기존 템플릿을 활용해 새로 방을 만드는 과정은 모두 끝이 났다. 방을 개설한 상태에서 다양하게 수정할 수 있다.

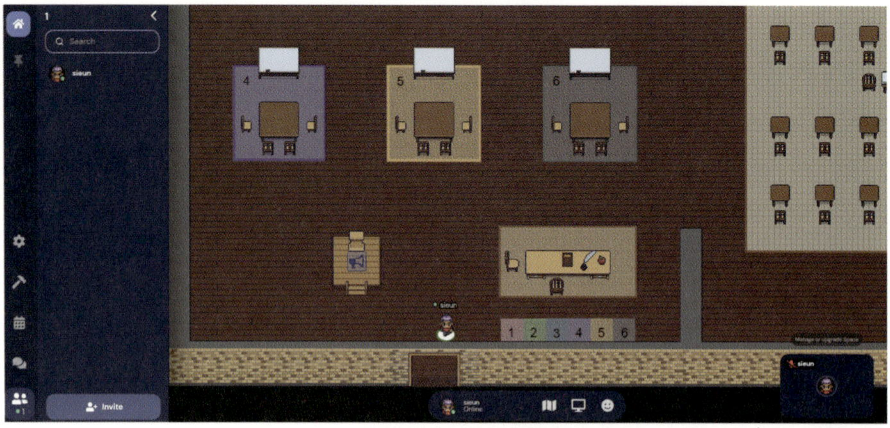

[그림18] 방에 입장하기

2) 게더타운 맵 알아보기

게더타운에서 사용되는 단축키를 미리 익혀두면 편리하다. 키보드에서 상호작용을 할 수 있는 X키, 다른 캐릭터를 지나칠 수 있는 고스트모드인 G키, 이동을 위한 방향키, 감정을 표현하는 이모티콘까지 다양하다. 차례대로 알아보도록 하자.

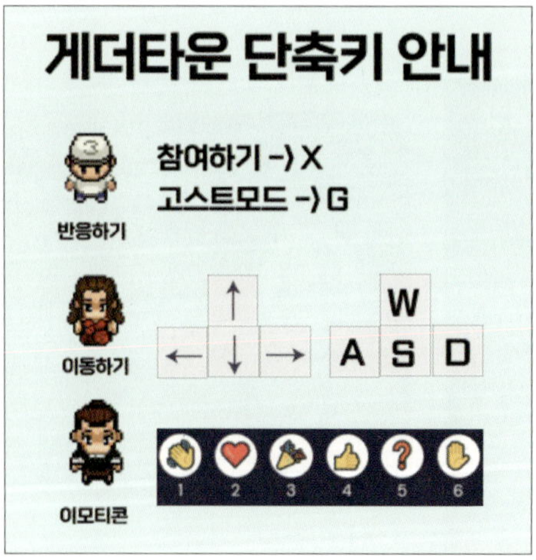

[그림19] 게더타운 단축키 안내

(1) 이동하기

게더타운 내에서 캐릭터를 이동시키는 방법은 키보드의 방향키를 눌러보자. 상, 하, 좌, 우로 내 캐릭터가 이동하는 것을 확인할 수 있다. 또한 영문 A, S, D, W도 동일하게 이동시킬 수 있는 작용을 한다.

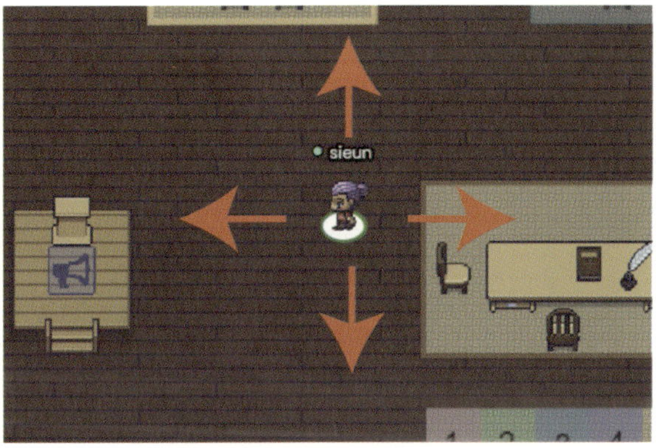

[그림20] 이동하는 법

(2) 상호작용하기

게더타운은 참여자가 다양하게 활동을 할 수 있는 것이 특징이다. 모니터 모양 앞에 가까이 다가가면 'Press X interact(x키를 눌러 활동해보세요)'라는 문구가 뜬다.

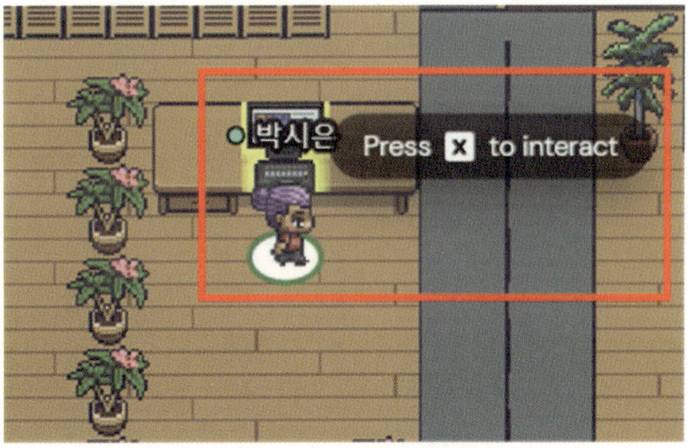

[그림21] 상호작용 하기

이 맵에서는 참여자가 가까이 다가와서 X키를 누르는 경우 '게더타운반 파이팅!!'이라는 메시지가 확인되도록 설계해뒀다. 이처럼 참여자가 능동적으로 참여를 할 수 있다.

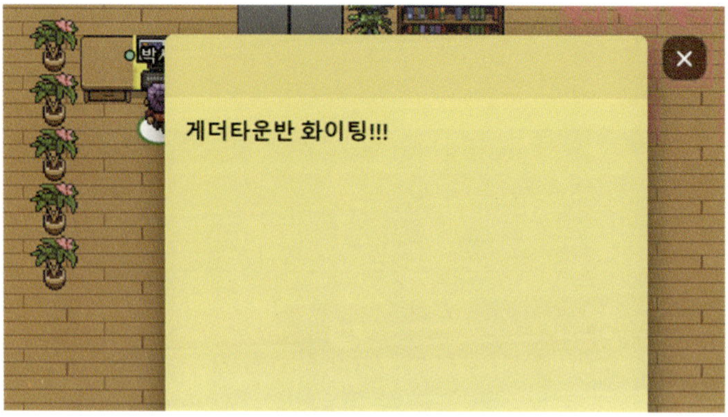

[그림22] 상호작용 확인하기

(3) 사람찾기

게더타운 맵 안에서 함께 활동하다 내가 원하는 사람을 찾고 싶은 경우 화면 좌측 하단의 사람모양 버튼을 클릭한다. 그러면 현재 이 맵에 참여하고 있는 모든 사람의 명단이 보이게 되며 이름으로 확인을 한다.

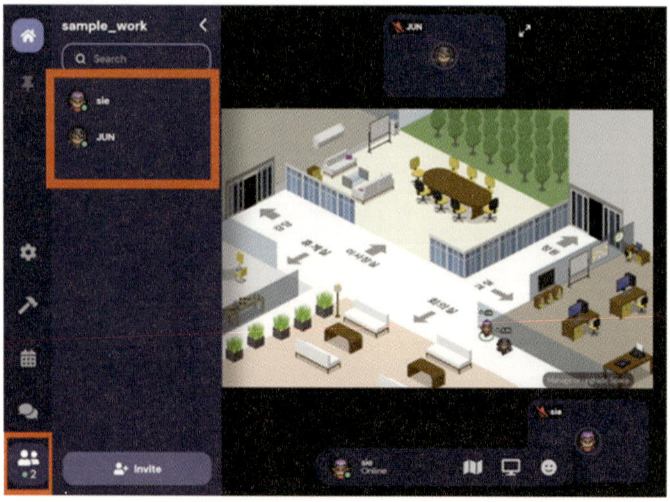

[그림23] 게더타운에 접속한 참여자 확인하기

명단에서 내가 찾고 싶은 사람의 이름을 확인했다면 마우스 오른쪽 클릭을 하고 Follow 버튼을 클릭한다. 그러며 내 캐릭터는 팔로우한 캐릭터를 따라다니게 된다. 설령 두 캐릭터가 멀리 떨어져 있다 하더라도 팔로우를 클릭하는 순간 자동으로 해당 캐릭터를 찾아간다.

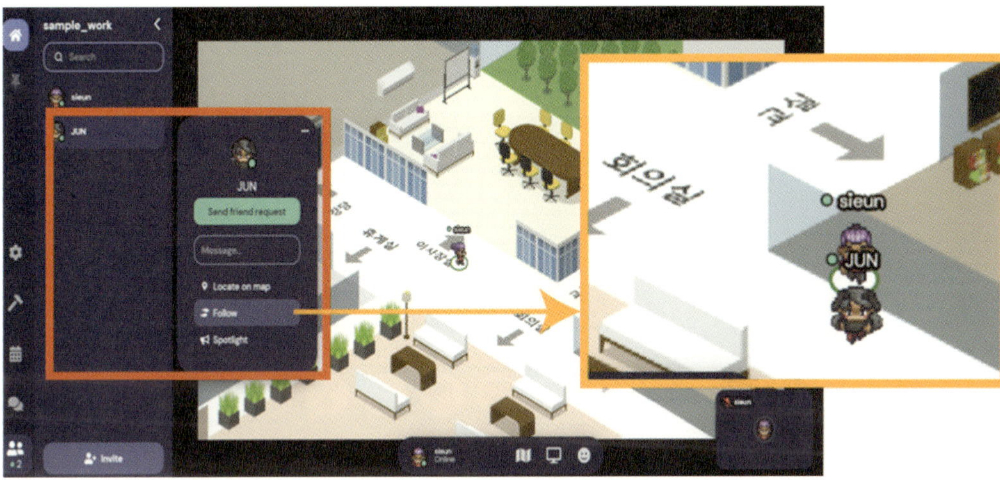

[그림24] 팔로우하기

팔로잉을 멈추고 싶은 경우는 화면 하단의 Stop following을 눌러 해지한다. 혹은 팔로잉 중이라도 방향키를 누르면 자동 해지된다.

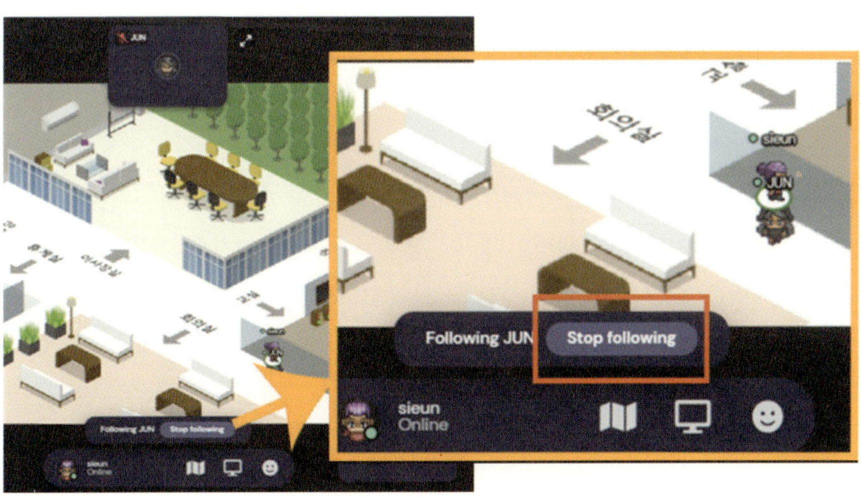

[그림25] 팔로잉 멈추기

(4) 의사표현하기

화면 하단의 웃는 얼굴을 누르면 의사표현을 할 수 있는 버튼이 보인다. 해당 버튼을 클릭해도 되지만 바로 숫자키를 눌러 선택할 수도 있다. 1~5번은 누르면 잠시 후 자동으로 사라지지만 6번 손을 든 경우는 다시 6번을 누르기 전엔 사라지지 않는 차이점이 있다. 질문을 하고 싶거나 도움이 필요할 때 사용해보자.

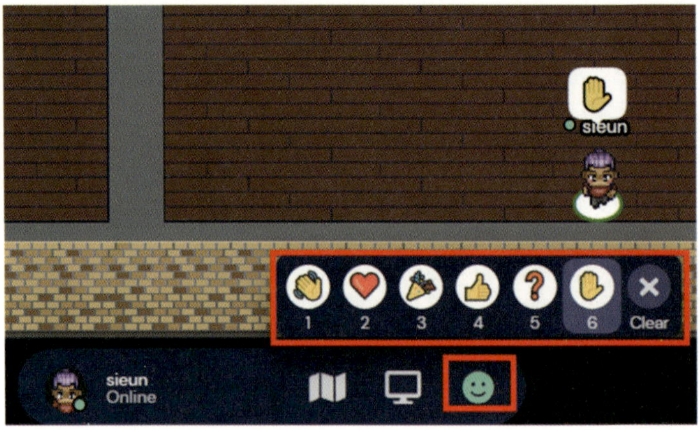

[그림26] 의사 표현하는 방법

(5) 채팅하기

게더타운에 참가한 참가자끼리 대화를 나눌 수 있는데 좌측 하단의 말풍선 버튼을 누르면 채팅할 수 있도록 창이 만들어 진다. 'Everyone'은 모두가 볼 수 있도록 적는 공개채팅이다. 'Nearby'는 가까이 있는 사람이 볼 수 있는 채팅이다.

예를 들어 나와 멀리 떨어져 있는 사람과 해당 채팅을 할 수 없는 것이다. 마지막으로 특정 사람에게만 대화를 거는 비밀채팅이다. 이 경우는 해당 참여자의 이름을 클릭하면 오직 해당 참여자만 채팅을 확인할 수 있다. Message라고 적힌 란에 내용을 적고 엔터를 누르면 전달 된다.

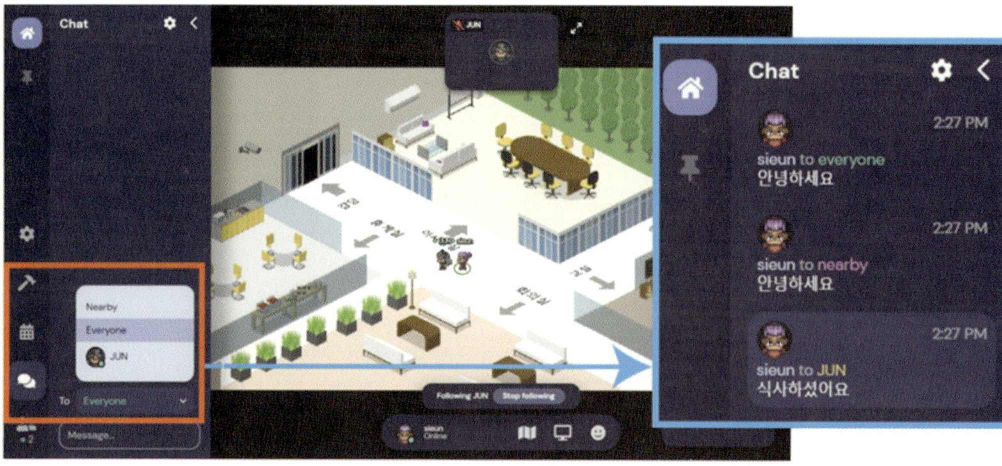

[그림27] 다른 참가자와 채팅하기

(6) 화면공유하기

게더타운이 줌을 대체할 수 있는 이유 중의 하나는 바로 화면공유 기능이 가능하기 때문이다. 화면 하단 중앙의 모니터를 클릭하면 공유할 수 있는 창이 상단에 뜨게 된다. 줌과 마찬가지로 공유할 자료들은 미리 열어두도록 하자.

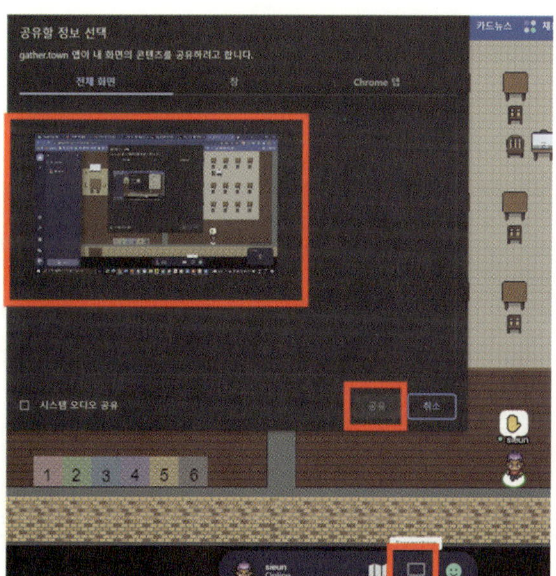

[그림28] 화면 공유하기

3) 오브젝트 기능

(1) 맵 위에 오브젝트 추가하기

게더타운 맵을 열고 내가 꾸미고 싶은 대로 방을 꾸밀 수 있는 기능이 바로 오브젝트이다. 화면 좌측의 망치모양 버튼을 누르면 Build 창이 열리게 되며 중앙의 'Open object picker'를 클릭한다.

'Open object picker'를 누르면 게더타운에서 기본적으로 제공되는 모든 오브젝트를 확인할 수 있다. 좌측의 카테고리를 확인해 내가 필요한 부분의 오브젝트를 선택한다.

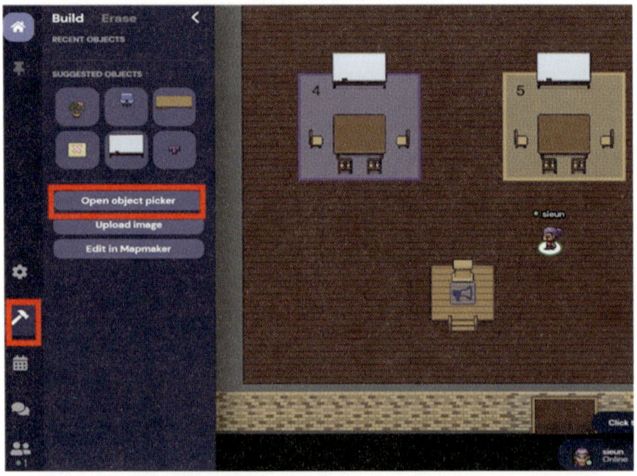

[그림29] 오브젝트 사용하기

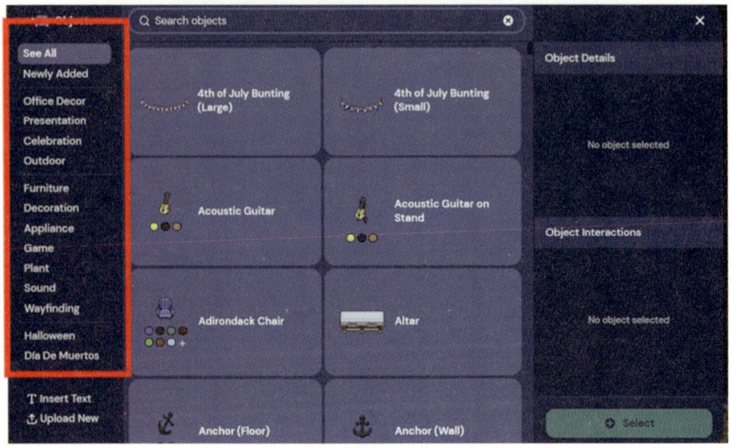

[그림30] 모든 오브젝트 확인하기

예를 들어 'Presentation' 카테고리에 있는 개체 중 'Bulletin(Note)'를 선택하면 오른쪽에 해당 오브젝트에 어떤 상호작용을 선택할 것인지 볼 수 있다.

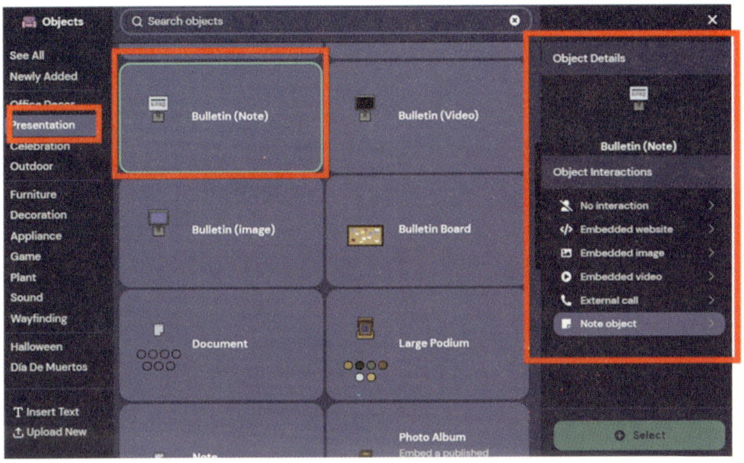

[그림31] 오브젝트 선택하기

즉 No interaction(상호작용 설정하지 않기), Embedded website(웹 사이트 연동하기), Embedded image(이미지 연동하기), Embedded video(비디오 연동하기), Note object(노트 삽입하기)를 볼 수 있다.

이 중 Note object(노트 삽입하기)를 눌러 메시지 내용을 적어보고 하단의 초록색 Select 버튼을 클릭한다.

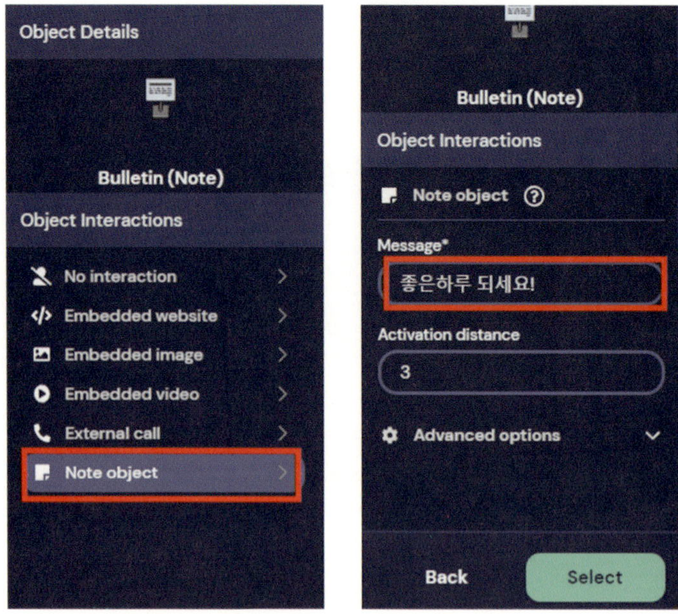

[그림32] 상호작용 설정하기

해당 오브젝트를 놓고 캐릭터가 다가가면 X키를 누르라는 문구가 보이며 누르면 방금 메시지로 적은 '좋은하루 되세요!'라는 문구가 보이게 된다.

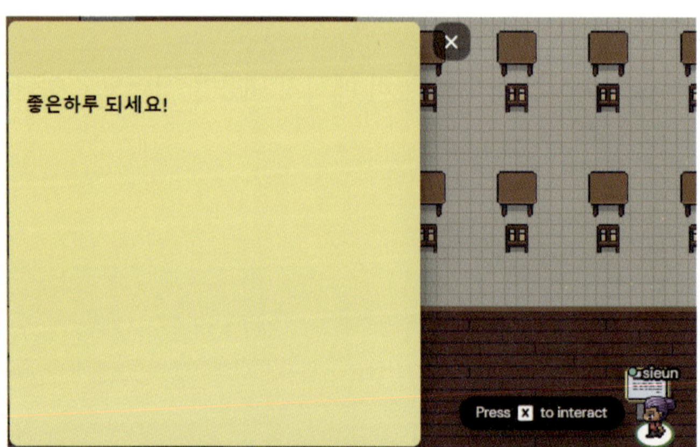

[그림33] 설정확인하기

(2) 삽입한 오브젝트 삭제

설치한 오브젝트를 삭제하기 위해서 좌측의 망치를 누르고 상단의 'Erase'를 클릭한다. 그리고 삭제하고 싶은 오브젝트 위에 커서를 대면 빨간 네모가 나타나고 그곳을 클릭하면 오브젝트가 깨끗하게 삭제된다.

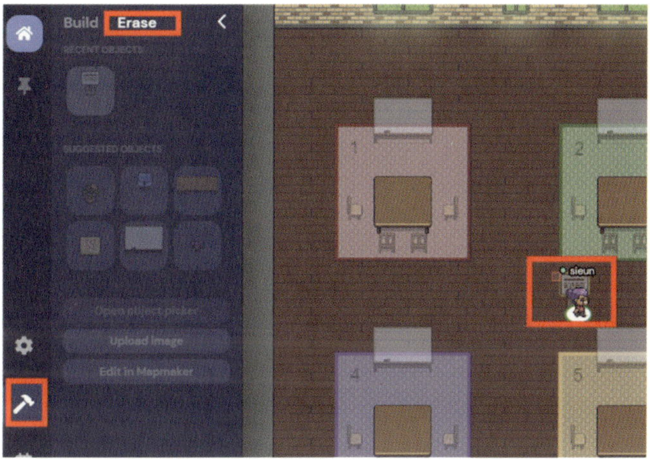

[그림34] 설치한 오브젝트 삭제하기

(3) 이미지, 텍스트 삽입하기

① 이미지 넣기

내가 갖고 있는 이미지를 넣기 위해서는 망치를 눌러 빌드를 선택하고 'Upload image'를 클릭한다.

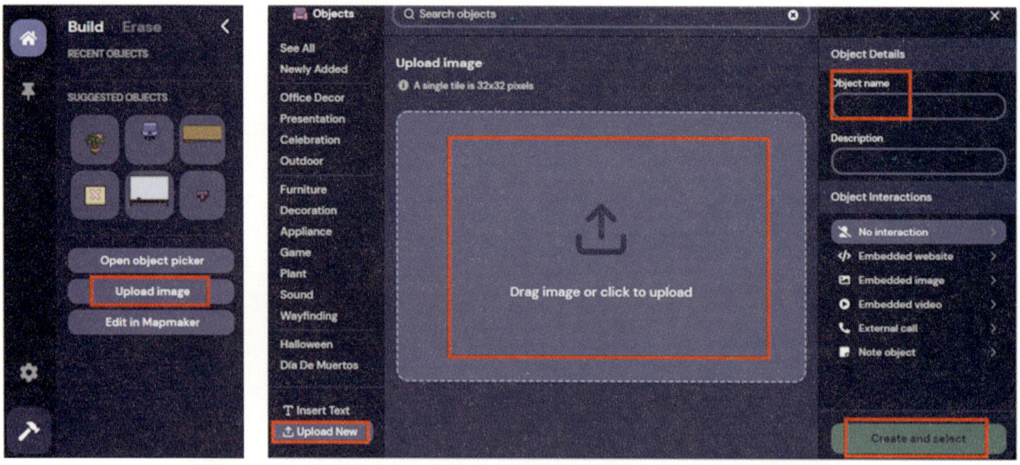

[그림35] 이미지 넣기

이미지를 드래그하거나 화면을 클릭해 이미지를 가져온다(Drag image or clik to upload). 우측의 오브젝트 설정에서 이름을 입력하고 우측 하단의 'Create and select' 버튼을 눌러준다.

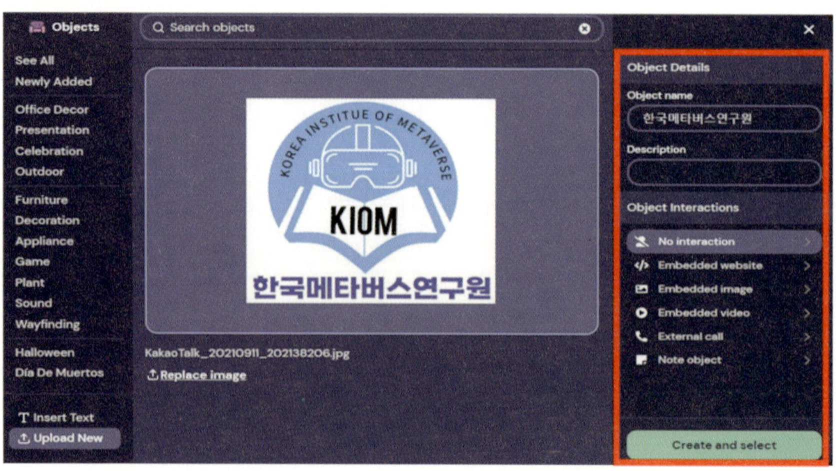

[그림36] 이미지 선택 및 오브젝트 이름 설정

[그림37]은 불러온 이미지가 삽입된 화면이다.

[그림37] 이미지 삽입이 완료된 모습

② **텍스트 삽입하기**

맵 안에 텍스트를 넣고 싶은 경우는 좌측의 망치를 누르고 'Open object picker'를 누른다. 그리고 이번엔 'Insert Text'를 선택하고 삽입하고 싶은 문구를 입력한 뒤 우측 하단의 초록색 'Create and select'를 누른다.

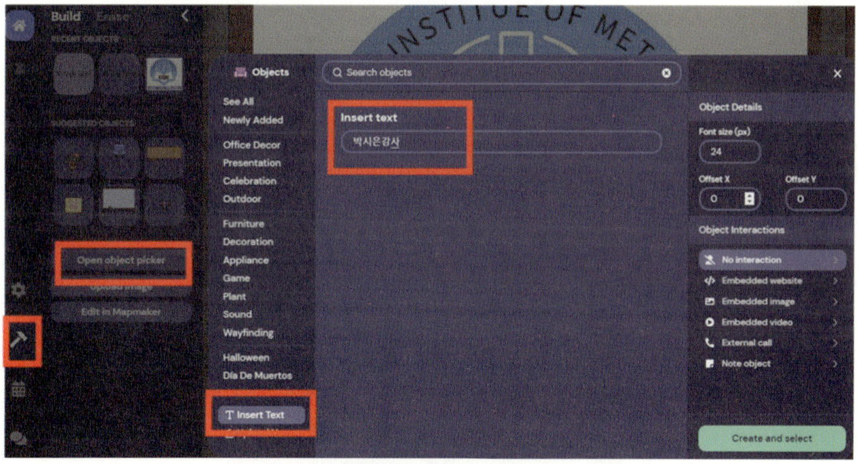

[그림38] 텍스트 넣기

방금 설정한 문구가 맵 안에 잘 들어간 것을 확인할 수 있다.

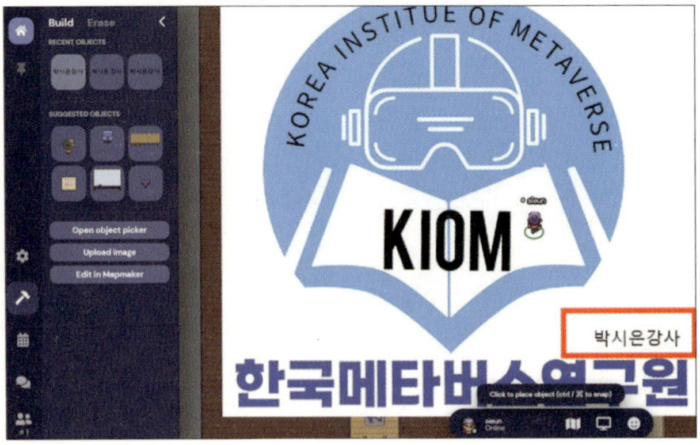

[그림39] 텍스트 확인

4) 맵 메이커 기능

맵 메이커에 들어가기 앞서 맵에서 오브젝트 및 이미지, 텍스트 넣는 연습을 완료했다면 이제는 본격적으로 맵을 수정할 수 있는 맵 메이커로 들어가 보자. 좌측의 망치를 누르고 Build를 눌러 'Edit in Mapmaker'를 선택한다.

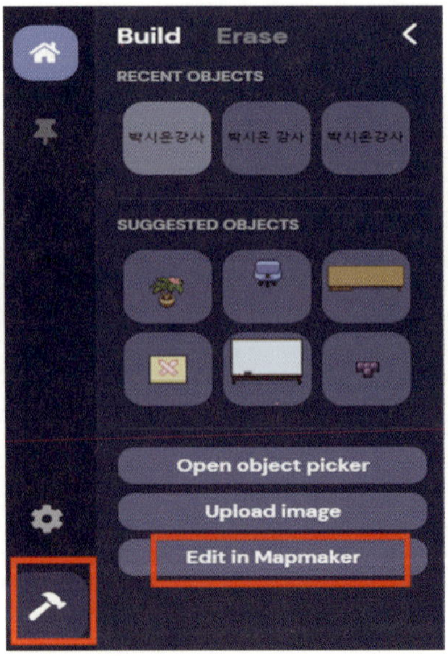

[그림40] 맵 메이커 열기

(1) 맵 메이커 공간소개

[그림41]은 해당 맵을 수정할 수 있는 맵 메이커의 전체화면이다. 좌측에는 맵 메이커에서 주로 사용되는 명령버튼이 있다.

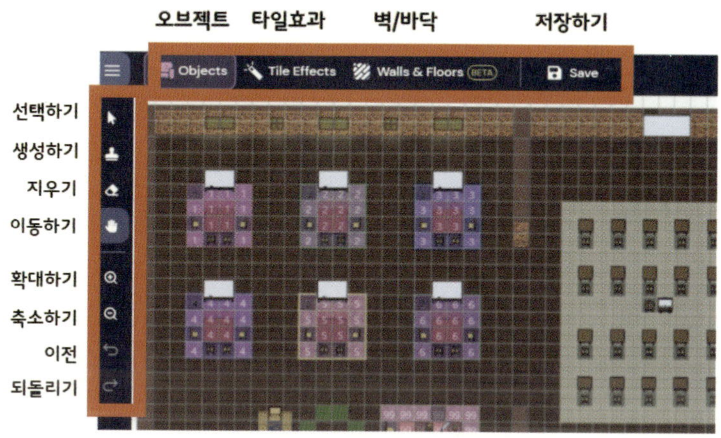

[그림41] 맵 메이커 공간 소개

[좌측 공간]

- 선택하기 - 삽입 된 오브젝트를 선택해서 이동시킬 수 있음
- 생성하기 - 오브젝트, 타일, 벽 등을 삽입할 때 사용
- 지우기 - 삽입 된 오브젝트, 타일, 벽 등을 지울 때 사용
- 이동하기 - 맵 자체를 이동할 때 사용
- 확대하기 - 맵을 확대해서 보고 싶을 때
- 축소하기 - 맵을 축소해서 보고 싶을 때
- 이전 - 이전으로 돌아가기
- 되돌리기 - 이전으로 돌아간 것을 다시 취소하기

[상단 공간]

- 오브젝트 - 맵에서 망치를 눌러 오브젝트를 넣었던 것과 동일한 기능
- 타일효과 - 타일효과로 맵의 모든 공간에 대한 뼈대를 잡을 수 있는 효과
- 벽/바닥 - 맵 안에 깔리는 바닥과 벽을 선택할 수 있는 기능

(2) 타일 효과 자세히 알아보기

타일효과는 맵을 구축하는데 가장 중요한 요소들이 모여 있다.

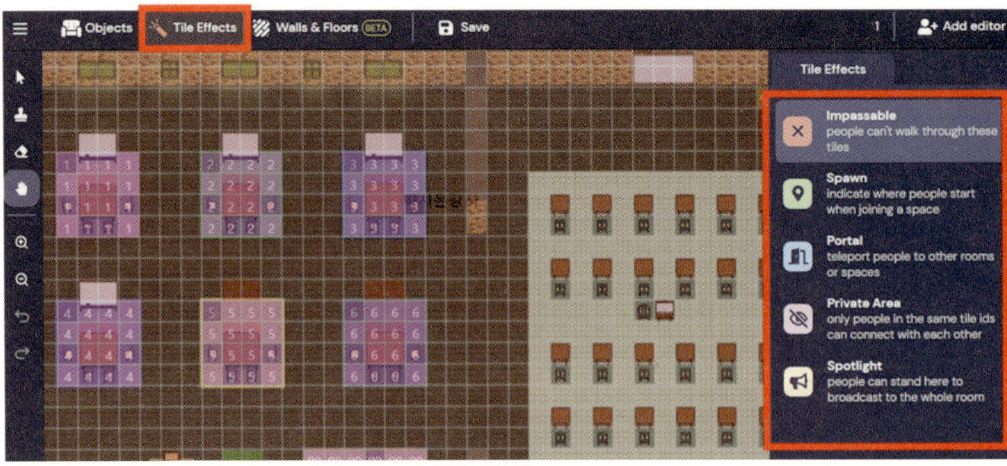

[그림42] 타일효과의 여러 가지 기능

① Impassable(임파서블) : 지나가지 못하도록 막는 기능

왼쪽 붉게 표시된 부분이 'Impassable'이 적용된 부분이다. 벽이나 책장 등 지나갈 수 없도록 설정하기 위해서 해당 버튼을 클릭해 지정한다. 지정된 부분은 캐릭터가 지나갈 수 없다.

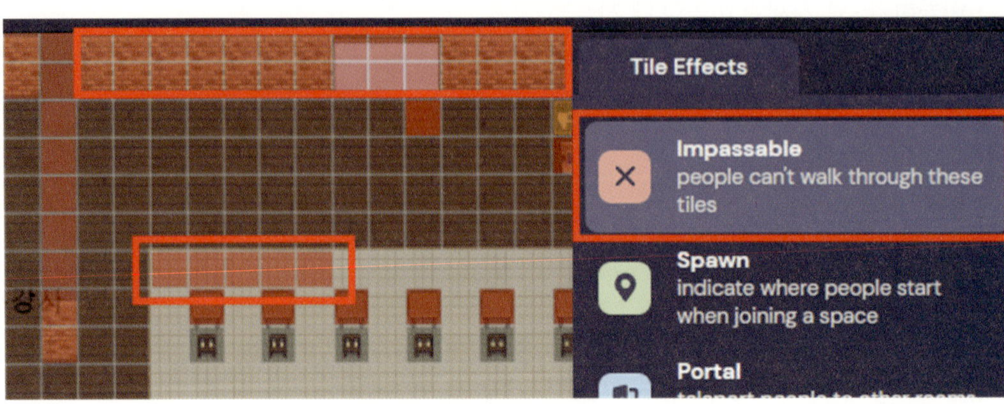

[그림43] Impassable 기능

② Spawn(스폰) : 입장할 때 위치 지정하는 기능

Spawn은 캐릭터가 게더타운 맵에 처음으로 입장했을 때 위치하는 지점이다. 맵의 어느 부분으로 입장하게 할 것인지를 고려해 마우스로 클릭을 하면 초록색 지점이 체크되고 해당 위치로 캐릭터들이 입장할 수 있게 된다.

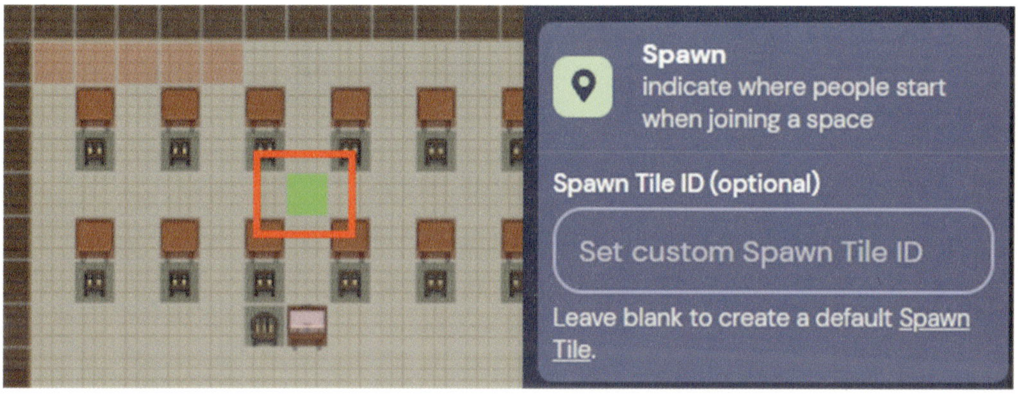

[그림44] Spawn 기능

③ Portal(포탈) : 방과 방을 연결해주는 기능

Portal 기능은 방과 방을 이어주는 기능이다. 따라서 반드시 방을 별도로 추가 생성해야 한다. 다른 방으로 이동할 때 입구로 사용하고 싶은 지점에서 'Portal'을 클릭하면 파란색으로 표시된다.

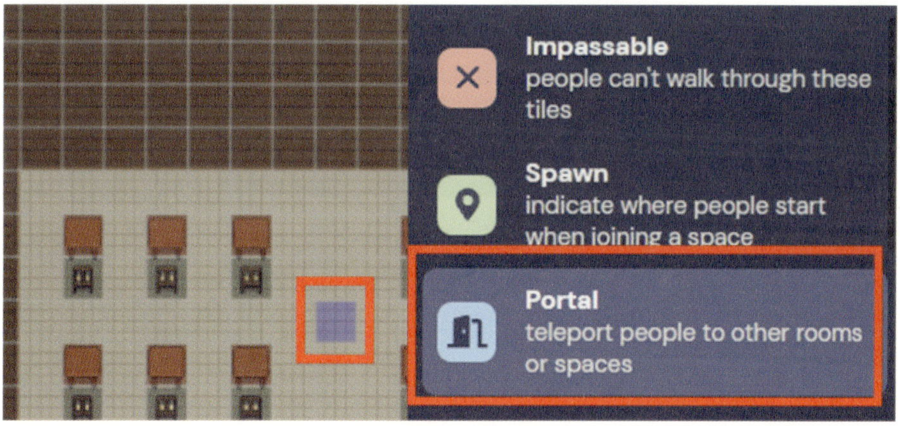

[그림45] Portal 기능

메인방과 Portal로 연결할 새로운 방을 생성하고 'Create a new room'을 누른다.

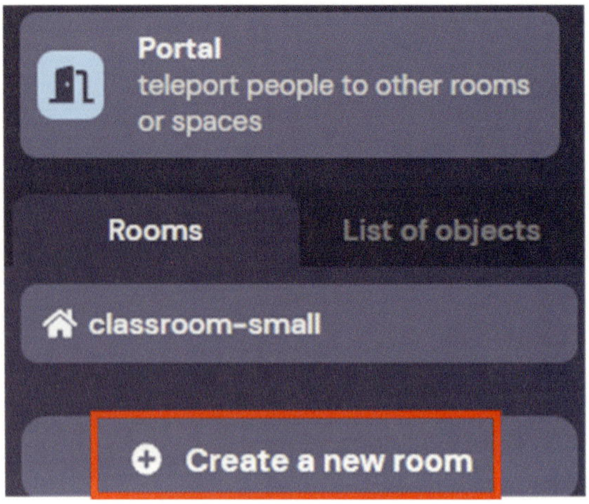

[그림46] 새로운 방 생성하기

만약 빈 공간에서 새롭게 맵을 구성해서 연결하고 싶다면 'Create a blank room'을, 기존에 제작된 템플릿을 선택해 연결하고 싶다면 'Choose from template'를 클릭한다.

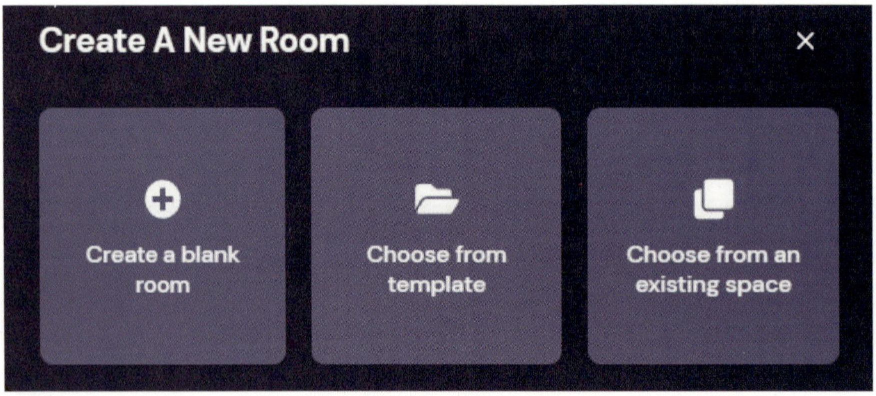

[그림47] 방의 형태 고르기

방을 만들기 누르면 빈 방에서 만들건지 템플릿에서 고를것인지 선택을 할 수 있다.

빈 방을 선택하면 내가 만들어둔 이미지를 업로드해서 방의 배경으로 사용할 수 있고 기존의 게더타운 템플릿에서 고를 수도 있다. 내 방의 용도에 따라 템플릿을 골라 선택하면 완성된다.

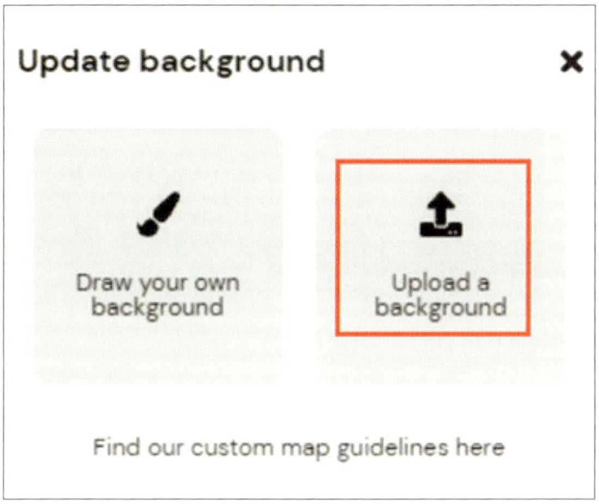

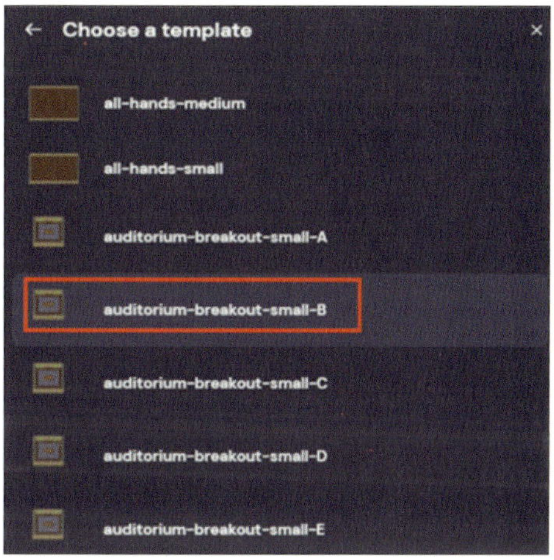

[그림48] (좌) 빈 방의 경우 이미지 업로드 하기, (우) 템플릿에서 가져오기

방을 새롭게 생성했으면 기존방과 새로운 방을 'Portal'로 연결을 해준다. 우선 기존 방에서 Portal을 누르고 새로운 방으로 이동할 지점을 클릭하면 파란색으로 나타난다. 이어서 새로운 방을 열어 기존 방으로 이동하기 위한 지점을 정하고 클릭하면 다시 파란색으로 표시된다.

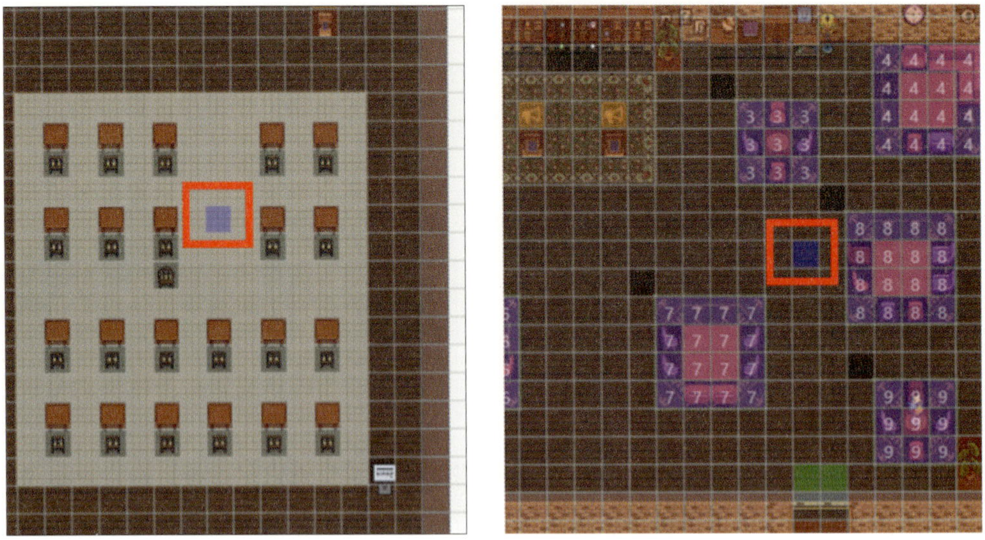

[그림49] (좌) a방의 이동지점, (우) b방의 이동지점

④ Private Area(프라이빗 공간) : 개인 공간

이 공간은 줌의 소회의실에 해당한다. 즉 1번 방에 모인 사람들끼리만 서로 소리를 들을 수 있기 때문에 개별 회의가 가능하다. Area ID에 숫자 1번을 입력하고 1번 공간을 배치한다.

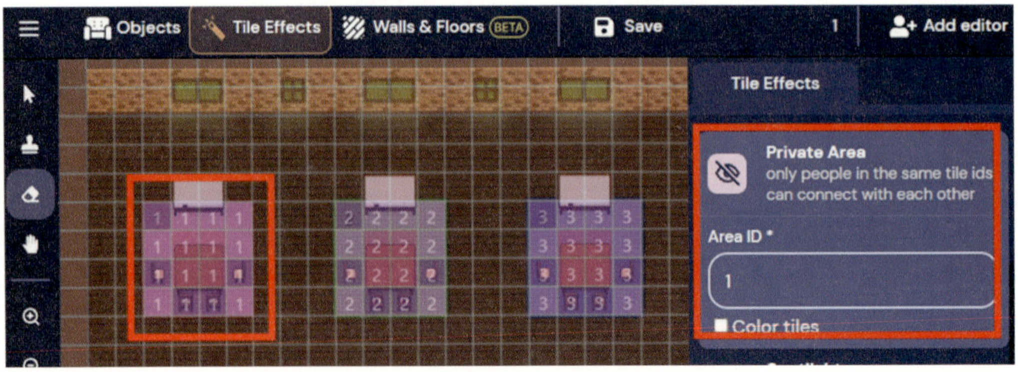

[그림50] Private Area 기능

⑤ Spotlight(스포트라이트) : 모든 사람들에게 소리를 전달할 수 있는 기능

앞서 설명한바와 같이 게더타운은 캐릭터끼리 거리가 멀어지면 서로의 소리가 들리지 않는다. 따라서 운영자가 아무리 이야기를 해도 멀리 있는 참가자는 소리를 듣지 못하게 된다. 하지만 'Spotlight' 존을 만들어두면 어느 위치에 있거나 멀리 있어도 모두 소리를 들을 수 있기 때문에 적절한 위치에 Spotlight는 꼭 배치하도록 하자.

Spotlight를 클릭하고 배치하고 싶은 곳에 마우스를 가져가 클릭하면 주황색으로 표시가 된다.

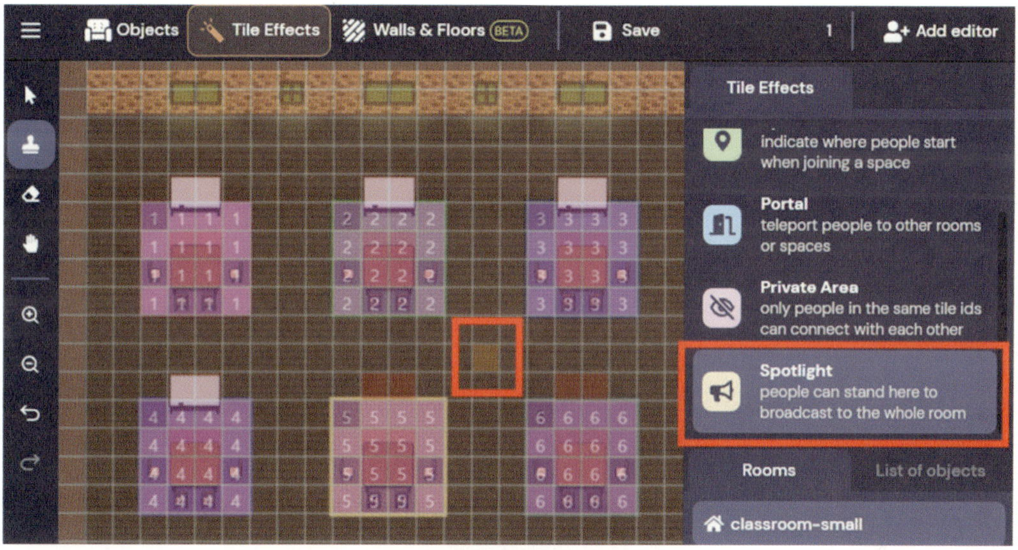

[그림51] Spotlight 기능

(3) 벽과 바닥 설치하기

게더타운 맵 안에 벽과 바닥을 설치 및 제거할 수 있다. 맵 메이커 메인화면 상단에서 'Walls & Floors'를 선택한다.

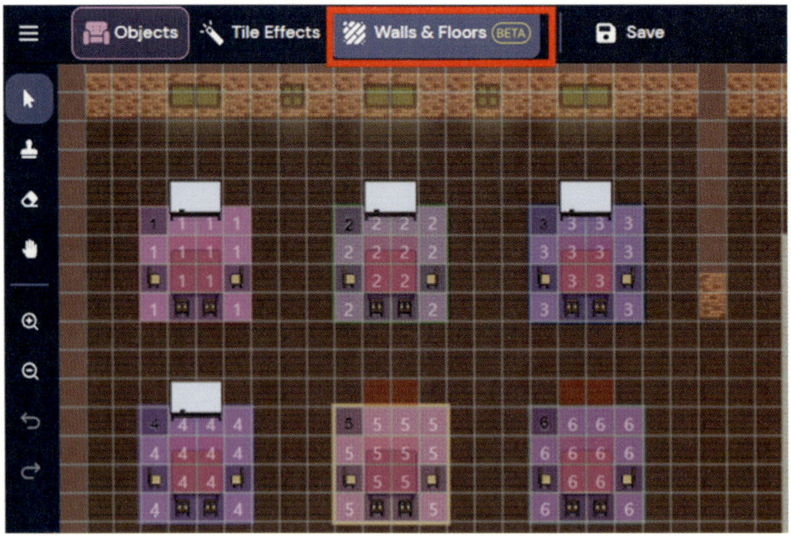

[그림52] 벽과 바닥 기능

① 벽 설치하기

먼저 'Walls'를 선택하고 우측의 설치하고 싶은 벽의 모양 중에서 선택하고 화면처럼 마우스로 드래그를 하면 우측의 〈설치가 완료된 모습〉처럼 벽이 만들어 진다. 지우고 싶은 경우는 좌측의 지우개 버튼을 누르고 설치된 벽을 다시 드래그하면 설치된 벽은 삭제된다.

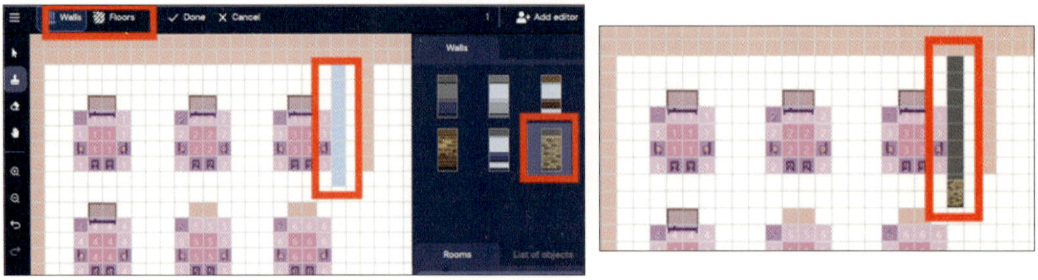

[그림53] (좌) 벽 설치하기, (우) 설치가 완료된 모습

② 바닥 설치하기

바닥을 선택하기 위해서 상단의 'Floors'를 클릭하고 우측에서 넣고 싶은 바닥타일을 고른다. 그리고 마우스로 영역을 드래그해서 지정하면 그 공간은 전부 해당 바닥 타일이 깔리게 된다. 삭제는 역시 지우개 모양을 눌러 드래그하면 지워진다. 여기까지 완료했다면 상단의 'Done'을 눌러 작업을 마무리한다.

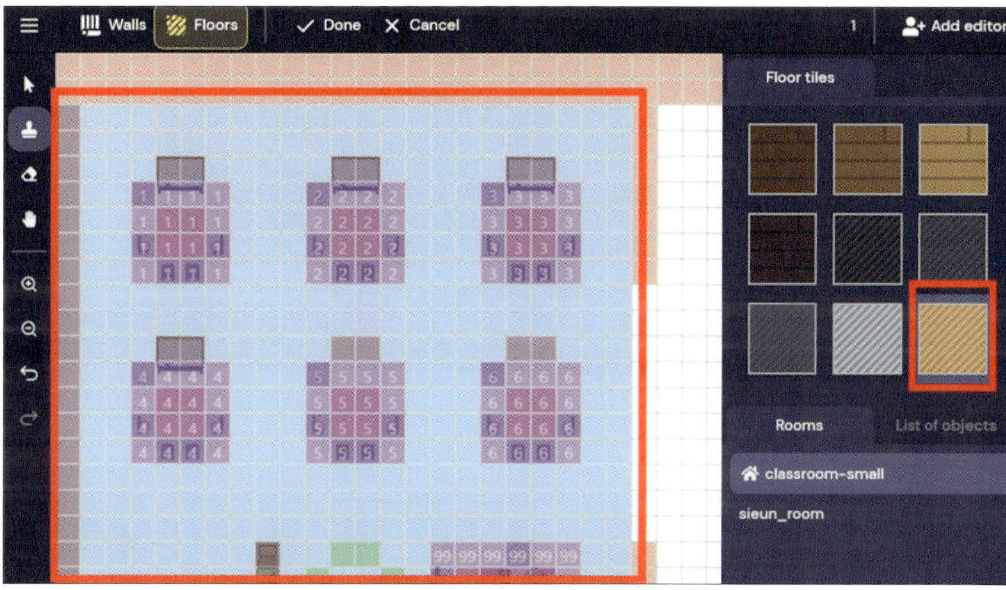

[그림54] 바닥 선택하기

맵 메이커에서 수정을 완료했다면 반드시 우측 상단의 'Save' 버튼을 눌러 저장하고 좌측 상단의 3선 버튼을 눌러 'Go to space'를 클릭한다. 그럼 다시 나의 게더타운맵으로 돌아갈 수 있게 된다.

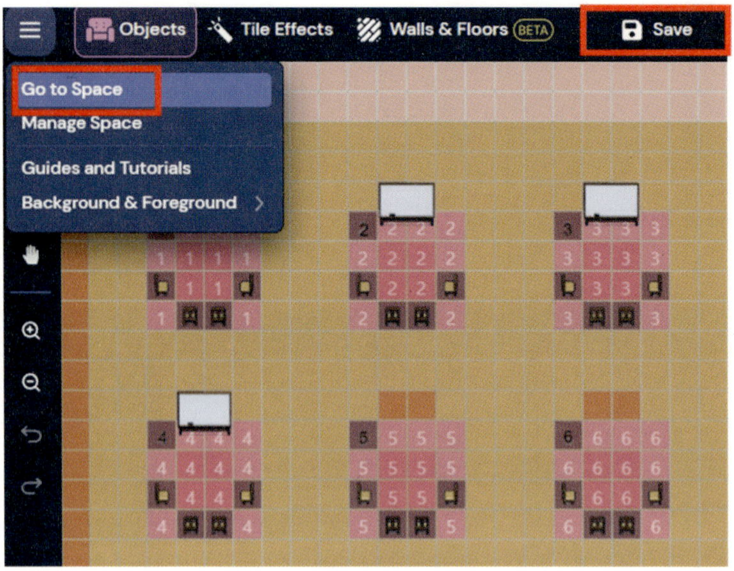

[그림55] 다시 게더타운 맵으로 돌아가기

Epilogue

이번 장에서는 게더타운은 무엇이고 새로운 방을 구성하는 법, 방을 수정하는 법 등 전반적인 과정을 함께 알아보았다. 내가 어떤 목적으로 갖고 게더타운 방을 만드느냐에 따라 결과물은 모두가 다르게 나올 수 있으며 세상에 하나밖에 없는 멋진 공간이 탄생하게 될 것이다.

아울러 많은 산업 군에서는 게더타운을 활용해 회의 및 행사 등을 진행하고 있다. 그만큼 기업에서 부각시키고 싶은 부분을 여러 상호작용을 통해 많은 사람들에게 경험시켜줄 수 있기 때문이다. 따라서 해당 사이트를 잘 활용할 수 있도록 연습한다면 누구보다 근사한 게더타운 맵을 만들어 활용하게 될 수 있게 될 것이며 나아가서는 누군가를 위해 맵을 제작해주는 경험도 쌓게 될 것이다.

기존에 있는 템플릿 외 나만의 템플릿을 열심히 연구해보길 바란다.

Chapter 9

제페토에서 전문 사진사처럼 촬영하기

우정호

Chapter 09.
제페토에서 전문 사진사처럼 촬영하기

Prologue

카메라 하면 생각나는 것은 어릴적 대전EXPO에서 가서 카메라를 분실해서 놀지도 못하고 카메라 찾는다고 많이 헤매고 다녔다. 결국 카메라는 못 찾고 복권방을 어슬렁거리면서 '혹시나 복권이 당첨되면 카메라를 다시 살 수 있을 거야'라는 생각을 했었다. 그러다 대학교 때 필름이 필요 없는 디지털 카메라라는 것을 처음 접하게 됐다.

처음 중고로 50여만 원 정도를 주고 산 첫 디지털 카메라. 메모리 용량이 8MB가 전부였다. 지금은 사진 한 장에 100MB가 넘는 것도 많이 나온다. 비록 화소 수는 적었지만 나름 만족한 사진을 얻었다.

세월은 참 빠른 것 같다. 예전에는 생각도 못한 것들이 요즘은 가능하게 되기도 한다. 웹상에서 자기를 꾸미고 단장해 사람들에게 자랑할 수 있는 세계가 온 것이다. 자기 얼굴도 아닌 부캐의 얼굴인데 뭐 대충 찍으면 되지 하는 생각도 들겠지만 사진에 대해서 조금만 관심을 가지면 좋은 사진을 얻을 수 있다.

필자는 초보자들도 쉽게 따라할 수 있도록 간단한 사진이론과 함께 제페토에서 사진을 남들보다 좀 더 돋보이게 촬영하기 위한 노하우를 설명하고자 한다.

1. 사진의 기본은?

1) 사진의 발명

1839년 8월 19일 프랑스 학사원에서 열린 과학과 미술 아카데미의 합동회의 석상에서 파리의 천문대장 겸 물리학자인 프랑수와 아라코(F. Arago)에 의해 '다게레오 타입'이라는 사진술이 발표됐는데 이날을 바로 '사진의 날', '사진발명의 날'이라고 한다.

2) 사진의 의미

우선 사진의 의미에 대해 알아보겠다. 사진은 빛이나 복사 에너지의 작용으로 감광성 물질(건판이나 필름) 위에 피사체의 반영구적인 영상을 만들어 내는 것이라고 한다. 최근에는 감광성 물질 대신 CCD나 CMOS란 이미지 센서를 이용해 사진을 디지털 화 하고 있다.

3) 광 원

사진에서 빼놓을 수 없을 것이 '빛'이다. 빛은 주로 자연광과 인공으로 나눠진다.

(1) 자연광

자연광은 5,500~ 6,000K로 전자플래시와 유사한 색온도를 갖고 있다. 정오경에 수직으로 인물에 비추게 되므로 좋은 배경을 얻으려면 반사판 등으로 보조해야 좋은 사진을 얻을 수 있다. 약간 흐린 날에는 쾌청한 날과 같은 강한 음영이 드리워지지 않고 광선이 비치는 반대 방향에도 빛이 비춰지므로(확산광) 피사체의 세부까지 잘 찍을 수 있다. 인공광선에 비해 광량이 많아 광범위한 촬영에 적당하며 시간 및 계절, 날씨에 따라 광 질이 많이 변한다.

(2) 인공광원

인공광원은 인공적으로 만든 빛으로 일반적으로 텅스텐램프 사용되며 컬러 밸런스 등을 위해 스토로브를 이용한다. 인공광은 주광원, 보조광, 하이라이트, 캐치라이트(Catch Light)를 조합해 자연스럽고도 효과적인 조명효과를 낼 수 있다.

인공광은 자연광보다 밝기 조절이 용이하고 피사체 뒤쪽에서 강한 빛을 비추면 그 주위에 빛의 윤곽이 강하게 생겨 피사체의 내부에서 빛이 발산되는 것처럼 보일 수 있다. 인물사진의 경우 머리카락에 밝고 부드러운 빛이 생겨서 인물의 내부로부터 빛이 발산되는 것처럼 인상적인 사진이 된다.

빛이 들어오는 방향에 따라서 정면광, 사광, 측광, 역광, 반역광 등으로 나눠진다.

① 정면광

정면광은 피사체가 평면적으로 보여서 입체감을 표현하기가 거의 어렵다. 모든 부분을 설명적으로 표현할 때 좋다.

② 사 광

사광은 오전 10시 또는 오후 2시 태양과 위치와 비슷하게 피사체를 45~60도 각도에서 비추는 조명이다. 적당한 입체감과 자연스러운 느낌이 많이 듭니다. 가장 일반적인 광선으로 창조적이고 극적인 표현에는 어울리지 않는다.

③ 측 광

측광은 피사체의 옆면에서 비치는 조명으로 카메라 위치와 직각으로 이루는 형태이다. 눈으로 보는 것보다 피사체의 윤곽이 더 뚜렷하게 나타난다. 이른 아침이나 늦은 오후 태양의 직사광이 이에 해당된다. 의도적으로 피사체의 특징을 개성적이고 강렬하게 표현하고자 할 때 좋다.

④ 역 광

역광은 피사체의 뒷면에서 광원이 비춰지는 조명으로 콘트라스트가 강하고 입체감, 공간감, 조형감이 뛰어나며 가장 드라마틱하고 로맨틱한 광선이다. 제페토의 경우는 가상의 공간으로 만들어져 있어 특별히 빛을 신경 쓰지 않고 찍어도 무방하게 사용이 가용하다. 다만 어두운 배경을 캡처 할 경우 빛의 방향을 신경 써서 찍으시는 것이 좋다.

4) 초점거리

제페토 사진 및 동영상 촬영방법에 앞서 기초 이론을 바탕으로 예시를 들어 먼저 설명하고자 한다. 먼저 초점거리 관련이다. 렌즈의 종류를 구분하는 가장 중요한 요소이다. 필름(이미지센서)의 대각선 길이보다 초점거리가 짧으면 '광각'이라고 하고 반대로 대각선 길이보다 초점거리가 길면 '망원'이라고 한다. 대각선 길이하고 초점거리가 같으면 '표준'이라고 한다. 일반적으로 표준은 인간의 육안과 거의 비슷한 원근감을 갖고 있고 약 45도 내외의 화각을 갖고 있다. 표준 렌즈는 다른 렌즈에 비해 가격이 많이 저렴해서 많이 이용을 하고 있다.

다음으로 광각이다. 원근감을 극단적으로 과장되게 표현할 때 사용된다. 표준렌즈보다 화각이 넓어 시야를 넓게 촬영이 가능하다. 즉 좁은 공간에서 넓은 장면을 촬영할 수 있다. 아래쪽에서 위로 올려다보면서 찍어 다리를 길게 보이게 하는데 이용된다.

마지막으로 망원이다. 동일한 거리에서 촬영할 때 피사체의 배경을 흐리게(Out Focus) 하는데 가장 적합하다. 원거리 물체를 촬영하기 위해 사용되며 피사체에 가까이 다가갈 수 없을 경우 장 초점 거리용 렌즈가 유용하다. 일반적으로 표준은 35mm~60mm이고, 광각은 35mm 이하, 망원은 60mm 이상이라고 생각하면 된다. 적용사례를 들어 쉽게 설명하고자 한다.

[그림1]은 망원을 사용한 예이다. [그림1]은 제페토 포시즌 카페 한 곳을 캡처해 본 것이다. 전방적인 배경을 보면 뒤 배경의 단풍과 앞쪽 핑크뮬리(분홍쥐꼬리망초) 그리고 인물이 나온다. 가을 느낌이 나는 것을 알 수 있다. 보통 광각은 배경이 좋은 유명관광지의 전체적인 모습을 담을 경우 특히 일출, 일몰시간 때에 넓은 지역을 표현해 담을 수 있다.

무엇보다도 좋은 포인트를 찾는 것이 중요하다. 좋은 시간 때에는 사진 촬영하는 사람이 많아서 좋은 포인트에서 촬영을 못하는 경우가 많다. 제페토에선 추천해주는 장소가 있다. 그곳을 방문하면 보다 좋은 포인트를 찾을 수 있다. 아니면 네이버나 구글 등에서 제페토를 검색해서 나오는 장면을 보고 좋은 포인트를 찾아서 그곳을 방문하는 것도 방법이다.

[그림1] 제페토 포시즌 카페 월드(출처 : 제페토 포시즌 카페 캡처)

[그림2]는 표준렌즈로 촬영한 예이다. [그림2]를 보면 일반적으로 스마트폰을 촬영했을 때 렌즈의 초점거리를 조절하지 않고 촬영할 때의 모습이라고 생각하면 된다. 표준은 광각처럼 넓게 보이지도 않고 망원처럼 확대되지도 않아 평범하게 보이지만 사진을 잘 찍는 고수들은 이 표준 사진을 의외로 많이 찍는다. 우리가 일반적으로 아는 내용을 재해석해서 포인트를 찾고 그곳에서 새로운 것을 발견해서 표현을 한다. 너무 어렵게만 생각하지 말고 자신에 맞게 찍어 보라. 우리 눈으로 실제로 보는 느낌이라고 생각하고 찍으면 편할 것이다.

[그림2] 제페토 월드 포시즌 카페(출처 : 제페토 월드 포시즌 카페 캡처)

[그림3]은 광각렌즈로 촬영한 예이다. [그림3]을 보면 셀카를 찍는다고 생각하면 된다. 배경보다는 주로 앞 피사체에 초점이 맞춰져 있다. 제페토에서 두 손으로 넓게 벌려 확대해서 찍으면 된다. 정면도 좋지만 각도를 살짝 비스듬히 틀어서 찍는 것도 하나의 팁이다. 주의할 점은 배경을 무시하면 안 된다는 것이다. 찍을 때 꼭 배경도 생각하고 담아보자. 이렇게 제페토의 셀카 기능을 이용해도 좋다.

[그림3] 제페토 월드 포시즌 카페(출처 : 제페토 월드 포시즌카페 캡처)

5) 앵 글

카메라로 찍고자 하는 주요 물체 즉 피사체라고 하면 앵글은 피사체를 바라보는 각도, 시선이라고 생각하면 된다. 피사체를 중심으로 카메라가 피사체보다 위에서 찍으면 하이앵글(High Angel), 피사체에 수평이면 아이레벨(Eye level), 피사체보다 낮으면 로우앵글(Low Angle)로 나뉜다.

[그림4]는 제페토 스키점프 월드에서의 모습이다. 카메라 피사체(인물)보다 아래 있어 로우앵글(Low Angle) 샷이다. 로우앵글 샷은 키가 작은 사람을 커 보이게 하고 피사체를 위대하다고 느끼게 된다. 보통 대통령 같이 높은 분을 촬영할 때 이렇게 하면 좋다. 로우앵글은 하늘이 많이 나오므로 하늘배경이 좋을 때 사용하면 좋다.

[그림4] 제페토 월드 스키점프(출처 : 제페토 월드 스키점프 캡처)

[그림5]는 아이레벨(Eye level) 샷이다. 우리가 보는 눈으로 촬영했다고 생각하면 된다. 일종의 현장 증명사진 찍을 때 이렇게 하면 좋다. 왜곡이 없고 현재의 느낌을 가장 잘 살릴 수 있기 때문이다.

[그림5] 제페토 월드 스키점프(출처 : 제페토 월드 스키점프 캡처)

[그림6]은 하이앵글(High Angel) 샷이다. 쉽게 드론처럼 위에서 촬영한다고 생각하면 된다. 피사체의 크기가 작아 보여서 키가 큰 사람이 작게 보일 때 사용하면 좋다. 자기를 낮춰 보이게 할 때도 좋다. 하이앵글 샷은 특히 높은 산이나 전망대에서 아래로 바라 볼 때 배경이 좋을 때 사용하면 좋다. 드론에서 촬영하면 의외로 멋있는 장면들이 많이 나와서 그런 풍경으로 촬영할 때 아주 좋은 샷이다.

[그림6] 제페토 월드 스키점프(출처 : 제페토 월드 스키점프 캡처)

6) 구 도

사진의 구도는 모양, 색깔, 위치 따위의 짜임새라 생각하면 된다. 쉽게 말해 사진을 찍을 때 피사체나 배경을 어떻게 배치하느냐 라고 생각하면 된다. 배치도 중요하지만 사진 찍는 사람의 의도를 반영하는 것이 무엇보다도 중요하다. 일반적으로 말하는 좋은 구도는 사진가의 의도를 안정적이고 필요한 요소만 프레임 안에 반영한 것이다. 여기서는 일반적으로 좋은 구도라고 생각하는 것을 몇 가지 예를 들어 설명하겠다.

우선 가장 기본은 가로 수평선과 세로 수직선을 맞추는 것이다. 다행히도 제페토는 일반적으로 찍으면 대부분 맞춰져 있어 이 부분에 대해 실수하는 일은 잘 없다. 다만 본인만의 구도를 위해 각도를 틀어버리면 수평과 수직선이 안 맞는 경우가 있다. 이것을 주의하면 무난하게 사진에 담을 수 있다.

3분할 구도, 황금구도가 있는데 사진을 3분등 또는 황금 분할을 해 그 지점에 피사체를 넣어서 촬영하면 사진이 안정적이고 보기에 좋다. 처음에는 좀 어렵지만 나중에 익숙해지면 편안하게 할 수 있다.

[그림7]의 뒤 배경을 보면 가로 수평 균형을 잘 맞춰서 안정적인 모습을 보여준다. [그림8]은 뒤 배경이 기울어져 있어 안정적이고 않고 약간 불안해 보인다. 일반적인 상황에서는 [그림7]처럼 수평이 맞게 촬영을 하고 역동적이거나 불안정한 사진이 필요할 것은 [그림8]처럼 촬영하면 된다.

[그림7] 제페토 월드 드라이빙존(출처 : 제페토 월드 드라이빙존 캡처)

[그림8] 제페토 월드 드라이빙존(출처 : 제페토 월드 드라이빙존 캡처)

[그림9]처럼 셀카 촬영모드에서도 마찬가지로 뒷 배경을 수평을 잘 맞춰주는 것이 좋다. 기울어짐을 주위해서 촬영하는 것이 좋다. 놀이기구처럼 역동적인 경우는 기울어져 촬영하면 더 자유스러워서 좋다.

[그림9] 제페토 월드 드라이빙존(출처 : 제페토 월드 드라이빙존 캡처)

[그림10]은 3분할 구도로 가상으로 가로, 세로 3개 균일하게 나뉜 부분에 피사체(인물)와 광고물을 배치하면 안정감 있는 사진을 얻을 수 있다. [그림11]처럼 황금비율에 맞게 피사체의 2/3지점에 맞춰 촬영해도 좋은 사진을 얻을 수 있다.

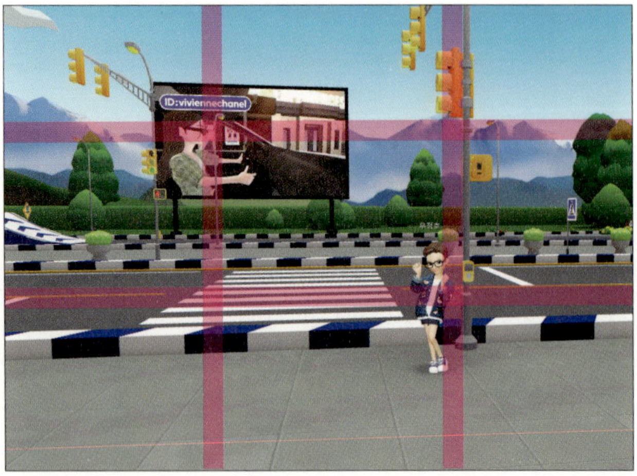

[그림10] 제페토 월드 드라이빙존(출처 : 제페토 월드 드라이빙존 캡처)

[그림11] 제페토 월드 드라이빙존(출처 : 제페토 월드 드라이빙존 캡처)

2. 제페토 앱 활용해 사진촬영하기

1) 프로필 촬영

위에서 사진의 기초적인 부분을 알아보았다. 이번에는 제페토의 기능을 활용해서 보다 좋은 사진을 담아 볼까 한다. 우리가 대표적으로 사진을 찍는 경우는 결혼식, 졸업식 등 기념행사 때 많이 찍는다. 그때 여러분은 어떻게 하는가? 보통 얼굴 메이크업을 하기도 하고 미용에 신경 쓰기도 한다. 무엇보다 복장을 행사에 맞게 구입하거나 빌려 입기도 한다. 제페토에서도 마찬가지이다.

제페토 홈에서 카메라를 터치해 [그림12]처럼 본인의 모습을 그대로 표현할 수 있다. 우측사진은 뒤에서 다시 설명하도록 하겠다.

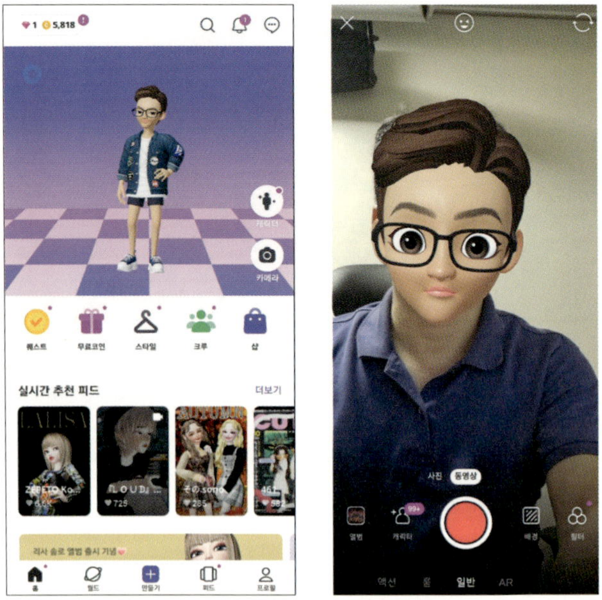

[그림12] 제페토 프로필 캡처

홈에서 캐릭터를 터치해 [그림13]처럼 얼굴, 코, 입 등을 수정해서 자기가 꿈꾸고 있는 연예인으로 바꿀 수도 있다. 기본적으로 무료이용이 가능하며 퀘스트, 출석 등을 통해서 무료코인이나 젬을 얻어 멋진 모습을 바꿀 수도 있다.

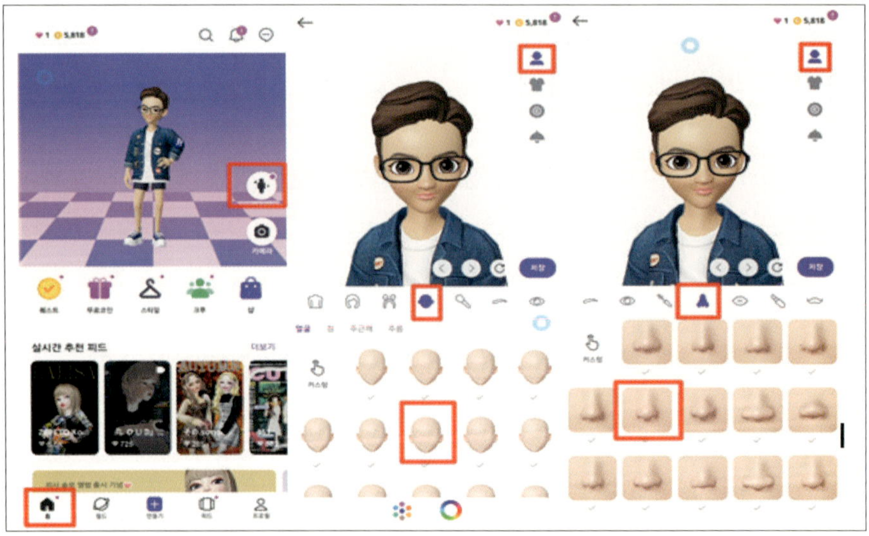

[그림13] 제페토 프로필에서 얼굴 바꾸기(출처 : 제페토 프로필 캡처)

[그림14]처럼 의상, 신발, 액세서리도 구매해 멋진 모습으로 변신할 수 있다. 직접 잘 어울리는 의상이나 신발 등을 선택하면 현실에서는 가격이 비싸 입지 못하는 것을 몇 천원에 사서 꾸밀 수 있다.

[그림14] 제페토 프로필에서 의상, 신발, 헤어제품 바꾸기(출처 : 제페토 프로필 캡처)

제페토 구찌빌라(Gucci villa) 월드 상점으로 들어가면 다양한 명품 아이템들이 [그림15]처럼 전시돼 있다. Gucci 회사에서 실제로 판매되는 것도 전시돼 있고 아이템만으로도 볼 수 있는 것도 있다. 사진 촬영에서 의상은 매우 중요하다. 제페토에서 구입해 착용하고 월드로 가면 부러워하는 사람들이 많이 있다. 경험해 보면 재미있을 것이다.

[그림15] 제페토 구찌빌라(Gucci villa) 월드 의상 캡처

2) 월드에서 촬영하기

사진 찍을 때 중요한 요소 중 하나가 포즈이다. 처음 사진 찍는 사람들은 수줍어서 대충 서 있거나 행동을 제대로 취하지 못하는 경우가 많은데 제페토에서는 자체적으로 여러 가지 포즈를 취할 수 있도록 만들어 놓았다. [그림16] 하단메뉴에서 '월드'를 터치하고 '친구와 함께 플레이'에서 한강공원 월드를 찾아 터치하고 플레이를 눌러 접속한다.

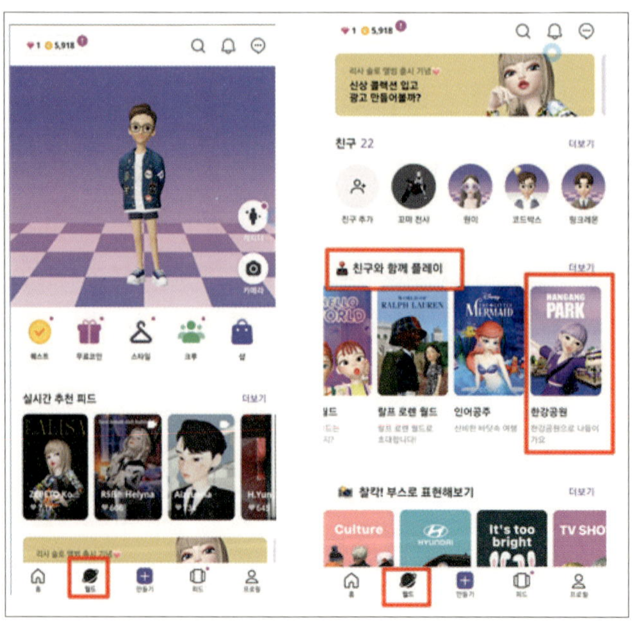

[그림16] 제페토 한강공원 월드 접속하기

[그림17] 하단 아래 사람이 움직이는 형태의 버튼을 터치하면 우측박스처럼 '제스처'와 '포즈'를 선택할 수 있는 것이 나온다. 여기에서 좌측의 제스처를 선택하면 다양한 제스처를, 우측 포즈를 누르면 다양한 포즈가 나온다. 원하는 제스처나 포즈를 선택하면 캐릭터가 선택한 형태로 움직인다. 제스처를 눌러서 실제로 어떻게 동작하는지 확인해보자.

[그림17] 제스처, 포즈 선택하기(출처 : 제페토 한강공원 월드 캡처)

제스처나 포즈의 하단 '모두표시'를 누르면 [그림18]처럼 인사, 댄스, 긍정, 부정, 기타 등 다양한 포즈가 나온다. 월드에서 처음 만나는 친구들에게 모두표시 중 인사를 선택해서 인사를 할 수 있다. 다른 것도 눌러서 경험해 보자.

[그림18] 모두표시 선택하기(출처 : 제페토 한강공원 월드 캡처)

제스처나 포즈 중 자주 사용하게 될 것들은 [그림19]처럼 우측 상단의 별모양을 체크해 '즐겨찾기'로 넣어 둘 수 있다. 자주 사용하는 인사포즈, 좋아하는 제스처나 포즈를 여러 개 즐겨찾기에 추가해서 사용하면 편리하다.

[그림19] 포즈 즐겨찾기 선정하기(출처 : 제페토 한강공원 월드 캡처)

[그림20]처럼 우측 하단의 작은 점 세계를 누르면 [그림19]에서 즐겨찾기 한 것이 저장돼 나타난다. 이중에서 대화하거나 사진 찍을 포즈를 선택하면 좋다.

[그림20] 즐겨찾기 구성하기(출처 : 제페토 한강공원 월드 캡처)

사진 촬영을 위해서는 [그림21]의 하단 카메라 모양의 아이콘을 누르면 사진 및 동영상 촬영모드인 [그림22]처럼 나오게 된다.

[그림21] 사진, 동영상 촬영하기(출처 : 제페토 한강공원 월드 캡처)

[그림22]를 보면 오른쪽 이미지 버튼이 선택돼 있는데 이것이 사진 촬영모드이다. 왼쪽 상단 '전신 모양'의 사람 아이콘이 보이는 경우는 캐릭터의 전체적인 모습이 나온다. 이 전신모습 아이콘을 한 번 더 터치하면 상반신 모양으로 바뀌며 이를 터치하면 [그림23]처럼 '셀카모드'로 된다.

[그림22] 사진 촬영하기(출처 : 제페토 한강공원 월드 캡처)

셀카모드를 선택하면 실제로 우리가 셀카를 찍는 것처럼 보이게 된다. 좌우로 움직이면서 어울리는 곳으로 가서 촬영하는 것이 요령이다. 아래로도 위로도 움직여보자.

[그림23] 셀카찍기(출처 : 제페토 한강공원 월드 캡처)

여기서 한 가지 팁을 알려 드리자면 두 손가락을 스마트폰에 대고 화면을 확대할 때처럼 양쪽으로 벌리면 [그림24]처럼 얼굴이 클로즈업 된 형태로 찍을 수 있다. 얼굴 메이크업을 잘 하는 분들에게 추천한다. 이것도 역시 좌우로 움직여서 자신이 좋아하는 형태로 움직여 보자.

[그림24] 셀카에서 얼굴확대하기(출처 : 제페토 한강공원 월드 캡처)

반대로 두 손가락을 스마트폰에 대고 벌린 상태에서 화면을 축소할 때처럼 모으게 되면 [그림25]처럼 셀카봉을 쭉 편 형태가 된다. 독사진 형태로 찍어도 좋지만 모임을 할 경우에 단체 사진을 찍을 때 사용하면 좋다.

[그림25] 셀카 확대에서 다시 축소하기(출처 : 제페토 한강공원 월드 캡처)

왼쪽 중간부문 네모 박스 안에 사람이 들어가 있고 머리 위에 일자가 붙어 있는 모양의 경우를 터치하면 [그림26]처럼 캐릭터 위에 '닉네임'이 나오게 된다. 닉네임 나오는 것을 원하지 않을 경우는 이 아이콘을 한 번 더 터치하면 [그림27]처럼 닉네임이 삭제 된 형태로 보인다.

[그림26] 닉네임 표시하기(출처 : 제페토 한강공원 월드 캡처)

다시 닉네임이 나오게 하고 싶으면 사람형태 사선으로 된 것을 터치하면 닉네임이 나오는 [그림26]처럼 보인다. 닉네임이 나올지 안 나올지 선택해서 자유롭게 이용하면 된다.

[그림27] 닉네임 삭제하기(출처 : 제페토 한강공원 월드 캡처)

왼쪽 마지막 아이콘을 터치하면 [그림28]처럼 '배경화면 없이 저장' 할 수 있다. 배경 없이 저장한 것은 [그림28]처럼 여러 사람일 수도 있고 [그림29]처럼 단독일 수도 있다.

[그림28] 배경 없이 촬영하기(출처 : 제페토 한강공원 월드 캡처)

배경 없는 형태로 저장을 하면 png 파일로 저장된다. 즉 다양한 배경을 넣어서 사용할 수 있다는 말이다. 포즈를 여러 개 취해서 여러 형태로 저장해 두고 활용해 보자.

[그림29] 혼자서 배경없이 촬영하기(출처 : 제페토 한강공원 월드 캡처)

포토샵이나 미리캔버스에서 원하는 배경을 선택한 후 원하는 위치에 배경 없이 저장한 사진을 배치하면 [그림30]처럼 표현할 수 있다.

[그림30] 다른 배경에 사진 넣기(출처 : 제페토 한강공원 월드 캡처)

셀카봉을 선택할지 안할지, 닉네임을 넣을 것인지 뺄 것인지, 배경을 그대로 둘 것인지 뺄 것인지를 선택하고 방향도 선택해 본다. 즉 구도를 바꾼 후 [그림31]처럼 우측 동그라미 '촬영'버튼을 터치한다.

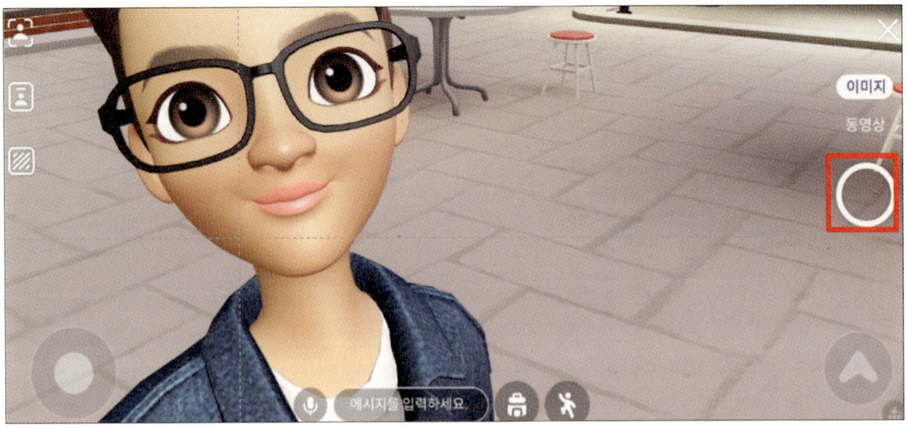

[그림31] 동영상 촬영하기(출처 : 제페토 한강공원 월드 캡처)

[그림32]의 왼쪽 하단 '저장'버튼을 터치하고 저장완료를 누르면 갤러리 앨범 ZEPETO에 저장된다. 필요하면 그곳에서 찾아서 활용하면 된다.

[그림32] 촬영 후 저장하기(출처 : 제페토 한강공원 월드 캡처)

셀카모드로 촬영하고 있으면 [그림33]처럼 다른 캐릭터 위에 민트색의 셀카를 촬영하고 있다는 아이콘이 뜬다. 이것을 터치해보자.

[그림33] 다른 사람과 셀카찍기(출처 : 제페토 한강공원 월드 캡처)

[그림34]처럼 캐릭터를 선택한 친구와 함께 셀카모드 촬영이 가능하다. 촬영하고 저장버튼을 누르면 갤러리 앨범 ZEPETO에 저장된다.

[그림34] 다른 사람과 셀카 찍고 저장하기(출처 : 제페토 한강공원 월드 캡처)

[그림35]의 하단 '자랑하기' 아이콘을 터치하면 캐릭터 머리 위에 [그림36]처럼 사진자랑하기 아이콘이 생성된다.

[그림35] 내가 찍은 사진 자랑하기(출처 : 제페토 한강공원 월드 캡처)

친구 사진을 구경하고 싶으면 친구 캐릭터 위의 아이콘을 터치한다. 그러면 [그림36]처럼 친구가 자랑하기에 저장한 사진이 나오게 된다.

[그림36] 친구의 저장 사진 보기(출처 : 제페토 한강공원 월드 캡처)

친구의 사진을 갖고 싶으면 [그림37]의 하단 저장을 누르면 저장된다. 우측상단의 X를 누르면 창이 닫힌다. 그러면 [그림36]의 화면으로 돌아가며 상단의 '방금 찍은 사진을 자랑 중입니다. 종료' 버튼을 터치하면 사진 자랑하기 모드가 해제된다.

[그림37] 친구의 사진 저장하기(출처 : 제페토 한강공원 월드 캡처)

[그림38]에서 좌측 하단의 '공유' 버튼을 터치하면 [그림39]처럼 '링크공유'를 할 수 있는 화면으로 전환된다. 여기서 링크공유를 터치한다.

[그림38] 공유하기(출처 : 제페토 한강공원 월드 캡처)

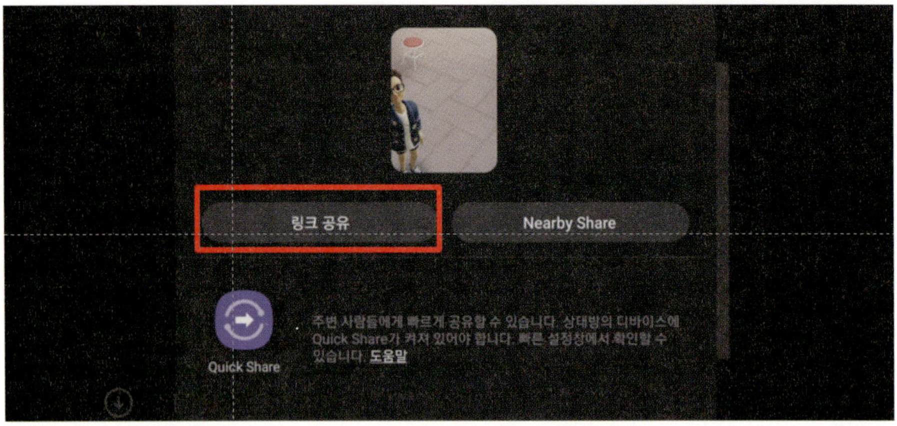

[그림39] 링크 공유하기(출처 : 제페토 한강공원 월드 캡처)

카카오톡에 붙여 넣기를 하면 [그림40]처럼 나오게 된다. 사진을 찍어서 올리고 직접 링크 공유를 통해 친구들에게 자랑해 보자.

[그림40] 카카오톡에 링크 공유된 화면(출처 : 제페토 한강공원 월드 캡처)

또는 링크공유를 하면 [그림41]처럼 하단에 페이스북, 네이버, 구글 등의 공유할 수 있는 사이트가 뜬다. 여기에서 직접 선택해서 공유도 가능하다. 본인이 자주 사용하는 사이트를 선택해 사용하면 된다.

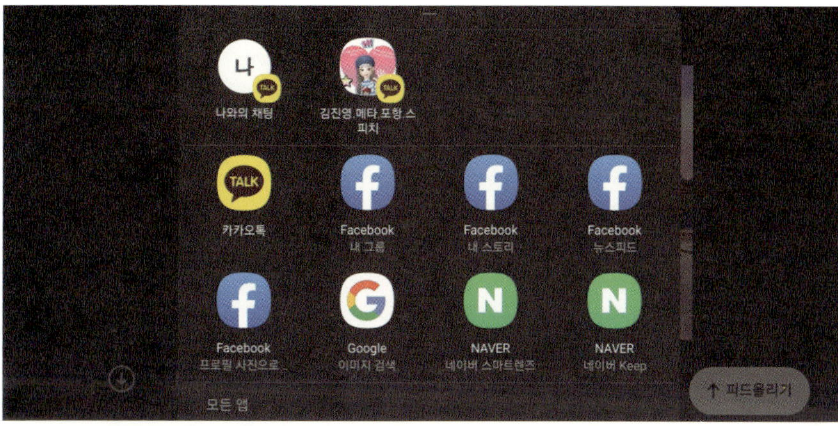

[그림41] 링크공유에서 다른 사이트 선택하기(출처 : 제페토 한강공원 월드 캡처)

[그림42]처럼 '피드올리기'를 터치하면 피드에 올라가게 된다.

[그림42] 피드올리기(출처 : 제페토 한강공원 월드 캡처)

[그림43]처럼 제페토 홈에서 '피드'를 선택하면 여러 사람이 올린 피드를 볼 수 있다. 잘 찍은 사진은 피드에서 인기가 높다. 팔로잉, 추천, 인기에서 잘 찍은 사진을 찾아보고 따라 해 보는 것도 하나의 방법이다.

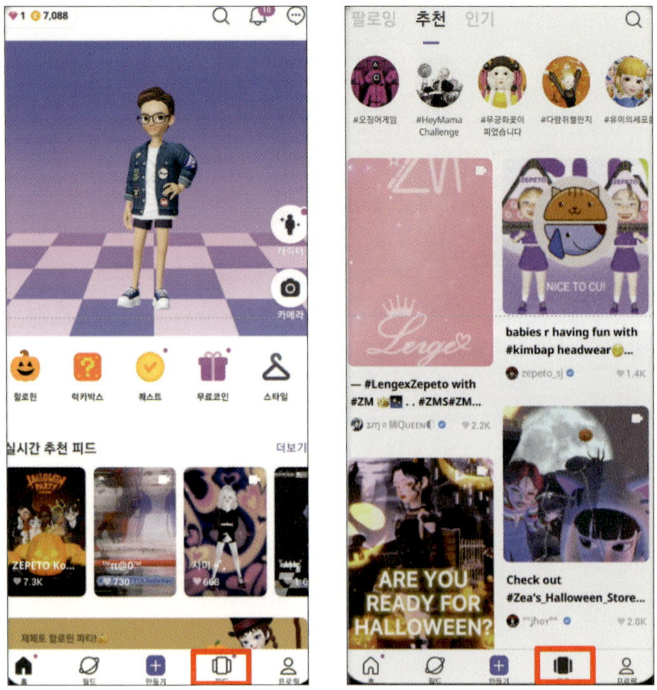

[그림43] 피드(출처 : 제페토 한강공원 월드 캡처)

[그림44]처럼 우측 상단의 톱니바퀴처럼 생긴 '설정' 아이콘을 터치한다. 다양한 설정을 바꿀 수 있는 버튼이다.

[그림44] 설정(출처 : 제페토 한강공원 월드 캡처)

[그림45]처럼 시점이 처음에는 '3인칭'으로 되어 있고 본인의 캐릭터가 보인다. 3인칭을 터치하면 '1인칭'으로 바뀌게 된다.

[그림45] 3인칭 화면(출처 : 제페토 한강공원 월드 캡처)

1인칭으로 시점을 변경하면 [그림46]처럼 본인의 캐릭터가 없는 형태로 변경된다. 본인의 캐릭터 없이 촬영하고 싶을 때 사용하면 좋다. 찍은 사진을 배경으로 사용해도 좋다.

[그림46] 1인칭 설정하기(출처 : 제페토 한강공원 월드 캡처)

3) 찰칵 부스 촬영

홈에서 [그림47]처럼 좌측 화면의 '찰칵! 부스로 표현해보기'에서 우측 옆의 더보기를 터치하면 우측 화면으로 바뀐다. 여기서 'ZEPETO 신상포즈' 중 첫 번째 사진을 터치한다.

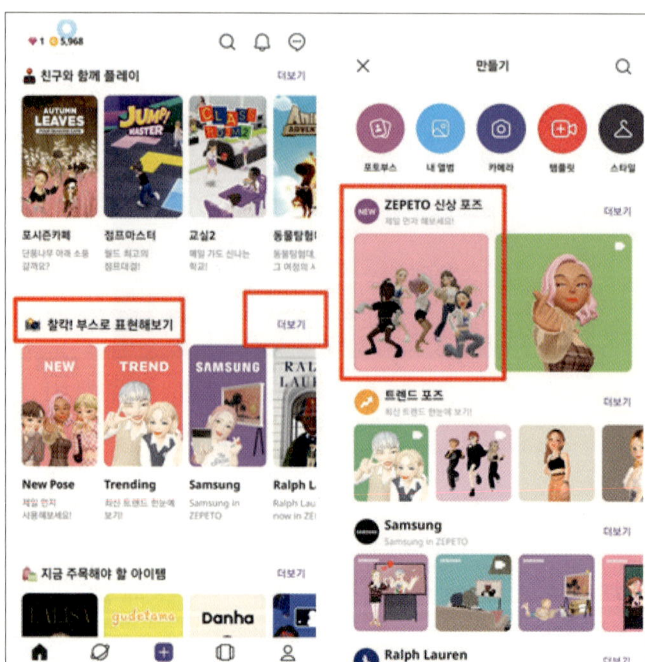

[그림47] 제페토 포토 부스 접속

ZEPETO 신상포즈를 처음 접속하면 [그림48]처럼 기존에 팔로워 된 멤버로 구성된 사진이 나온다. 친한 친구도 아닌데 같이 있으면 이상할 수 있다. 다른 멤버로 바꾸고 싶으면 왼쪽 하단의 '멤버'를 터치하면 된다.

[그림48] 제페토 신상포즈 접속

[그림49]처럼 앞의 이미지의 인원수에 맞게 하단의 추천에서 멤버가 구성된 것을 볼 수 있다. 구성원이 마음에 들면 우측 상단의 완료를 터치하고 마음에 들지 않은 사람이 있으면 그 사람의 이미지 테두리 상단의 ×를 터치하면 삭제된다. 그리고 빠진 인원수만큼 하단의 추천에서 선택해서 터치하면 추가된다. 추천에서 추가하지 않으면 자신의 캐릭터만으로 표현된 사진을 얻을 수 있다.

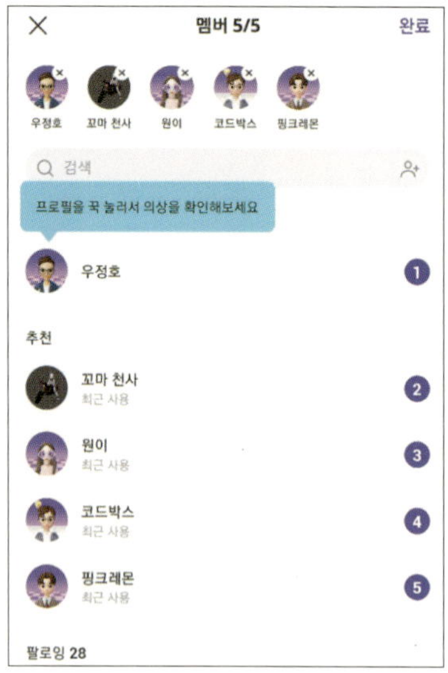

[그림49] 멤버 추가하기

[그림50]처럼 배경도 터치하면 다양한 모습의 배경으로 바꿀 수 있다. '전체'를 선택하고 배경을 선택하거나 상단 'Hot, 여름, 우주' 중에 선택해서 배경을 바꿀 수도 있다.

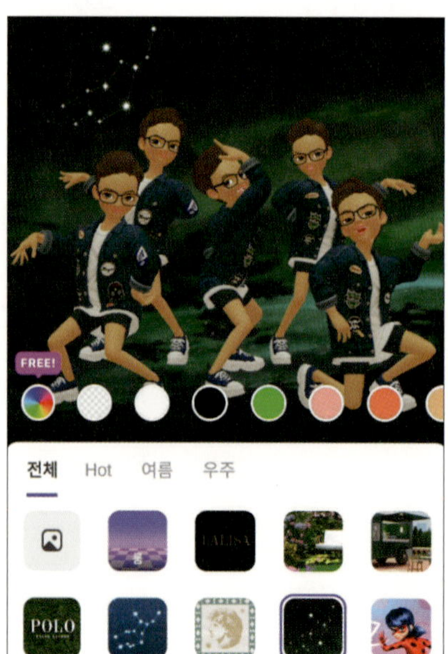

[그림50] 배경 바꾸기

여기서 아주 중요한 꿀팁 하나 알려 드리면 대부분의 캐릭터는 얼굴에 캐릭터가 있다. 그러나 [그림51] 좌측 이미지처럼 제페토 홈에서 검색 창을 누른 후 계정에서 'invisible'을 검색하면 얼굴 캐릭터가 없는 친구들이 나온다. 이 캐릭터를 인원수만큼 팔로워하면 [그림52]처럼 여러 명의 친구들 모습은 나오지 않고 본인만의 포즈가 나온 사진을 얻을 수 있다.

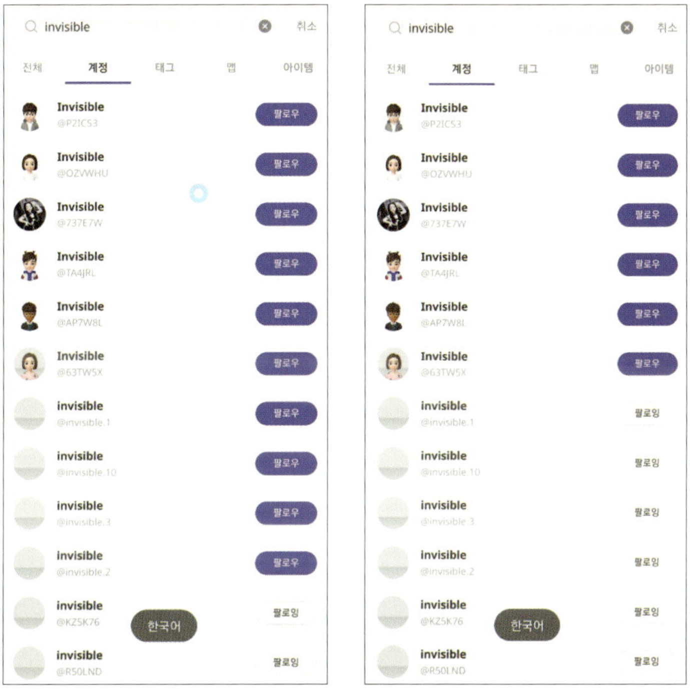

[그림51] 제페토 계정 검색 접속

[그림52]처럼 포즈를 취하는 인원 수 만큼 얼굴캐릭터가 없는 친구를 선택하는 것이 팁이다. 그리고 나서 여러 개의 포즈 중 마음에 드는 것을 선택하면 된다.

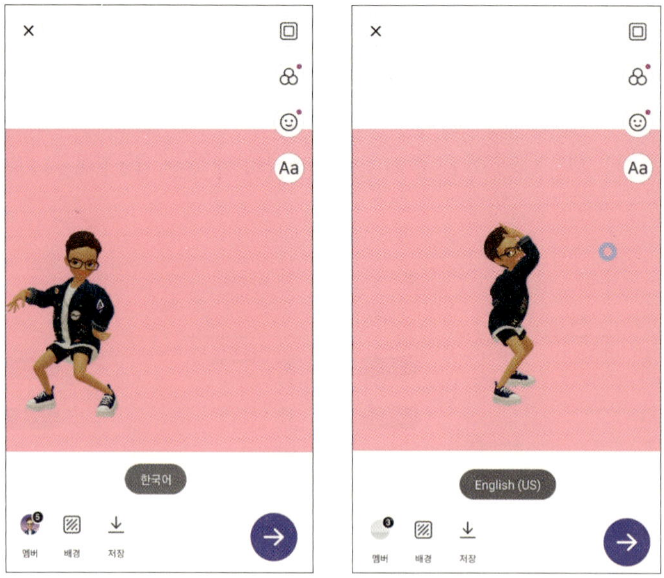

[그림52] 나만의 포즈 만들기

4) 카메라 만들기 촬영

이번에는 본인 얼굴을 따라하는 포즈를 만들려고 한다. [그림53]의 좌측 화면처럼 제페토 하단 중앙의 + 만들기를 터치하면 우측 화면으로 전환된다. 여기서 상단의 '카메라'를 터치한다.

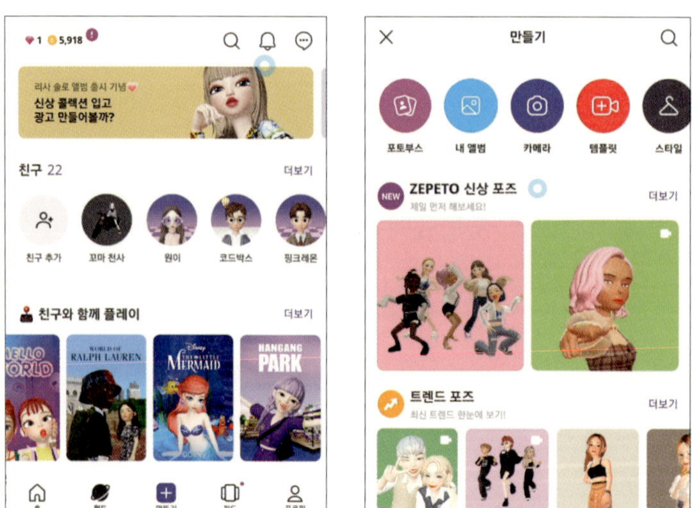

[그림53] 제페토 만들기 카메라 접속

카메라 모드일 경우는 본인 얼굴을 인식해 제페토 프로그램에서 본인 얼굴과 비슷한 형태로 [그림54]처럼 제페토 얼굴이 나오게 된다. 얼굴 움직임에 따라 변하는 것을 알 수 있다. 배경이 지저분해 보일 수 있다. 하단의 액션, 룸, AR도 터치해보면 재미있는 경험을 하게 될 것이다.

[그림54] 만들기에서 카메라 일반 모드

이때는 배경을 눌러서 원하는 배경으로 바꾸면 깔끔해진 형태로 보인다. 팁은 [그림55]처럼 단색 계열을 선택하면 무난한 사진이 나온다. 배경에는 전체, Hot, 여름, 우주 등 형태로 분류돼 있으니 원하는 것을 선택해 배경을 만들면 된다.

[그림55] 배경 만들기

5) 제페토 빌드잇

'제페토 빌드잇'을 알아보고자 한다. 위에서 경험해 본 것으로도 원하는 사진을 얻지 못하는 경우는 [그림56]처럼 제페토 빌드잇에 접속해 오브젝트와 지형 등을 이용해 원하는 배경을 만들고 그 위에 캐릭터를 넣어서 촬영하는 방법이 있다.

[그림56] 제페토 빌드잇 접속화면

제페토 빌드잇에 접속해 본인이 원하는 사진이나 나무 등 오브젝트를 활용해서 포토존을 만들 수 있다. [그림57]은 부여 성흔산성 사랑나무와 길은 단양 메타세콰이어 길처럼 꾸며 포토존을 만든 것이다.

[그림57] 오브젝트 활용해 포토존 만들기

포토존을 만든 후 '테스트'를 눌러 [그림58]처럼 원하는 지점으로 캐릭터를 이동시킨 후 화면을 캡처하면 원하는 사진을 얻을 수 있다. 배경이 마음에 들지 않거나 구도가 맞지 않으면 제페토 빌드잇에서 원하는 구도로 다시 바꾼 후 촬영하면 된다.

[그림58] 포토존에서 촬영하기

[그림59]처럼 나무 배치를 해서 유명한 포토존처럼 꾸밀 수도 있어 빌드잇에서 촬영은 좋지만 실제로 승인이 나지 않았기에 다양한 포즈나 여러 명이 단체로 찍는 것은 어려울 수 있다. 이때는 제페토에서 배경화면 없이 여러 명이 찍고 저장한 후 제페토 빌드잇의 배경화면과 합성을 해도 좋은 방법일 수 있다.

[그림59] 제페토 빌드잇에서 만든 나무 포토존

6) 크로핑

'크로핑(Cropping)'이란 촬영한 원본을 이용해 촬영시보다 주제를 좀 더 함축적으로 표현하기 위해 요소를 제거해서 최종 본(웹, 인화물)을 만드는 작업이다. 제페토 빌드잇은 넓은 배경으로 돼 있어 캡처해서 크롭핑하는 것은 필수라고 생각하면 된다. [그림60]처럼 제페토 앱에서는 할 수 없는 파노라마 형태를 크로핑을 통해 할 수도 있다. 구도를 잘 선정하는 것이 무엇보다 중요하다.

[그림60] 제페토 빌드잇에서 만든 나무 포토존

기본적으로 수평, 수직을 잡아주고, 캡처나 사진 찍을 때는 몰랐지만 오브젝트나 캐릭터가 잘리거나 불필요하게 느껴지는 경우는 잘라서 없애는 것이 좋다. [그림61]처럼 세로 형태로 변환해서 트리밍 하는 것도 좋은 방법이다.

[그림61] 세로로 트리밍한 화면

7) 사진 합성

제페토 빌드잇이나 제페토 월드에서 사진을 찍으면 황금분할에 맞게 촬영하기가 어렵다. 3인칭 시점으로 돼 있어 [그림62]처럼 항상 중앙에 캐릭터가 놓이게 돼 구도가 어색해진다.

[그림62] 3인칭 구도의 시점

이럴 경우는 제페토 앱 월드에 접속해서 설정으로 들어간다. 시점을 1인칭 시점으로 바꾸고 배경만 촬영해 저장하거나 제페토 테스트에서 피사체에 조금 멀리 캐릭터를 배치해 [그림63]처럼 캡처를 한다.

[그림63] 1인칭 시점으로 바꾼 화면

제페토 월드에서 [그림64]처럼 배경 없이 사진저장 아이콘을 터치한 후 원하는 제스처나 포즈를 취하고 사진을 저장한다. 이때 사진 파일은 PNG 형태로 배경이 없이 저장된다.

[그림64] 배경없이 촬영하기

[그림63]과 [그림64]의 사진을 불러와 황금비율에 맞게 배치하거나 본인이 원하는 곳에 배치하면 [그림65]처럼 보다 좋은 사진을 얻을 수 있다.

[그림65] 제페토 빌드잇에서 만든 나무 포토존

한 가지 팁은 본인의 사진뿐만 아니라 친한 친구의 사진도 [그림66]처럼 배경 없이 저장한 것을 받아서 같이 편집할 수 있다.

[그림66] 지인의 배경 없이 저장된 사진

[그림67]은 여러 포즈를 지인에게 요청해 그중에 사진에 맞게 배치한 것이다. 단독으로 중앙에 배치한 사진보다 예쁘게 표현됐다.

[그림67] 지인의 사진과 함께 만든 이미지

Epilogue

코로나19로 비대면 시대에 어디를 나서는 것도 누구를 만나는 것도 혹은 누구를 초대하는 것조차도 서로 부담으로 여겨지는 시점이다. 이럴 때 메타버스에 한번 빠져보자. 그 중에서도 제페토는 비교적 메타버스 플랫폼 중에서 활용이 쉬운 반면 재미있고 다양한 요소로 인해 많은 사람들이 즐겨 찾는 플랫폼이다.

내가 평소에 원하는 모습으로 부담 없이 내 캐릭터를 멋지게 만들 수도 있다. 미니스커트를 입어볼 수도 있고 멋진 화장을 해볼 수도 있다. 멋진 슈트에 나만의 독특한 캐릭터로 변신도 가능하다. 또한 그렇게 멋지게 만든 캐릭터를 지인들에게 자랑해도 좋을 것이다. 자랑을 한다고 해서 누구도 흉볼 사람이 없을 것이다. 왜냐하면 대면해서 보는 것이 아니라 가상현실세계 속의 캐릭터이기 때문이다.

뿐만 아니라 다양한 카테고리의 사진을 활용해 나만의 소중한 화면도 얻을 수 있다. 아마 필자가 본문에서 설명한대로 따라 하기만 해도 쉽게 멋진 사진이 내 갤러리를 장식하게 될 것이다.

그러나 제페토에서 돋보이는 사진을 찍기 위해서는 무엇보다 본인의 의지가 필요하다. 가만히 있으면 아무것도 얻을 수 없다. 이것저것 눌러도 보면서 메타버스 세상 속에서는 심지어 나이, 성별, 인종까지도 바꿔볼 수 있는 절호의 기회를 얻을 수 있다.

포토부스를 적극 활용해서 다양한 포즈를 찍어 피드에 올리거나 카카오톡 등에 공유하는 습관도 들여 보자. 금방 사진실력이 늘어날 것이다. 시간적 여유가 되면 나만의 제페토 빌드잇을 만들고 그곳에서 기념 샷도 찍어 보자. 여러분도 모르게 전문가가 되어 남들이 부러워할 것이다.

[참고문헌]

- win-Q 사진기능상 필기+실기

Chapter 10

살아남을 메타버스와 사라질 메타버스

이영우

Chapter 10.
살아남을 메타버스와 사라질 메타버스

Prologue

나는 누구인가? 내 이름을 한 번도 들어본 적 없는 독자들도 많을 것이다. 하지만 나는 마술 계 사람이고 마술 계에서는 나름의 입지를 다졌다. 프로 마술경력 18년. 부산 국제마술대회 우승, 라스베이거스, 할리우드, 이탈리아, 스웨덴, 프랑스, 홍콩, 대만, 일본 등 8개국 30회 이상의 해외 초청공연을 했으며 영국에서 열린 '2013 마술올림픽 F.I.S.M'에 대한민국 국가대표 마술사로 발탁돼 참가했다.

나는 마술사다. '마술사라는 사람이 마술이 아니라 메타버스에 대해 이야기를 한다고?'라고 생각하는 사람이 있을 것이다. 그러나 마술사이기 때문에 오히려 메타버스에 대해 이야기할 만한 이유가 있다.

세계에서 2번째로 오래된 직업이 무엇일까? 바로 마술사이다. 그동안 생겼다가 사라진 직업이 무수히 많았다. 그러나 어떻게 마술은 없어지지 않고 살아남았을까? 그것은 마술사들이 시대에 맞게 잘 적응하고 변화해왔기 때문이다.

기원전 2700년 고대 이집트에서 마술사의 기록이 발견됐으며 마술의 역사는 더 깊을 것으로 예상된다. 처음 마술사의 형태는 신과 인간을 이어주는 주술사 역할이었다. 그러다가 쇼 비즈니스로 발전하고 TV 마술사, 거리의 공연 마술사, 마술 강사 등으로 시대에 맞게 변화해왔다.

나는 기업이나 단체에서 마술공연 뿐만 아니라 커뮤니케이션, 프레젠테이션 스킬, 동기부여, 화합과 소통, 설득력 향상 등의 특강을 하고 있다. 그러면서 마술 계 사람들뿐만 아니라 일반인들을 자주 접할 수 있었다.

내가 느낀 점은 대중은 아직도 단순히 마술적인 트릭이나 비밀에만 관심이 있다는 것이다. 그리고 그것이 마술의 전부인 양 생각해 버린다. 그러나 진짜 마술사들에게 배워야 하는 것들은 하나도 사라지지 않고 살아남는 능력이다.

이 책에서 여러분은 신체분리 마술, 공중부양 마술, 비둘기 마술 등은 배울 수 없더라도 메타버스 시대에서 마술사처럼 잘 적응하고 살아남을 수 있는 방법을 배울 것이다.

자, 필자와 함께 또 다른 우주, 메타버스에 적응하고 살아남는 방법을 알아보자.

1. 어떤 메타버스가 살아남을까?

요즘 들어 메타버스(Metaverse)는 대중들의 관심을 많이 끌고 있다. 그에 따라 많은 메타버스 플랫 폼이 생기고 있다. 인간이 만든 우주 메타버스는 앞으로 우리가 살아갈 미래를 크게 바꿀 것으로 예상된다. 코로나19로 인해 비대면 활동이 활발해 짐에 따라 그 속도는 더욱 빨라지고 있다. 그 거대한 변화에 잘 적응해야 기업도 개인도 살아남는다. 인간은 과거부터 변화를 빠르게 인지하고 잘 적응하고 진화해 왔다. 그래서 지금껏 살아남은 것이다.

크고 힘센 공룡도, 딱딱한 껍질로 자신을 보호하던 삼엽충도 멸종했다. 그러나 인류는 살아남았다. 찰스 다윈은 말했다. "강한 종이나 똑똑한 종이 살아남는 것은 아니다"라고.

변화에 가장 잘 적응하는 종이 살아남는 것이다. 우리에게는 잘 적응하고 살아남을 수 있는 DNA가 있다. 벌써 이 변화를 느끼고 새로운 세계에 적응하기 위한 움직임이 빠르다. 기업에서는 자사만의 메타버스를 구축하기 시작했고 개인들도 배우고 있다. 아무리 우리가 똑똑하고 아무리 튼튼한 회사일지라도 시대변화에 적응하지 못하면 쇠퇴하게 된다. 살아남으려면 변화에 잘 적응해야한다.

그런데 우리 회사가 만든 메타버스 플랫폼이 외면 받는다면? 내가 배우고 익히고 자리 잡은 메타버스가 사라진다면? 그러면 사라지지 않고 살아남을 메타버스는 어떤 모습이어야 할까? VR, AR 같은 기기를 활용한 화려한 볼거리 등이 많으면 되는 것일까? 그것도 아니면 메타버스를 통해 돈을 벌수만 있으면 되는 걸까?

수많은 메타버스 플랫폼이 등장하고 있는 상황에도 메타버스의 세계를 주도하고 수만 명의 이용자를 끌어 모은 플랫폼이 있다. 이 플랫폼들이 가진 공통적인 특징은 무엇일까? 함께 알아가 보자.

2. 오픈월드 플랫폼인가?

먼저 인기 있는 플랫폼들 모두가 갖고 있는 특징 중 하나는 바로 '오픈월드'라는 점이다. 오픈월드가 무엇일까? 말 그대로 열린 세상을 뜻한다. 오픈월드라는 개념은 게임 좋아하는 사람이라면 좀 익숙할 수 있다. 게임 속에서 캐릭터를 자유롭게 움직여서 아무 곳이나 탐험하고 뭔가 일을 만들 수 있는 그런 장르의 게임을 말한다.

이게 무슨 뜻이냐면 예를 들면 2000년대 초반에 인기 있었던 게임 디아블로를 한번 생각해보자.

[그림1] 디아블로(출처 : 레이나컴퍼니)

[그림2] 디아블로 3(출처 : 디아블로 3 이터널 콜렉션)

디아블로2는 지도가 굉장히 넓은 것 같아도 결국에는 다 정해진 길이 있다. 그 길을 따라 가야 보스도 죽이고 게임을 완수할 수 있다. 디아블로 뿐만 아니라 대부분의 R.P.G 게임이 그랬다. 정해진 루트를 따라 정해진 목표를 수행해야 하는 폐쇄적인 시스템이었다.

그러다가 점점 게임 내에서 자유도를 높이고 부여함으로써 오픈월드라는 개념이 생겼다. 그래서 제작자가 만들어둔 게임 콘텐츠에서 정해진 행동이나 미션 없이 게이머가 자유롭게 넓고 광활한 가상세계를 마음대로 이동하며 주체적으로 이벤트를 만들어갈 수 있게 됐다. 쉽게 말해서 이용자의 캐릭터가 가상공간 안에서 하고 싶은 데로 할 수 있게 제약 없이 열어두는 것이 오픈월드이다.

이런 오픈월드 메타버스들은 이용자가 정해진 결과를 수행하는 것이 아니라 스스로 행동함에 따라서 이용자는 전혀 다른 경험을 할 수 있다.

바로 자유! 그래서 오픈월드 기반의 메타버스에 더 몰입하고 체류시간이 길어지며 마음껏 이곳저곳을 탐험하며 행동함으로써 사용자에 따라 다양한 결과가 나온다는 것이다. 요즘 인기 있는 메타버스 플랫폼은 어떤 것들이 있을까? 대표적인 곳을 소개한다.

1) 게임 속에서 또 다른 게임을 만들 수 있는 '로블록스(ROBLOX)'

로블록스의 기업가치는 295억 달러 한화로 3조 3,000억 원으로(2021년8월 기준) 평가

받고 있다. 게임 안에서 주어진 게임만이 아니라 유저 스스로가 새로운 게임을 만들면서 즐길 수 있다는 것이 특징이다.

[그림3] 로블록스(출처 : 로블록스)

2) 전 세계 이용자 2억 명 네이버의 '제페토(ZEPETO)'

제페토는 K-팝 아티스트가 이곳에서 여러 행사를 함으로써 한류 팬들을 많이 유입했다. 명품브랜드 구찌와 디올과 같은 브랜드들이 제페토 안에서 아바타용 쇼룸을 만들면서 화제가 됐다.

[그림4] 제페토(출처 : 네이버)

3) 온라인의 레고 마인 크레프트

마인크래프트는 월간 이용자가 1억 2,600만 명이고 게임 판매량이 2억 장에 달하는 세상에서 가장 많이 팔린 비디오 게임 중 하나이다.

[그림5] 마인크래프트 던전스(출처 : 마인크래프트 던전스)

4) 업무특화 플랫폼 '게더타운(gather-town)

게더타운은 창업 1년여 만에 400만 명이 넘는 가입자를 확보했고 올해 3월에는 애플 구글 에어비앤비 등에 투자한 세콰이어캐피털이 게더타운을 운영하는 스타트 업 게더타운 2,600만 달러 약 290억 원을 투자했다.

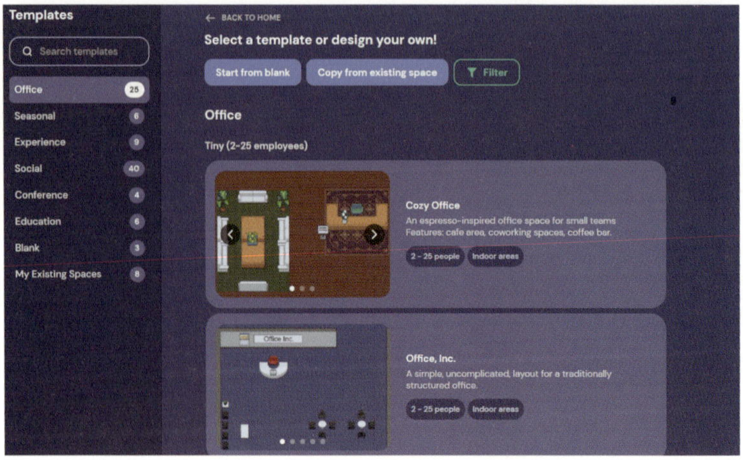

[그림6] 게더타운(출처 : 게더타운)

로블록스, 제페토, 마인크래프트, 게더타운 같이 사람들이 좋아하고 이용자가 많은 메타버스의 공통적인 특징이 바로 이런 오픈월드라는 것이다. 이용자에게 자유도를 높여줌으로써 사용자가 사용할 때 마다 새로운 경험을 할 수 있다.

3. 샌드박스(sand box)인가?

다음의 공통적인 특징은 '샌드박스(sand box)'라는 점이다. 샌드박스가 무엇일까? 샌드박스(sand box)라는 이름을 직역하자면 '모래 상자', '모래 놀이터' 정도가 된다. 어린아이들이 모래놀이를 하는 것처럼 자유롭게 무언가를 만들 수 있는 장르를 말한다.

영어권에선 '샌드박스'와 '오픈월드'를 특별히 구분지어 부르지 않는다. 하지만 이 두 가지 분류는 매우 다르다. 오픈월드와 샌드박스의 개념은 모두 온라인 게임에서 왔다. 오픈월드 게임은 게임 내 이동 가능한 지역 전체가 하나의 맵으로 돼 있고 그 안에서는 별다른 로딩 없이 자유롭게 이동할 수 있는 게임을 말한다. 그러나 샌드박스 게임은 자유도가 높고인 게임에서 유저가 창작할 수 있는 요소가 많은 게임을 말한다.

다시 말해 오픈월드는 지역 간 이동의 제약이 없는 자유도가 높은 게임을 의미한다면 샌드박스라는 높은 수준의 자유도를 제공하는 동시에 이용자 스스로가 게임 내에서 창작을 할 수 있는 개념이다.

대표적인 오픈월드 게임 'GTA5'를 예로 들자면 맵 전체를 이동할 때 로딩 없이 전체 지역을 이동할 수 있으니 오픈월드 게임이다. GTA5는 게임 내에서 자유도는 높은 편이다. 그러나 이용자가 창작할 수 있는 요소는 캐릭터 커스터마이징이나 차량개조 수준에 그친다. 오픈월드이지만 샌드박스는 아니다.

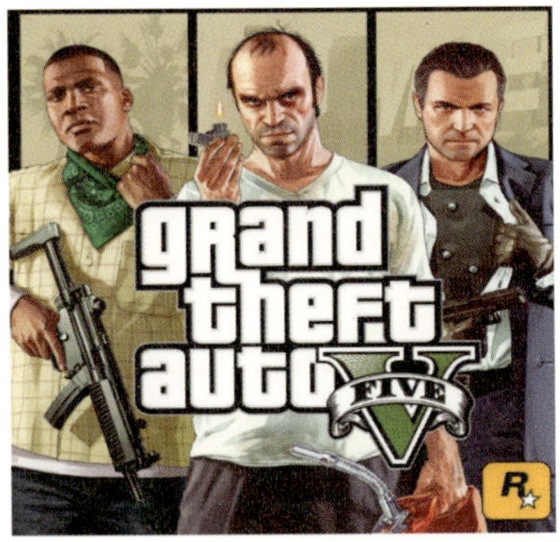

[그림7] 락스타 게임즈(출처 : 락스타 게임즈)

[그림8] 네이버 캐리비온(출처 : 네이버 캐리비온 영상 중 일부)

샌드박스는 막강한 자유도를 기반으로 해 특정한 목표가 없거나, 목표가 존재하더라도 그 목표를 유저가 능동적으로 조절할 수 있게 하거나 최소한으로 줄여 사용자가 하고 싶은 대로 플레이할 수 있게 하는 것이다.

오픈월드와 샌드박스의 개념은 모두 게임에서 왔지만 목표를 달성해 성취감을 얻는 전통적인 게임과 다르게 자신의 아바타로 가상의 세계를 탐험하는 가상체험 자체를 더 중요시한다. 따라서 게임과는 다르게 생기 넘치는 가상세계의 구현이 무엇보다 중요하며, 생동감 있고 넓은 세계를 끊임없이 구현하는 스트리밍 방식의 맵 로딩, 다양한 콘텐츠들의 배치 등이 주요한 요소이다.

이렇듯 살아남을 메타버스의 요소 중 하나가 바로 샌드박스이다. 샌드박스의 개념을 도입함으로써 개발자에게 공간을 맡기는 게 아니라 이용자 스스로 공간을 만들고 창조하며 스스로 다양한 콘텐츠 등을 만들어낸다. 다시 말해 모래 놀이터에서 아이들이 자유롭게 두꺼비집도 만들고 모래성처럼 원하는 모양을 만들 수 있는 것처럼 메타버스 안에서 이용자 스스로 하는 공간과 콘텐츠를 만들 수 있게 하는 것이다.

운영자는 툴만 잘 준비하면 끊임없이 플랫폼 위에 이용자들이 만든 콘텐츠가 채워져 사용자들 입장에서는 끊임없이 새로운 콘텐츠가 있으니 계속해서 플랫폼을 찾게 되고 머물게 되는 구조다. 다만 개발 운영에 있어서 관리가 중요하게 작용된다. 샌드박스 형 게임은 성공한 것 보다 실패한 것이 더 많다. 대표적인 것이 '듀랑고'로 처음에는 양산형 게임에서 벗어나서 샌드박스형 게임을 만들려고 했으나 플랫폼의 한계로 많은 요소가 간략화 된 결과 본래의 생존목표가 사라져버려 콘텐츠 부족으로 인한 유저수 감수에 모회사의 경제난으로 결국 서비스를 종료했다.

[그림9] 야생의 땅 듀랑고. 왓 스튜디오 개발. 넥센 유통(2018년 1월 25일 출시)

단순 오픈월드라면 메타버스가 안정적으로 운영되겠지만 샌드박스 최대의 단점이라면 유저 개인에 너무 높은 자유도가 보장된다는 것이다. 이로 인해 메타버스 안에 즐길 콘텐츠가 부족하거나 반대로 구체적인 목표나 설계 없이 만들어진 질 낮은 콘텐츠로 채워지지 않게 관리해야 한다.

지금 인기 있는 '마인크래프트'나 '제페토', '게더타운' 등 샌드박스 형 게임은 지형변경, 건축, 아이템 제작 등 창작의 자유가 훨씬 높아 샌드박스인 동시에 맵 전체를 로딩 없이 이동하는 오픈월드 요소도 갖고 있다.

[그림10] 마인크래프트(출처 : 마인크래프트 공식 홈페이지)

마인크래프트는 레고를 연상하게 하는 블록을 이용해서 성도 짓고 무기도 만들어서 집도 지키고 다양한 활동들을 할 수 있다. 마인크래프트의 전체 월드를 다 합치면 36억㎢나 된다고 한다. 지구 표면이 5억㎢ 정도이니까 마인크래프트 월드는 지구의 7~8배 정도 더 큰 규모이다. 이용자가 자유롭게 스스로 창작할 수 있어 아이들뿐 아니라 어른들도 좋아하는 메타버스 플랫폼이 됐다. 처음에는 게임 위주로 운영했으나 2020년 코로나19로부터 마이크로 소프트가 마인크래프트의 교육 에디션을 무료로 배포하기 시작했다. 이 교육 에디션 안에서는 사람들이 코딩교육도 한다.

다음은 네이버Z의 '제페토'이다. 제페토는 '제페토 빌드잇'을 통해 원하는 월드라는 맵을 만들 수 있다. 또한 제페토 스튜디오에서 아바타의 의상 및 액세서리를 만들 수 있다. 또한 제페토를 이용해 드라마를 만드는 사람들도 있다. 이런 드라마를 연재하고 기획하는 PD들도 등장했다. 특히 이 제페토는 10대가 많이 사용하다 보니 이런 드라마 제작을 하는 사람들은 대부분 비슷한 감정을 공유하는 10대이다.

[그림11] 제페토 스튜디오(출처 : 네이버 제페토 스튜디오)

마지막으로 업무용으로 특화된 '게더타운'이다. 코로나19 이후 많은 회사들이 재택근무를 실시했다. 재택근무 시에도 가상 사무실로 출근하는 회사가 많아지고 있다. 심지어는 오프라인 사무실 대신 가상 사무실만 운영하는 회사도 있다. 대표적으로 부동산 중개 플랫폼 '직방'이 있다. 올해 초부터 아예 오프라인 사무실 문을 닫아버리고 가상 사무실만 운영하고 있다. 이외에도 화장품 플랫폼 '화해'도 가상 사무실을 운영하고 있다. 이들이 모두 가상 사무실로 이용하는 플랫폼이 바로 게더타운이다.

각각 메타버스에서 창작을 위한 내용은 다른 저자님들이 서술했을 거라고 예상해 따로 서술하지는 않겠다. 다만 샌드박스의 개념을 이해해주길 바란다. 더 자세히 배우고 싶다면 이메일로 문의 해주길 바란다.

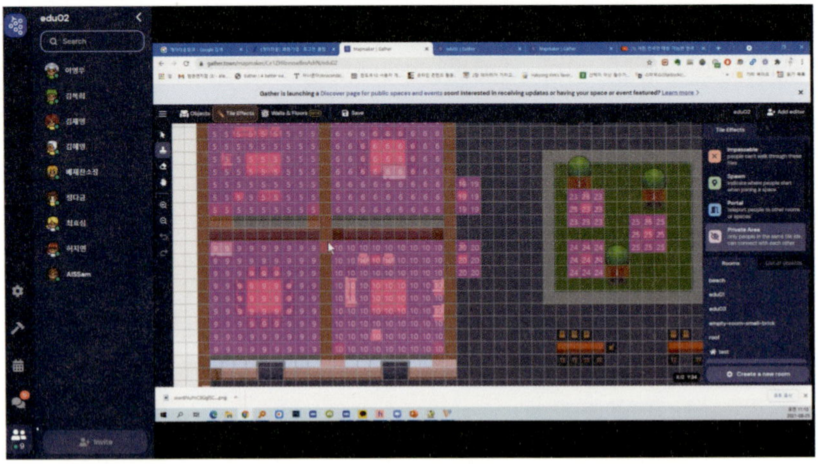

[그림12] 게더타운 맵 화면(출처 : 한국메타버스연구원 수업 중 화면)

4. 크레이터 이코노미가 작동하는가?

메타버스 안에서 이용자들이 오랫동안 머물 수 있게 하려면 양질의 새로운 콘텐츠가 있어야한다. 과거의 플랫폼은 탑다운 방식으로 개발자가 만든 콘텐츠를 이용자가 소비하는 형식이었다. 그러나 샌드박스의 개념을 통해 생산하고 소비하는 바텀업 구조로 바뀌는 것이다. 누구나 소비자이자 창작자가 될 수 있다.

운영자는 창작활동이 가능한 툴을 제공하고 이용자는 생산자가 돼 콘텐츠를 만든다. 여기서 발생하는 수익을 플랫폼과 생산자가 나눠가짐으로써 '크레이터 이코노미(creator economy)'가 작동한다. 인기 있는 메타버스 플랫폼에는 이런 장치들이 있다. 로블록스와 제페토가 잘나가는 이유도 여기에 있다. 로블록스 스튜디오를 통해 이용자가 창작을 할 수 있는 툴이 있다. 이것을 통해 자신만의 게임을 만들 수 있다.

[그림13] 로블록스 스튜디오 모든 템플릿(출처 : 로블록스 스튜디오)

[그림14] 로블록스 스튜디오에서 제작화면(출처 : 로블록스 스튜디오)

로블록스 안에서는 '로벅스'라는 화폐를 운영하고 있다. 다른 이용자가 만든 게임 속에 접속하기 위해서는 이 로벅스가 필요하다. 최소 구매 단위 1,700로벅스로 19.99달러 우리 돈으로 2만 3,000원이다. 10로벅스는 한화 140원 정도이다. 이용자들은 다른 이용자가 만든 게임에 접속하기 위해서 입장료 개념으로 로벅스를 지불해야 한다. 최소 20로벅스에서 최대 1,000로벅스라고 하니까 입장료로 받는 돈이 500원~1만 4,000원 정도 수준이다.

또 게임 안에서도 좋은 성적을 거두기 위해서 유료 아이템도 구입할 수가 있다. 이 때 지불한 로벅스는 일정부분 게임 개발자에게 돌아가게 되는데 개발자는 일정 로벅스 이상이 되면 이를 현금으로 인출할 수 있다.

네이버 제페토는 '젬(Zem)'이라는 내부 화폐를 사용한다. 제페토에서는 아바타의 의상을 판매할 수 있다. 가격은 판매자가 정한다. 보통 하나당 평균 10젬~20젬 정도로 판매한다. 이 제페토 화폐가 5,000젬 이상이 되면 이를 현금화해서 인출할 수가 있다. 5,000젬이면 현금 12만 원 정도가 된다.

간단한 아이템은 제페토 스튜디오에서 누구나 쉽게 만들 수가 있다.

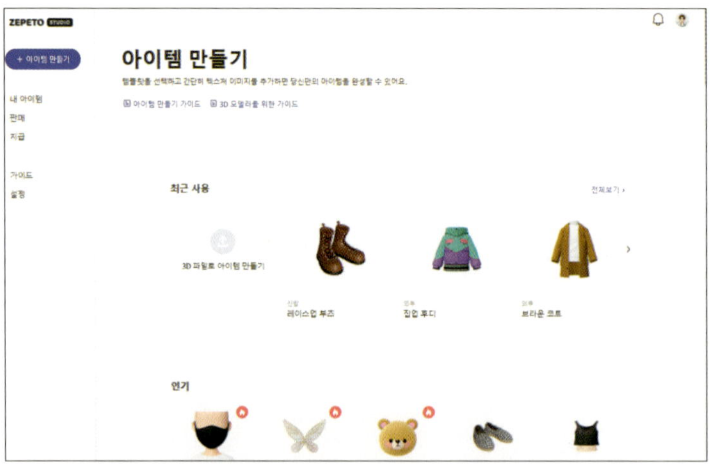

[그림15] 아바타 의상 만들기(출처 : 제페토 스튜디오)

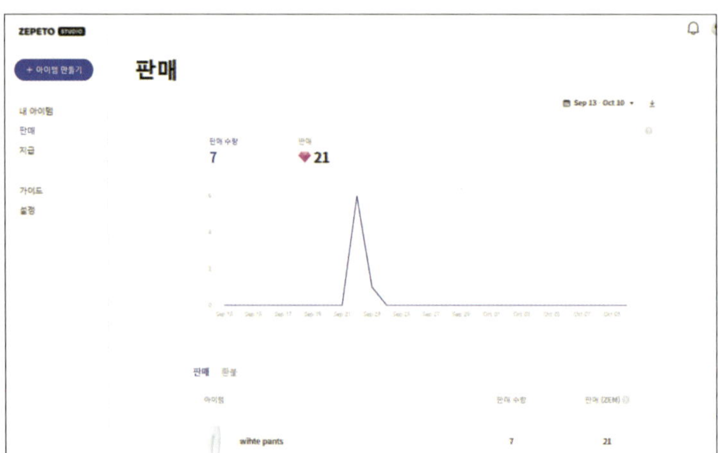

[그림16] 아이템 판매 현황(출처 : 제페토 스튜디오)

얼마 전에 내가 사람들에게 교육하면서 샘플로 만든 아바타용 바지가 7개가 팔렸다. 필자는 바지 가격을 3 젬으로 정했고 총 21젬을 벌었다. 전 세계 많은 사람들이 사용하는 플랫폼이라 누군가 필자의 아이템을 구매한 것이다. 당신도 다양한 아이템을 만들어 판매할 수 있다.

이런 방식으로 작동하는 메타버스 플랫폼 크리에이터 이코노미의 규모는 이미 상당하다. 앞서 말한 로블록스 안에서 게임을 개발해 본 사람은 800만 명이 넘고 지금까지 개발된 게임 만 5,500만 개가 넘는다고 한다.

제한된 시간대에 탑을 오르는 미니게임 '타워 오브 헬'의 경우 누적 이용자수가 106억 명이 넘는다. 이 같은 게임들로 개발자들이 받아간 수익만 누적으로 2억 5,000만 달러, 한화로 2, 800억 원에 달한다. 미국에서는 올해 20살 된 청년이 로블록스에서 게임을 개발해 한 달에 4.9000 달러 우리 돈 5,500만 원을 벌었다는 보도가 있었다.

제페토 역시 의류 판매로 월 매출 1,500만 원 이상 올린 이용자도 있다. 이런 의류제작을 전문으로 하는 디자이너들끼리 모여서 세운 회사도 있다. 이런 크리에이터 이코노미가 작동되면 모든 콘텐츠를 운영자가 개발하지 않아도 되며 이용자 스스로 양질의 콘텐츠를 생산해낸다. 그것으로 메타버스 플랫폼의 콘텐츠는 더욱 다양화 되는 선순환이 일어난다. 그로인해 사용자는 더 자주, 더 오래 플랫폼을 이용하며 인기 있는 메타버스가 될 수 있다.

5. 개성 있는 아바타가 있는가?

'아바타(avatar)'는 메타버스에 있어 매우 중요한 요소이다. 아바타가 중요한 요소인 첫 번째 이유는 아바타 자체가 메타버스를 조작하는 중요한 입력 장치이기 때문이다. 물론 실제 입력 장치는 마우스, 키보드, 휴대폰 화면터치 등 하드웨어지만 이용자의 아바타가 최종적으로 내 명령을 가상공간 안에서 수행한다.

아바타를 조작해서 메타버스 세상 속 물건을 만지거나 옮기고 이용하는 각종 상호작용을 하게 된다. 물론 아바타 없이 1인칭으로 마치 슈팅게임처럼 즐길 수 있는 메타버스도 있다.

하지만 내가 또 다른 나를 이용해서 뭔가 하고 있다는 경험을 주기에는 아바타를 등장시켜서 조작하는 방식이 더 좋다고 한다.

결국 가상세계 메타버스에서 이용자들이 더 몰입해서 즐길 수 있도록 돕는 중요한 요소가 아바타인 것이다. 또한 아바타는 메타버스 안에서 상호소통의 매개체 역할을 한다. 나를 드러내는 중요한 수단이다. 이용자는 아바타의 힘을 빌려서 다른 사람들과 대화하고 자신의 마음을 표현한다.

그러나 우리의 감정을 있는 그대로 아바타로 표현하기 쉽지 않다. 그래서 이를 보완하기 위한 다양한 장치들이 있다. 대표적인 것이 '감정표현모션'이다. 미리 저장된 아바타의 특정 동작으로 나의 감정을 효과적으로 전달하는 방식으로 제페토의 경우에는 AR 기술을 이용해서 1,000개가 넘는 표정을 미리 만들어 뒀다. 이프랜드 역시 감정표현 모션을 66개 이상 마련해두고 이를 누르면 내 아바타가 좋아, 싫어, 감사합니다와 같은 감정표현을 자동으로 하도록 해 놨다.

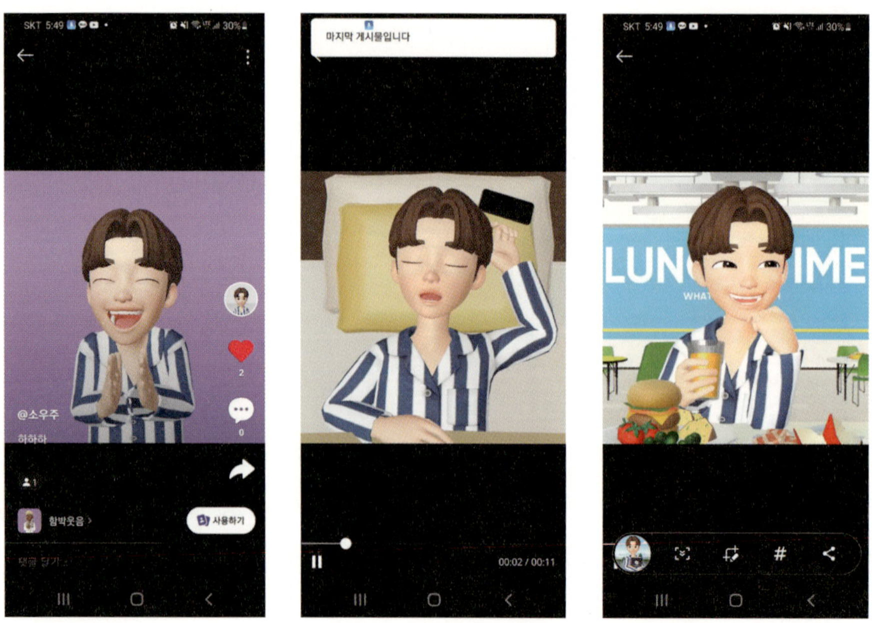

[그림17] 제페토에서 필자의 아바타의 다양한 감정표현 모습(출처 : 제페토)

그러나 이렇게 되면 사실 현장감이라든지 실제감은 조금 떨어질 수밖에 없다. 그래서 최근 업무용 메타버스로 각광받는 게더타운은 또 다른 아이디어를 내 놓았다. 아바타가 서로 가까이 다가가면 자동으로 ZOOM과 비슷한 화상채팅이 연결된다. 그럼 이용자끼리 자연스럽게 음성 대화를 나눌 수 있다. 반대로 아바타끼리 멀어지게 되면 이 대화는 점점 안 들리게 된다. 그래서 마치 실제로 대화를 하는 것과 비슷한 형식이다.

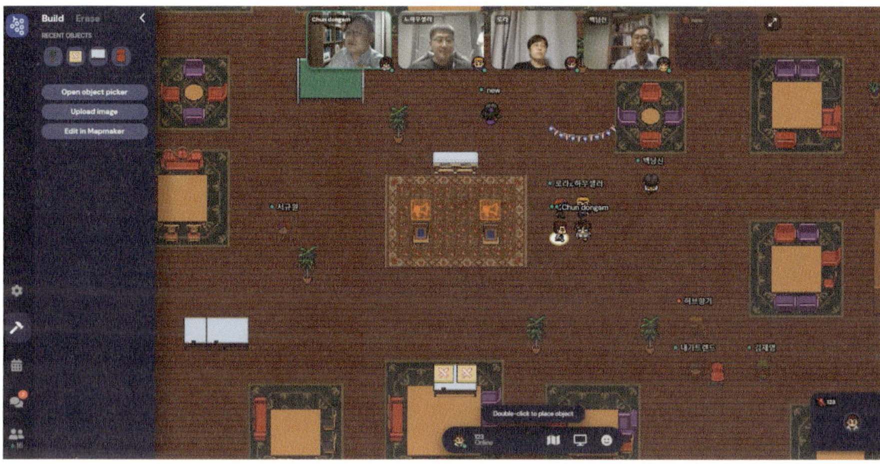

[그림18] 게더타운(출처 : 한국메타버스연구원 실습 중 화면)

또 아바타는 크리에이터 이코노미에 있어서도 중요한 역할을 한다. 무엇이든, 누구든 될 수 있는 세상이 메타버스이다. 자신의 아바타를 꾸미기 위해서 이용자들은 기꺼이 돈을 지불한다. 그러다보니 아바타용 상품들이 잘 팔린다. 물론 현실의 옷 가격에 비하면 아바타의 옷 가격이 100분의 1도 되지 않지만 저렴하다 보니까 이것저것 쉽게 구입하게 된다. 그래서 패션 업체들도 이런 아바타용 아이템 제작에 많은 관심을 보이고 있다.

실제로 제페토에서 구찌와 디올이 아바타용 명품가방이나 옷을 제작해 판매한다. 이처럼 아바타용 상품을 판매하는 패션업계 움직임을 두고 이제 고객이 아닌 아바타로 바뀌고 있다고 한다. 그래서 'D2A' 즉 다이렉트 투 아바타(Direct to Avatar)라고 한다. 시장규모가 2022년에 만 전 세계 500억 달러 한화 56조 4,000억 원이 될 거라 예상한다.

[그림19] (좌) 구찌, (우) 디올의 아바타(출처 : 제페토)

여기서 특이한 점은 이 같은 아바타 경제가 활성화되면서 오히려 아바타의 형태가 단순해지고 있다는 것이다. 2010년대 중반 유행하던 RPG 게임은 더 사실적이고 더 진짜 같이 만들었다. 눈, 코, 입이나 손가락 길이까지 정말 사람에 가까운 아바타를 만드는 것이 강점으로 작용했다.

[그림20] 로스트아크(출처 : (주)스마일게이트알피지)

하지만 최근에 유행하는 메타버스의 아바타는 많이 다르다. 아바타들이 애니메이션처럼 바뀌었다. 마인크래프트와 로블록스는 거의 3등신 4등신 정도의 캐릭터이고 제페토와 이프랜드 역시 신체의 비해서는 좀 얼굴이 큰 형태이다.

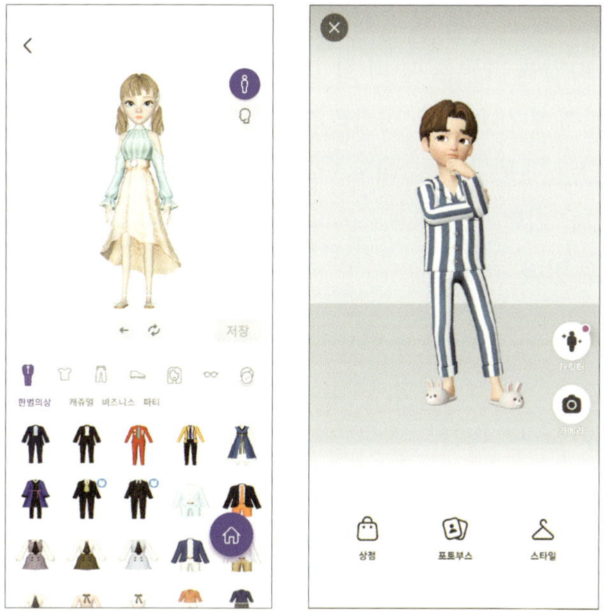

[그림21] (좌) 이프랜드에서 아바타, (우) 제페토에서 아바타(출처 : 이프랜드, 제페토)

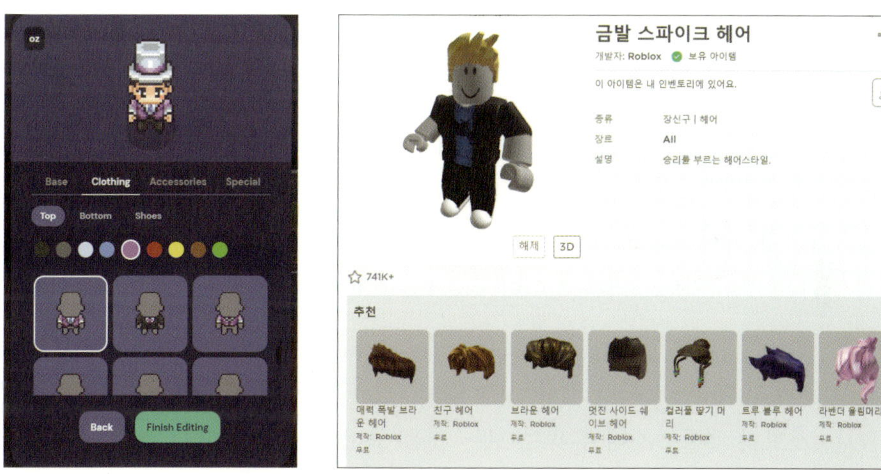

[그림22] (좌) 게더타운 캐릭터(출처 : 게더타운), (우) 로블록스 아바타(출처 : 로블록스)

메타버스 플랫폼들이 아바타를 이렇게 단순화하는 이유는 오히려 이런 형태의 아바타가 개성을 드러내고 의사소통을 하는데 더 유리하기 때문이라고 한다. 아바타의 얼굴표정을 통해서 감정을 표현해야 하는데 얼굴이 진짜 사람처럼 몸에 비해서 작으면 표정을 파악하기 힘들다.

또 신체 요소들이 조금 과장돼 있는 편이 개성을 표현하는 데는 더 유리하다. 머리가 크면 아바타의 헤어스타일을 바꿨을 때 더 잘 보인다. 그래서 아바타 옷을 제작하는 창작자들에게도 유리하다. 진짜 인간을 닮은 아바타의 옷을 디자인하는 것보다 레고형태 아바타의 옷을 만들기가 더 쉽기 때문이다. 그래서 단순한 아바타는 오히려 크리에이터 이코노미를 촉진하는 효과가 있다. 이런 다양한 요소들 때문에 지금과 같은 단순한 형태 아바타들이 대세가 된 것이라 할 수 있다.

6. 사용자를 거부감 없이 끌어들일 방법을 갖고 있는가?

메타버스의 주사용자는 누구일까? 그들은 어떤 메타버스에 모여들까? 아무리 좋은 서비스라고 하더라도 이용자가 없으면 유지될 수 없다. 메타버스도 마찬가지이다. 그럼 메타버스를 가장 많이 사용하는 이용자는 누구일까? MZ 세대이다.

MZ 세대는 1980년대 초~2000년대 초 출생한 밀레니얼 세대와 1990년대 중반~2000년대 초반 출생한 Z 세대를 통칭하는 말이다. 디지털 환경에 익숙하고, 최신 트렌드와 남과 다른 이색적인 경험을 추구하는 특징을 보인다. 특히 태어날 때부터 스마트 폰을 사용하면서 자라온 세대로 2000년생들은 오프라인만큼 온라인에 익숙하다. 또한 2019년 말 코로나19로 인해 비대면 시기 학교에 입학한 아이들은 친구들을 오프라인에서 만나는 것보다 온라인에서 만나는 것이 자연스러울 것이다.

학교에서 교육을 받는 것 보다 컴퓨터나 스마트폰을 이용해 수업을 듣는 것을 선호하고 여행을 가는 것보다 넷플릭스나 유튜브 보는 것을 좋아한다. 심지어 여행을 가서도 유튜브를 본다고 한다. 이처럼 역사상 가장 많은 시간을 인터넷에 접속하며 자라난 세대다. 이처럼 메타버스도 MZ 세대와 Z 세대가 주로 사용하는 플랫폼이다.

메타버스에 대해 비판적인 사람들은 "코로나19가 잠식되면 메타버스도 다 끝난다"라고 말한다. 그러나 Z 세대들은 온라인이 습관이고 생활이기 때문에 코로나19가 끝나도 메타버스는 계속해서 이용할 것이다. 또한 Z 세대가 몇 년 만 지나면 사회진출을 하고 소비하는 층이 될 것이다. 그럼 거기에 맞춰서 메타버스 Z 세대를 끌어당길 무언가가 필요하다.

1) 문화예술

첫 번째가 '문화예술'이다. 래퍼 트래비스콧은 포트나이트의 파티 로얄에서 가상공연을 했다. 여기에도 1,230만 명이 몰렸다. 이때 트래비스콧은 현실에서의 공연보다 더 많은 수입을 올렸다고 한다. 이 공연을 통해 포트나이트의 파티 로얄이 더 유명해졌다.

[그림23] 트래비스콧 포트나이트 파티 로얄에서 가상공연(출처 : 포트나이트)

빌보드 싱글이라는 대기록을 쓴 방탄소년단(BTS)은 신곡 다이너마이트 안무 버전 뮤직비디오를 공개했다. 뮤직비디오가 공개된 곳은 TV나 유튜브, 인스타그램도 아닌 메타버스 속이였다. 세계 각지의 팬들은 아바타의 모습으로 가상공간에 모여서 공연을 관람했다. 또한 방탄소년단의 신곡 다이너마이트 안무버전 아이템도 팔았다. 그 아이템을 사면 내 캐릭터가 방탄소년단의 춤을 따라 출 수 있다.

[그림24] 방탄소년단(BTS) 신곡 다이너마이트 안무 버전 뮤직비디오(출처 : BTS 포트나이트)

네이버에서 만든 메타버스 제페토에서는 '블랙핑크'의 펜 사인을 했더니 4,600만 명이 몰렸다. 또 블랙핑크와 셀레나 고메즈의 3D 아바타로 꾸며진 'Ice Cream' 댄스 퍼포먼스 비디오는 4,000만 뷰를 돌파했다.

[그림25] 블랙핑크와 셀레나 고메즈의 'Ice Cream' 댄스 퍼포먼스(출처 : 제페토)

올해 최고의 메타버스 행사로 뽑히는 것은 '버닝맨(Burning Man)'이라고 한다. 버닝맨은 네바다주 사막 한 가운데 여름에 열리는 축제이다. 사람들이 모여서 창작활동이랑 파티 같은 것을 하는 축제이다. 구글 창업자 래리 페이지, 테슬라 창업자 엘론 머스크, 페이스북 창업자 마크 저커버그 등도 다녀갔던 축제다. 많은 사람들에게 영감을 주는 곳이다. 그러나 코로나19로 인해 열 수 없었다. 그런데 가상세계에서 이 축제를 열었다. AR을 쓰고 원래 축제에서처럼 예술 활동도 하고 파티도하면서 생산적인 활동을 했다고 한다. 이처럼 메타버스로의 유입에 문화예술의 역할은 커 보인다.

2) 창작자와 디지털 통화

두 번째는 창작자와 디지털 통화이다. 유명했던 싸이월드를 예로 들어보자. 우리는 싸이월드 안에서 현실의 친구를 만나기도 하고 새로운 인연을 만나기도 했다. 싸이월드 안에 도토리를 구매해 아바타를 꾸몄다. 하지만 싸이월드는 창작자가 없다. 싸이월드에서 판매하는 아바타 패션아이템은 모두 싸이월드를 운영하는 기업이 디자인하고 만들어 낸 아이템이다. 판매한 도토리의 수익도 오로지 운영기업이 모두 갖는다.

[그림26] 싸이월드(출처 : 싸이월드)

이런 시스템으로는 완전한 메타버스가 되기 부족하다. 완전한 메타버스가 되려면 그 세계에 속해 있는 모두가 창작자가 될 수 있어야 한다. 개인 이용자뿐만 아니라 기업도 그곳에서 창작하고 수익을 낼 수 있어야 한다. 대표적 메타버스 플랫폼 네이버의 제페토와 싸이월드를 비교해보면 더 쉽게 알 수 있다.

이번에 CJ그룹의 드라마 '호텔 델루나'를 제페토에서 만날 수 있다. 기업이 이 제페토 안으로 들어가서 그 기업만의 콘텐츠를 만들어 내고, 그 안에서 새로운 사업기회를 만들어낸 사례이다. 앞서 말한 구찌, 나이키 등의 명품브랜드 역시 이 제페토 안에서 그들만의 상품을 창작해 서 팔고 있다.

[그림27] 호텔 델루나(출처 : 스튜디오 드래곤, 제페토 입점)

[그림28] 제페토에 입점한 (좌) 구찌, (우) 나이키(출처 : 제페토)

그리고 이것이 디지털 화폐와 자연스럽게 연결된다. 예전에는 그 안에서만 통용되는 사이버머니 성격에 가까웠다. 대표적 사이버머니 온라인 게임 화폐 '미니지 아데나'는 그 안에서 가치를 가질 뿐 현실적 가치는 없었다. 하지만 메타버스는 다르다. 구찌, 나이키가 제페토 안에서 물건을 파는 이유는 그것을 현실 세계 통화로 바꿔 낼 수 있기 때문이다.

이처럼 메타버스를 운영하는 기업 혼자만의 수익을 얻는 것이 아니라. 다른 기업에게도 다양한 콘텐츠를 창작할 수 있도록 열어두고 거기서 발행한 디지털화폐를 실물화폐로 교환해 주므로 수익을 나누고 함께 상생한다. 이것이 더 많은 기업이 참여하게 만들고 더 좋은 콘텐츠가 생성하게 되는 이유이다. 이것은 더 많은 이용자를 끌어당기는 요소이기도 하다.

7. 다른 메타버스와 차별되는 강점을 갖고 있는가?

지금 설명할 메타버스는 최근 가장 각광받고 있는 메타버스 업무 플랫폼 '게더타운'이다. 보통 메타버스라 하면 화려한 3D 그래픽에 사람을 닮은 아바타 이런 것들이 연상되는데 게더타운은 2D에 그래픽도 8비트다. 입체감도 없는 평평한 게임 같다. 그런데도 이 서비스가 2조원을 넘는 평가를 받고 있다. 그 이유가 무엇일까?

코로나19로 인해 재택근무가 확대 되고 있다. 그리고 업무에 메타버스를 적용하려는 시도들이 생기고 있다. 그 이유는 회의에서는 실시간 소통이 꼭 필요한데 메타버스에서는 아바타를 이용해 실시간 소통이 가능하기 때문이다. 그래서 메타버스 회의 프로그램, 업무용 메타버스 서비스가 속속 등장하고 있다.

대표적으로 VR·AR 기반의 협업 플랫폼 '스페이셜(Spatial)'이 대표적이다. 페이스북, 오큘러스 퀘스트2, 마이크로소프트 홀로렌즈와 같은 VR 기기를 활용해서 접속할 수 있는 플랫폼이다.

[그림29] (좌) 오큘러스 퀘스트2, (우) 마이크로소프트 홀로렌즈(출처 : 페이스북)

아바타들이 모인 회의실에 PPT를 띄워놓고 발표할 수도 있고 유튜브 영상을 틀어놓고 함께 보면서 의논할 수도 있다. 그런데 이런 서비스들은 회의공간에 한정된 메타버스 서비스이다.쉽게 말해 사무실을 구현했다기 보다는 회의나 협업 같은 특정상황을 비대면으로 좀 더 실감 나게 할 수 있도록 바꿔주는 서비스에 불과하다는 것이다.

하지만 게더타운은 이런 서비스들과 비슷하면서도 결정적인 차이가 있다. 바로 사무실을 꾸릴 수 있다는 점이다. 다른 서비스들이 필요할 때만 방을 개설하고 링크를 나눠줘서 접속하는 시스템이라면 게더타운은 상시 사무실을 열어두고 이곳에서 업무를 볼 수 있다는 특징이 있다. 이런 식으로 가상 사무실을 제공하는 서비스는 게더타운이 거의 유일하다. 그리고 게더타운은 처음 접해도 쉽다. 복잡하거나 어렵지 않다.

또한 인기를 끌게 된 이유 하나가 더 있다. 우리는 재택근무를 할 때 화상회의 프로그램인 줌(ZOOM)을 많이 쓴다. 코로나19 이전에 비해 34배 사용량이 늘었다고 한다. 줌 덕에 우리가 좀 더 편하고 안전하게 재택근무를 할 수 있지만 단점도 있다. 바로 '줌 피로증후군'이다.

[그림30] 줌 강의 화면(출처 : 강마공 온라인 강의 중)

줌을 오랜 시간 사용하면서 멍하고 정신없고 무슨 이야기했는지 기억이 잘 안 나는 경우가 있지 않았는가? 이런 피로감을 호소하는 이용자들이 많다 보니 마이크로 소프트에서 올해 2월에 스탠퍼드 대학 커뮤니케이션학과와 협업으로 연구를 했다. 여기서 줌 피로증후군이라는 단어가 처음 등장했다.

여기에는 몇 가지 이유가 있다. 첫 번째 과각성 상태이다.

우리가 대면회의를 할 때는 시선을 끊임없이 옮길 수 있다. 발표하는 사람을 보기도 하고 자료도 보고 또 잠시 창밖을 보기도 하고 하다못해 새로 산 동료의 구두를 보기도 한다. 그런데 화상회의를 할 때는 참가자들의 화면이 모두 출력되고 자연스럽게 눈을 계속해서 화면 속 사람들의 얼굴을 보게 되는데 문제는 이 무수한 화면의 사람들이 계속해서 나를 바라보고 있는 느낌을 받는다. 실제로는 화면 반대편의 사람들은 그냥 렌즈를 보고 있는 건데도 내가 느끼기에는 회의에 참석한 모든 사람이 나를 바라보고 있는 것 같은 느낌을 받는 것이다.

두 번째는 나의 공간을 침범 당했다는 느낌을 받는다고 한다.

화상회의가 실제 물리적인 공간을 침범하지는 않더라도 서로 얼굴만 화면에 크게 표시돼 있다 보니 이 사람이 나와 정말 가까이 있는 것 같은 기분을 준다. 결과적으로는 정말 친한 친구나 가족이 아니면 허용하지 않는 공간적 거리를 침범 당한다는 느낌을 받는다고 한다.

세 번째는 비언어적 표현이 없다.

실제 업무회의를 할 때는 몸짓, 손짓도 섞고 언어 외에 여러 가지 정보를 받을 수 있다. 화상회의에서는 그게 어렵다. 오로지 말로만 의미를 전달해야 하니까 듣는 사람은 더 집중을 해야 한다. 비언어적 표현이 없으니 이해는 잘 안 되고, 집중하다보니 더 많은 에너지를 쓰게 돼 피로함을 느낀다.

그럼 게더타운은 이 줌 피로증후군을 어떻게 해결했을까?

우선 '아바타'이다. 가상공간을 만들고 아바타를 배치함으로써 많은 부분을 해결했다. 내 모습을 직접 보지 않고도 가상공간 안에서 소통할 수 있기 때문에 피로를 덜 느끼고 업무에 더 집중할 수 있다 한다.

아바타를 조종해 사무 공간 이곳저곳을 돌아다니면서 회의에 참석하기도 하고 동료들과 원하는 시간에 필요한 만큼 대화를 나누면 되기 때문에 더 자유롭고 주체적으로 일하는 느낌을 준다고 한다.

[그림31] 게더타운 사무실 화면(출처 : 한국메타버스연구원 실습 장면)

또한 게더타운은 2D 기반이다 보니 이용자의 관점에서는 가상 세계를 위에서 내려다보는 느낌을 준다. 즉 '탑뷰(top-view)' 방식을 채택했는데 이 부분도 이용자들의 피로감을 줄이는 요소라고 한다. 모든 것이 평면으로 구성돼 있다 보니 방향키를 이용해서 아바타를 손쉽게 움직일 수 있다. 3D 메타버스 서비스를 이용해보면 아바타를 조종하는 게 쉽지 않다. 아바타가 움직이는 것에 따라서 시점을 이용자가 계속해서 바꿔 줘야 하는 불편함도 있다.

그러나 게더타운은 아예 2D로 공간을 꾸미다 보니 이런 부분에 대한 어려움이 없다. 또 공간 내에 다양한 사물들 역시 3D가 아닌 2D로 구성돼 있어 직관적으로 위치나 용도를 파악할 수 있다는 장점이 있다. 이용자들이 공간을 직접 만들 때에도 더 쉽게 사물들을 배치할 수 있는 장점이 있다. 게더타운은 다른 메타버스 서비스에 비해서 훨씬 간단하게 월드를 구축할 수 있다. 우선은 평면적인 2D 탑뷰 형식이기 때문에 전체적인 구조가 복잡하지 않다. 또 공간의 목적에 따라 다양한 미리 만들어진 템플릿을 제공하기 때문에 쉽게 만들 수 있다.

게더타운의 또 다른 특징은 인터랙티브 기능이 많다는 것이다. 사람과 사람 즉 아바타와 아바타 사이의 인터랙티브 외에도 사람과 사물 즉 아바타와 가상세계 속 어떤 요소와의 인터랙티브를 나눌 수 있다.

먼저 게더타운의 사람과 사람 사이의 인터랙티브는 특별하다. 게임에서 많이 이용하는 스페셜 오디오(spatial audio) 기술을 적용했다. 이 기술은 아바타의 거리에 따라 소리의 선명도가 달라지는 기술인데 아바타가 서로 가까우면 소리가 잘 들리고 멀어질수록 작아지다 종료되는 방식이다. 또한 아바타끼리 일정 거리로 가까워지면 줌처럼 화상이 연결되는 방식을 사용한다.

이 기술에 무슨 특별한 점이 있다고 생각할 수도 있다. 그러나 우리가 일반적으로 회사에서 느끼는 경험을 비슷하게 느낄 수 있다. 독립된 회의공간도 보장한다. 마치 우리가 오프라인 사무실의 경우 독립된 회의실에 들어가서 문을 닫으면 소리가 밖으로 나가지 않듯이 게더타운에서도 지정된 곳으로 아바타를 이동하면 그 공간에서 이뤄지는 대화는 그 공간 안에 들어와 있는 아바타에게만 들리도록 할 수 있다. 가상세계 속에서도 회의실 문을 닫고 들어가서 조용히 회의하는 경험을 할 수 있는 것이다.

반대로 콘퍼런스를 위한 기능도 있다. 프라이빗 스페이스와 정 반대로 스포트라이트로 지정해둔 공간에 들어오게 되면 아바타의 거리와 상관없이 그 공간 안에 들어와 있는 모든 사람에게는 말이 선명하게 들리게 하는 방식이다. 이런 방식을 이용함에 따라 공간을 나누고 실제 사무실에서 일하는 것처럼 업무를 할 수 있다.

보통 재택근무를 하게 되면 동료와 주로 채팅이나 메신저로 소통을 하게 되는데 상대가 답이 없으면 답이 올 때까지 기다려야 한다. 그런데 우리가 실제 회사에서 일하고 있으면 동료의 자리로 찾아갈 수 있다. 게더타운에서도 마찬가지다. 메신저를 보냈는데 답이 없다. 그러면 내 아바타를 이동해서 동료의 자리로 찾아가서 화상대화를 연결해서 대화를 나누고 물어볼 수 있는 것이다. 게더타운은 이런 실제 사무실에서의 경험을 재현한 덕에 큰 인기를 끌고 유용하게 활용되고 있다.

게더타운이 인기를 끌고 있는 요소 중 다른 하나는 이용자와 가상세계 속 요소들의 인터랙션이 다양하다는 것이다. 게더타운 창업자들은 가상세계의 사물들이 그냥 배경에 머무는 것에 불만이 많았다고 한다. 화려하고 사실적인 그래픽으로 구현해도 실제로는 별 기능을 하지 않는 게 문제라고 본 것이다. 그리고 오히려 이런 것들이 현실감각과 괴리를 가져오기 때문에 사람들이 가상세계 속에서 회의를 함에 있어서 더 피로감을 느낀다고 판단했다고 한다.

그래서 게더타운에서는 각종 소품과의 인터랙션을 강화했다. 아바타가 다가가서 작동버튼을 눌러서 활용할 수 있게 했다. 예를 들어 화이트보드에 다가가서 'X 버튼'을 누르면 눈앞에 화이트보드를 볼 수 있다. 또 모니터나 TV 스크린에 가서 버튼을 누르면 해당 모니터에 연결된 영상 링크가 자동으로 재생된다. 책상 위에 올려 있는 서류와도 인터랙션이 가능하다. 서류는 함께 작업해야 할 구글 독스 문서와 연결해둘 수 있고 pdf 문서와도 연결해서 가상공간에서 바로 열람하게 할 수도 있다. 이처럼 공간 전체를 다양하게 활용하고 또 다양한 요소들을 그냥 소품이 아니라 실제로 활용할 수 있다는 점이 큰 장점이다.

이런 장점 덕에 게더타운은 온라인 교육이나 콘퍼런스 박람회 용도로도 많이 쓰인다. pdf 영상 등 다양한 자료들을 이용자들에게 손쉽고 직관적으로 제공할 수 있다. 사소한 것 같지만 우리가 일상에서 오가면서 겪게 되는 다양한 상호작용을 모방하고 그 경험을 그대로 재현해둔 것이 2D의 구식 그래픽임에도 게더타운 메타버스로 인정받게 된 중요한 요소이다.

Epilogue

자, 지금까지 살아남을 메타버스의 특징을 알아보았다. 수많은 메타버스 플랫폼이 등장하고 있는 상황에도 메타버스의 세계를 주도하고 수만 명의 이용자를 끌어 모은 플랫폼들은 공통점이 있다. 이들은 메타버스 세계를 자신들의 통제 아래 두는 것이 아닌 이용자의 자유를 보장하고 그곳에서 당양한 창작이 가능하도록 여러 가지 툴을 제공한다.

또한 그곳에서 발행한 수익을 나눔으로써 공생한다. 주 사용자의 어려움을 해소하고 플랫폼 안에서 이용자들이 무엇을 원하는지 고민하고 제공한다. 현실 세계에서도 공생하고, 소비자를 연구하고 돕는 기업이 살아남는 것처럼 메타버스 안에서도 똑같이 적용되는 것이 아닌가 한다.

현실세계든 가상세계든 사용자는 같다. 바로 우리다. 가장 이용자 중심의 메타버스가 살아남는 것은 어쩌면 당연한 일이다. 이 말은 제목에서도 느낄 수 있듯이 이용자 중심의 메타버스는 살아남을 것이고 창작자, 혹은 기업 중심의 메타버스는 사라질 것을 의미한다.

메타버스는 현실에서 이루지 못한 것들을 가상의 공간에서 마치 현실과 동일한 의미를 부여하면서 소기의 목적을 달성코자 다양한 분야에서 활용하고 있다. 이를 위해 공급자가 있어야 수요자가 나타나 활용할 수 있지만 반대로 수요자가 없다면 공급은 아예 필요가 없게 되는 논리와도 같은 맥락이다.

여러 메타버스 플랫폼의 경우를 보더라도 그중에서 가장 활용도가 높은 플랫폼들의 장점을 살펴보면 모두 유저중심이다. 얼마만큼 사용이 편리하고 유익하며 거기에 수익성까지 안겨다 준다면 유저들은 굳이 다른 플랫폼을 기웃거릴 이유가 없다.

자, 이제 메타버스의 여러 플랫폼들의 면면을 살펴보면서 다양한 특징들도 살펴보고 사례를 통해서도 이해를 도왔다. 지금 당신이 유저로 메타버스를 활용해야 할 상황에 처했다면 어느 플랫폼을 활용하겠는가?

두 말할 이유가 없다. 목적에 따라 조금의 차이가 있을 수 있겠지만 바로 내가 사용하기 편리하고 재미있고 다양한 기능에 경제적 논리까지 탑재한 플랫폼이라면 바로 그 메타버스에 올라탈 것이다. 이것이 바로 살아남을 생명력 있는 메타버스이기 때문이다.